经济学思维

用经济学逻辑解决现实问题

李子旸 著

中国友谊出版公司

目 录

理念的力量——经济学强拆三观

生活中的经济学

经济学原理

理念的力量

——经济学强拆三观

成本和收益是生活中永远存在的因素，不可能逃避。和其他学科相比，经济学思维方式的特点就在于，始终从成本、收益的角度去分析问题。经济学的分析不能取代其他学科的分析，但如果缺乏经济学的视角，人们在分析问题时往往就会或者忘了成本，或者忘了收益，从而得出片面的认识。这时就需要经济学分析来提个醒，帮助人们形成全面的认识。

改革开放的真正进步

我和一些朋友的分歧之一是：对中国的时局和未来，我比较乐观，他们比较悲观。

悲观者似乎很有理由。他们列举中国社会存在的种种弊端和问题，深感忧虑。中国社会的弊端和问题确实很多，我也看得到。之所以仍然乐观，是因为我有一种感觉：持续多年的改革开放让中国已经取得了某种不可逆转的进步。所谓不可逆转是指，无论政治层面发生什么，中国都不可能走回头路，退回到曾经的可悲境地。面对这个不可逆转的巨大进步，某些事件、人事变更、错误政策等，作用或危害相当有限。是的，会有一些挫折和损失，有一些愚蠢和阴谋，速度会时快时慢，但中国社会整体的趋势一定是向前的。

这个“不可逆转”的进步是什么？背后的推动力是什么？经过多年的改革开放，中国社会到底有了什么彻底的、根本的发展和变化？我们取得的真正进步是什么？

是财富总量的大幅增长吗？确实，无论人均还是总量，财富实现了翻几番的增长。但这并不是最终答案，因为它没能解释财富增长的原因，也就是背后的那个巨大推动力是什么。有一项研究提供了强有力的回答，这就是朱锡庆关于知识的原创性研究。他指出：这个巨大的推动力是知识的增长。改革开放给中国带来的真正进步是知识的进步。这个社会的真正变化，是知识总量的大幅增加和知识普及程度的大幅提高。正是这种知识的巨大进步，推动着财富增长和社会繁荣。

改革开放之初，中国 80% 的人口是农民。他们头脑中有的是精耕细作的传统农业知识。城市中的工人干部，头脑中有的是国有企业和政府计划的运转知识。股份公司、企业管理、国际贸易、现代金融等市场知识，全国也找不出几个人能明白。改革开放之初，政府要在香港办公司。当时的中国，并不缺达官显贵，委员部长书记省长一大堆，但真说到办公司，却谁也不懂。只有曾经被打倒的前资本家荣毅仁知道什么是公司，知道怎么去香港办公司。于是，荣毅仁受命去香港创办中信公司。到了今天，几亿农民成功地进入了城市，转换了职业，市场和私营企业在中国到处出现。在这个过程中，两种知识——现代化的工业服务业生产知识、市场经济的契约交易知识，被数亿人从无到有地掌握了。现在，还有人不知道什么是公司吗?

过去，中国产品以粗制滥造闻名。但只用了一代人的时间，中国产品的质量就有了全面提高。在产品质量提高的背后，是无数管理者、生产者知识的快速增长。现代市场经济是高度复杂的结构，需要大量专业人士的操作和维护。落后封闭的国家，缺乏的不仅是资金，还一定缺乏企业家、会计师、评估师、律师、交易员、分析师等专业人士。经过多年改革开放以后，这些人才在中国已经是从无到有、从少到多，水平也日益提高。

中国社会发生的涉及数亿人的知识进步，其规模和成效，在人类历史上是空前的，伟大、壮观已经不足以形容。我们唯有一再惊叹市场那不可思议的力量。这才是中国这个社会最根本、最彻底的变化。那些外在的表现，比如繁荣的城市、密集的工业区、人均收入的增长、巨大的产出、产品质量的提高，都是知识增长的结果。

> “在任何阶段，人类社会发展的唯一动力是知识增量（获得新知识）……稀缺的本质是无知。”（朱锡庆：《知识笔记》）

哈耶克可能是第一个意识到知识这种根本性作用的经济学家。他的著名论文《知识在社会中的作用》对知识的作用进行了全新阐释。经济学的发展由此突破了财富和生产等传统概念。人们对社会发展动力的理解，大大加深了。

说到知识，就要说到无知。无知包括两种。一种是对某种具体知识不了解，比如不知道如何使用Photoshop。这种无知容易解决，至少人们知道如何去解决。难解决的那种无知是：无知，且不知道自己无知。

改革开放之初，邓小平提出“不争论”。现在看来可谓至关重要。邓小平意识到，包括他在内的中国人，对市场的知识很缺乏，并且，绝大多数人不知道、不承认自己的这种知识缺乏。这时的争论一定是低水平的。争论话题只能是互指对方不符合马列主义。这种争论除了制造社会分裂、妨碍发展以外，没有任何益处。实际上，即使到了20世纪90年代，中国人还在热火朝天地争论应该姓资还是姓社。现在回头去看，那根本不是什么知识讨论，那是闹剧。除了为人类思想史提供愚蠢的案例以外，没有任何意义。邓小平的高明之处在于他知道，当时的中国，需要的不是低水平的争论，而是虚心向外学习。但学习的方式是什么呢？

第一种无知，也就是对具体知识的无知，可以通过书本学习、学校教育来解决。但中国人当时对市场的无知是第二种无知：不知道自己无知。这种无知之下，人们根本意识不到需要学习，更不知道要学什么。中国社会解决这个无知的方法很正确，那就是对外开放，引进外资，让了解市场的人来中国办企业挣钱。他们不是教育家，他们也没想教育谁。但大量外资企业进入中国的结果是：市场经济以完整生动的形象展示在无数中国人面前，并且邀请他们亲身加入其中，不但无须交学费，还可以同时挣钱养家。

朱锡庆提出了一个重要的原创观点：知识是活动的副产品。大量的知识，都是无法用文字的形式表达和传递的。人们习得这种知识的唯一办法就是参与相应的活动。活动本身自有其目的，有其主产品。在企业工作，是为了挣钱养家，但在活动中，人们同时也会获得知识这种副产品。

一个国家从计划经济转为市场经济，其间的变化是脱胎换骨的，需要绝大多数社会成员参与。这些成员，原来只掌握计划经济的知识：怎样抢购紧俏商品、怎样在国企和公社中出工不出力、怎样才能在上级面前争取更多的物资分配、怎样写各种宣传文件等等。现在，需要他们掌握一套全新的市场经济知识。在几亿人的范围内传播这种知识，学校教育显然是无力胜任的。即使有这种学校，那些刚进入城市一无所有的农民也没有钱去脱产学习。他们每日都需要养家糊口。大量涌现的内资外资企业，在谋利的同时，也为人们提供了学习的机会，不知不觉中就解决了这个问题。人们有机会一边挣钱养家，一边学习现代生产和市场经济的种种知识。人们头脑中知识的转换，不声不响地展开了，且日益深入。

中国和俄罗斯改革的一个重大区别就是：中国是开门改革，一直坚持对外开放。俄罗斯则是闭门改革，对外开放的力度比中国小得多。两国对世贸组织的不同态度就有很大不同。对外开放上的差异，直接造成了知识输入的数量差距。中俄原来都是计划经济，社会成员都很缺乏市场经济知识。但通过对外开放引进外资，市场经济的知识在中国快速大面积普及。在这方面，中国领先俄国很多。

中国的一个重要先天优势在于有港澳台这样的知识输入源。在中国的改革开放中，香港、台湾在传播市场知识方面发挥了巨大和不可替代的作用。外资企业很大部分就是港台企业。大陆和港台之间没有语言隔阂，人们可以直接交流。这些企业在传播市场知识方面，效果极佳，作用极大。

说到市场经济知识，另一个很有意思的案例是温州。改革开放以前的温州，地少人多，格外贫瘠；改革开放以后，却一跃成为中国最繁荣富庶的地区之一。原因何在？一种解释是：温州原来的国有企业很少，而且很穷，没什么油水，政府官员没什么兴致干预市场，这让私营企业得到很大的自由。这种解释很有道理，但问题在于，温州并不是唯一贫穷、国有企业少、政府干预不多的地区。许多类似地区虽然改革开放以后经济也有发展，但却并没有取得温州那样的成就。如果从知识的角度解释温州的成功，就豁然开朗了。改革开放之初的温州，虽然看上去很贫穷很落后，但在那时，温州人其实已经有一项因素领先全国了。温州的农业条件很差，所以，自古以来就有外出经商的传统。即使在计划经济时期，温州人也想尽各种办法到各地去做点儿买卖。当然，那时只是不起眼的小商小贩，弹棉花、鸡毛换糖、摆地摊、小修理等等。虽然是小商小贩，但那也是正宗的市场交易。所以，那时的温州人虽然很穷，小商小贩也没什么高学历，甚至很多人是文盲，普通话都说不好，但他们却掌握了很多市场经济、自由交易的知识。相比之下，北京那些制订全国计划、管理国家商业的干部们对此倒很无知。

改革开放以前，温州可能是财富的洼地，贫瘠不堪，但却已经是市场知识的高地。在这方面，温州人具备巨大的优势——看不见的优势。改革开放以后，这种优势有了用武之地。温州人头脑中的市场经济知识迅速转化为实实在在的财富。相反，一些原来国企密集的地区，比如东北，改革开放之初，账面上的财富很可观——巨型的工厂、密集的铁路网、大量熟练工人、完善的教育体系。如果那时比较温州和东北，没人会认为温州鸡毛换糖的小贩比东北巨大的钢铁厂更有前途、更有优势。但实际上，国企比重越大，该地区的人市场知识越匮乏，市场观念越落后。双方的知识差距已经存在。如果继续实行计划经济，国企密集地区可能还会保持表面上的领先。但环境变了，市场经济来了。他们头脑中的知识缺陷就暴露无遗了。旧知识已经无用，可是由于体制羁绊，故步自封，他们没有机会迅速更新知识，就只好眼睁睁看着知识领先的温州在创富的道路上快马飞奔了。

理解了知识的巨大作用，再来审视一百多年来中国的历史，就有了全新的认识。近代以来中国社会的根本问题是：传统社会积累的丰富农业知识，在工业化时代没用了，必须更新，需要通过某种办法把数亿中国人头脑中的知识换一套。近代以来的种种社会危机，都是这种知识转换没有顺利完成的表现。

可惜，中国几代知识人和革命人都没有认识到这个根本问题。他们错误地把中国问题理解为政治问题、革命问题。即使如鲁迅那样理解为教育问题，也是同样错误的理解。知识分子头脑中的教育往往局限在书本和学校。他们不会把交易、手艺、签合同、赚钱、长途贩运等也理解为知识。相反，他们更愿意斥之为庸俗和堕落。中国的知识人和革命人，同样有着那种“不知道自已无知”的无知。因为这种错误理解，所以，一百多年来，中国一直在革命和政治中转来转去。你方唱罢我登场，城头变幻大王旗。国父领袖纷沓来，可叹生民无宁日。中国近现代史中的种种战争和革命，最常见的情节就是“忍无可忍，奋起一击”。说起来都是满腔悲愤，其实不过是一地鸡毛。政客们为了他们自以为重要的东西，轮流出手，一再打断社会的正常发展。为了一地鸡毛，得到一片废墟。社会一直被各种野心家反复折腾。人们得不到哪怕稍长一点的安宁创办自己的产业。表面上看来，这只是财富的损失，可正是因为人们无法顺利展开经营，知识转换一直无法完成。现代工业化的市场知识，唯有作为经营这种活动的副产品，才能逐渐进入人们的头脑。战争、革命、运动、民众动员，这些看似雄壮的事业，每一个似乎都有着迫不及待的理由，但不管它们的理由多么充分，实际结果就是：它们全都延缓而不是促进了中国问题的解决。中国社会的真正问题因此一直停滞不前，无从解决。

中国真正打开国门面对现代世界，始于第二次鸦片战争。过了100多年，经历各种革命和战争以后，到20世纪60年代，中国的境况不但没有改善，反而更加糟糕。人人都想一劳永逸地迅速解决问题，但却无一例外地在舍近求远，不走弓弦走弓背。如果能让民众在和平的环境中有自主经营的机会，知识的转换貌似缓慢，其实反倒不需要太长时间，比那些疾风暴雨的革命和政治快多了。真正的繁荣都是静悄悄的。大闹大哄的，只会是灾难。

日本差不多和中国同时被西方打开国门。日本随后进行明治维新，大力发展工商业。虽有缺陷，三四十年以后，日本基本完成了国民知识的转换。现代化工商业在日本扎下了根。即使经历世界大战，日本依然繁荣和富裕。中国人真正得到日本这样的和平发展机会，也就是在1978年改革开放以后，也是仅仅过了一两代人，中国社会就发生了翻天覆地的变化。看上去，中国人还是中国人，还是说汉语，还是吃中餐，但实际已经大不相同。数亿人的头脑已经发生了彻底变化。而且，这个变化发生在人们的头脑中，没有任何人和任何力量可以剥夺。这个变化是不可逆转的。无论是谁，都只能顺应不能抗拒。

对美国来说，1929年大萧条实在太可怕了，几代人刻骨铭心。但如果从整个世界的角度去看，就必须承认，即使有那样的灾难，当时美国的发达程度也远超其他国家。美国人在繁荣之路上摔了一跤，但那条路并没有中断，他们也没有掉头往回走。之所以如此，就是因为之前几十年上百年的发展已经让美国人具备了现代市场所需的种种知识。他们会犯错误，但他们不是无知。纠正错误比从零开始学习要容易多了。

同样，从理论上，不能确保中国未来不发生那样严重的经济危机和萧条，但即使出现最坏的情况，我们也已经离起点很远了，不可能再返回了。数亿人的知识转换已经大致完成。知识的习得和积累是漫长的，但一旦完成，也是坚不可摧稳如磐石的。当然要警惕和反对错误的政策，但也不必认为犯一个或几个错误就会万劫不复。好几亿曾经不知市场为何物的人，已经变成了市场经济的直接参与者和获利者。人们知道了财富的好处，也知道怎样才能获取财富。这时候，你想螳臂当车，让他们掉头往回走，可能吗？

更重要的是，既然社会真正的进步是所有人知识的进步，那么，人们应该对政治的局限性有清醒的认识。任何政治方案都不能代替时间的积累。没有任何政治人物或团体能在一夜之间改变社会成员头脑中的知识。一代人只能完成这一代的使命。欲速则不达，慢些到总比永远不到要好。政治人物最优秀最重要的品质是知道自己力量的局限，承认自己并非无所不能。也因此，良好政治的核心是妥协，而不是坚持到底。在那些成功发展的国家，比如英美，妥协几乎已经成为政治人物的下意识。他们会在议会中大吵大闹，会互相威胁绝不让步，但真到了最后一刻却一定会做出妥协，绝不会有人真把桌子掀翻让天下大乱。这是真正的政治大智慧。政治人物懂得妥协，社会才会得到安宁。或许会有损失，会有错误，但最宝贵的和平进程被维持，社会才有机会继续积累知识。更多的知识，而不是更多的“大不了从头再来”，才会让人们最大限度地发现种种问题的解决之道。知识不够，而不是流血不足，才是我们要解决的真正问题。

其实，即使是妥协这种习惯，也来自于和平发展的商业。互利共赢、彼此合作的商业才能培养出人们善于妥协的市场气质。实际上，持续多年的改革开放，不仅让中国人具备了市场经济知识，也创造出了温和妥协的市场气质。

对未来乐观的理由还不够充分吗？

栽花插柳

——中国的未来之路

"你到底是革命派还是改良派？"

"改良改良，越改越凉。"

"告别革命。"

中国近现代的一百多年历史中，革命/改良的二分法被用来区分众多历史人物和历史事件。虽然两派的势力并不均衡，革命派占了绝对上风，但这并不影响这种分析方法的主流地位。和这种二分法相对应，人们已经接受和习惯了两套相应的社会分析和对策。革命派认为社会现实很糟糕，已经忍无可忍，必须尽快改变，斗争必须坚决和彻底，也可称之为激进派。改良派则认为社会还没有糟糕到底，况且，太激烈的行动，副作用太大，最好是慢慢来，也可称之为渐进派。在此二分法的笼罩之下，你不是这一派，就是那一派。

具体的行为策略选择上，我接近改良派，不过，我并不完全赞同改良派的主张。实际上，我对革命/改良两派的主张，以及对这种二分法，都不赞成。

我认为，存在着一条或许不显眼但其实更重要，融合了激进、渐进两种态度，同时又能避免二者错误的“第三条道路”。当然，摆脱这种多年习见的二分法并不容易。很长时间，相关的概念和逻辑，在我的脑子里转来转去，一直没有形成足以自圆其说的框架，总是找不到一个合适的表达方式——其实就是没想清楚。一直到看到了科斯、王宁合著的《变革中国》，翻开书浏览，序言第一页的一句话，一下子就帮我厘清了全部逻辑。对，这正是我要找的理论渊源和表达方式。说来也怪，这些理论，我其实是很熟悉的啊。怎么以前就想不到？还真有那种“蓦然回首，那人却在灯火阑珊处”的感觉。

且听我慢慢道来。

先说说革命 / 改良两派的内在一致性。

在分歧背后，两派其实有着高度的内在一致性。两派都认为，他们是改变社会的操作主体。改变社会的方式虽然有激进 / 渐进的区别，但区别也仅此而已，共同点更多。社会的改变一定是由他们这些准备为了社会发展做出奉献的人推动的。其他人要么是敌对势力，要么是有待争取的群众。这种革命 / 改良两派的一致认识中有深刻的错误，错就错在他们不知道社会发展变化的真实方式是什么。

从曼德维尔的《蜜蜂的寓言》开始，经由亚当·斯密提出的“看不见的手”，最终，哈耶克发展出“自发秩序”的完整理论框架。这一系列理论发展为人类提供了一种宝贵的洞见——“人类行为的意外后果”。

如果你是大学老师，要在课堂里给学生解释这个概念，可以顺手指指他们座位的分布。每个学生走进教室选择座位时都有自己的目的——离老师较近，离老师较远，离哥们儿更近，周围空座最多，离某个意中人更近，等等。学生们在各自目的指引下的分散行为，却形成了一个独立于所有人目标以外的整体结果——这个结果还不错：学生们在教室中的座位分布颇为合理，并不会都怪异地挤在教室一侧，而是大致均匀地分布在整个教室中。同方向的几条车道中的车数、公共泳池各泳道中的人数、不同性价比商品的消费数量，都会呈现出这种没人安排，但数量分布却大致合理的局面。

这种现象看上去稀松平常，但如果用语言表述却会显得颇为高深：这是所有人行为的后果，但却是所有人主观意志以外的后果——人类行为的意外后果。世上的事情可以分为三种：非人类行为的后果，比如地震；人类行为的直接后果，比如房子不合格在地震中倒塌砸死了人；人类行为的意外后果，比如地震后消费品物价上涨。在规模稍大的社会中，这种人类行为的意外后果都广泛存在。哈耶克指出，只有在那种几十人的面对面的小型部落中，人们行为的后果才都在意料之中。

市场经济制度的合理性就建立在这个基础上。反对干预主义的原因同样也在这里。如果价格干预就可以降低人们的真实成本，如果提高法定最低工资就可以增加工人的真实收入，如果努力工作就可以实现繁荣，那么，也就不需要什么经济学了。一个无所不在的大政府，就自然而然会给人们带来无所不在的满意和幸福。

经济学的重要作用之一就是，指出社会中广泛存在的“事与愿违”和“意外之喜”现象并作出解释。正如那句老话所说：有心栽花花不开，无心插柳柳成荫。

虽然还有很多人不接受，但接受市场经济观念的人毕竟越来越多了。这值得高兴。不过，人们虽然在经济层面接受了这种观念，但在政治和社会层面却还基本没有接受，于是就有了前面所说的那个革命/改良两派的内在一致性。人们承认，在经济生活中，我们的意图和最终的结果往往不是一码事。起作用的，是客观的经济规律，而不是人们的主观愿望。但在政治和社会事务中，人们仍然认为，有意图的人类行为，才是决定未来社会发展的主要力量。当然，在使用这种力量时，有激进 / 渐进之分，也因此，区分为革命 / 改良两派。

人性在各个领域都是同一的。如果说在经济上，人们不能指望着主观目的和客观结果的必然一致，那么，政治上必然同样如此。社会的改变，往往并不是由那些想要改变社会的人推动的——无论他们是革命派，还是改良派。那些并没有想要改变社会的人，那些并没有建立美好新社会这样伟大目标的人，那些只知道谋生、赚钱、出人头地的人，却往往是改变社会的主要力量。

还是那句老话：有心栽花花不开，无心插柳柳成荫。

被压制的文人，孜孜以求言论的空间。为此，他们抗议、斗争、顶着政治压力办刊办报。但是，即使他们成功了，即使当局向他们让步了，整个社会的言论空间却并未因此扩大多少。相反，急得团团转找不到发展方向的互联网经营者，偶然中发现了微博，投入大量资源倾力经营，目的是给网站找到盈利的商业模式，却也在无意中给上亿人提供了前所未有的自由交流空间。虽然还受到管制，虽然管制有时还很强硬，但没人能否认，微博勃兴这几年，中国社会的言论空间有了实质性的拓展。这种拓展幅度之大、之不可逆转，仅靠政治层面的努力，是完全难以想象的。深知市场之利的经济学家天天呼吁政府减税，呼吁放松管制，呼吁为自由交易创造更多的便利条件，但纯粹是为了赚钱的淘宝却做到了无数经济学家加上开明官员都做不到的事情。税率依然很重，但很多经营者通过淘宝事实上得到了豁免。注册公司门槛高的管制规定没变，但许多人的创业却因为有淘宝而避开了层层管制。微博、淘宝经营者的目的是什么？是想要赚钱。但他们的行为，却产生了意外的后果——扩展了整个社会的自由。“无形的手”不仅可以帮助人们高效地分配资源，也可以帮助人们拓展个人自由。

这一番道理和另一个观点——经济自由是政治自由的基础和前提，不谋而合。“看不见的手”的力量，比我们想象的要强大得多、全面得多。

从另一个角度来说，任何较量的结果，从长期和整体来看，都取决于双方的实力对比，取决于双方投入的资源多少。为了商业盈利而动员起来的资源，其数量之大，是少数人的政治诉求远远无法相比的。对赚钱感兴趣的人，要远远多于对政治感兴趣的人。饭否被轻易取缔，微博则几乎不可撼动。原因何在？除了运气以外，还因为后者投入了多得多的资源，在很短的时间里就成了气候。时至今日，因为代价太大，全面取缔微博已经不在政治决策的备选方案之中。

在资本和政治的较量中，资本胜出了。

微博、淘宝并不是仅有的例子。珠三角长三角那些大大小小的外贸企业，其中很少有人关心政治，有的只是贪财的老板和急于摆脱贫困、愿意努力工作的劳工。他们只想挣钱，只想发家致富，他们几乎没有政治野心。但他们千千万万的努力、经营、算计，却汇集成了前所未有的巨大洪流。这个洪流把中国带入了波澜壮阔的全球化时代，在中国和世界之间打造出密不可分的联系。现在，纵使极权暴君复生，也不可能再次切断中国和世界的联系，不可能再次把中国拉回到闭关锁国的可悲境地。即使是最乐观的人，当初，也没能估计到中国在全球化中的精彩表现，更没想到由此对世界格局形成的深远影响——这个深远影响仍在表现之中。

如此壮观的局面，没有政治意义吗？中国加入全球化，并成为其中的主力，仅有经济意义吗？

谁为中国社会的开放提供了如此坚实的保障？是那些深知开放社会的伟大意义并愿意为此奉献热血的革命派吗？是那些为了社会的长远发展殚精竭虑、日夜谋划的改良派吗？都不是。真正做了这件事的，是无数普通和不普通的人。他们之中，有亿万富豪，也有普通工人；有学富五车之人，也有目不识丁之徒；有手握重权的官员，也有底层民众。不能以社会阶层界定他们，他们就是社会本身。

这些人都有各自并不崇高并不伟大的生活目的，都为此孜孜以求，但他们的行为，却不可阻挡地导致了“意外的结果”——让社会更开放、更自由。这个结果，当初不在他们的行动计划中，但他们每个人却都不自觉地在为这个结果而不懈努力。

有心栽花花不开，无心插柳柳成荫。

在政治和社会事务中，人们如果看不到这种不显眼但实际上却最重要的“栽花插柳”效应，那就只能看到那些可见的、直接的、有新闻效应的行为，并以这些行为的结果来判断社会的发展趋势，并选择支持或反对。

那些看到了“栽花插柳”效应的人们，目光则不被可见的、直接的、有新闻效应的行为所束缚，他们更愿意潜心研究社会和人类行为的规律。他们知道，声音大的不等于重要，看上去很醒目的不等于不可或缺。不但要看到“看得见的”，也要能认识到“看不见的”。革命 / 改良这种二分法不再能束缚他的选择。他并不一定要在这二者中必取其一。有时候，他可能二者都支持，而有时候，他可能二者都反对。必要的时候，他会比革命派更激进，主张刻不容缓地采取行动，指出等待无异于浪费时间、错过时机。另一些时候，他则比改良派还要有耐心，看上去简直就是无所作为。激进 / 渐进不是他判断是非的标准，是否符合规律才是他一以贯之的判断标准。更多的时候，他认为革命 / 改良这二者都不重要。他只是希望这些喜欢嚷嚷的人不要破坏社会已经取得的长足进步，不管他们是革命派还是改良派。繁荣往往是静悄悄地到来，而灾难则一定是大吵大闹地降临。

前面说到科斯、王宁的著作《变革中国》时，我故意没有提及具体是哪句话提醒了我。现在到了停止卖关子的时候了。在这本书的序言的第一页中，作者感叹地写道：中国的这一经济转型是哈耶克“人类行为的意外后果”理论的一个极佳案例。

就是这句话，深深触动了我，让我豁然开朗，“蓦然回首，那人却在灯火阑珊处”。是的，中国改革开放几十年的历程无异于一部“人类行为的意外后果”的伟大戏剧。一群在意识形态上和资本主义势不两立、立志为了共产主义奋斗终生的共产党员，却主导了人类历史上最大规模的向市场经济进发的历史进程。很难再找到比这更典型、更富有戏剧性的案例了。中国的改革史再一次证明，在一个大范围的社会中，人类无意识的行为后果远比有意识的行为后果更加重要、更加普遍。甚至可以进一步说，所有重大的历史变迁，都必然是人类无意识的行为后果，而绝不可能是人类有意识的设计和推动的后果。如果我们知道怎样建立市场经济，我们也就不需要市场经济了；如果我们知道怎样才能获得和保持个人自由，那么自由探索和自由选择对于我们来说也就意义不大了。正因为不知道，正因为理性和智慧有限，才需要我们个体去自由地探索、试错。不仅我们不知道，所有的革命/改良派也都不知道。

既然如此，就别再坚持让我们在非此即彼的二分法中做出选择了。只要不侵害别人的权利，我们必须有空间去做我们自己感兴趣和愿意做的事情——即使这些事情并不崇高并不伟大。对所有人和整个社会来说，这才是最重要的。

痛苦的抗议

——托克维尔对中国的意义

在当代中国，存在一种很值得忧虑的心理，我称之为初级个人主义。这种个人主义，因为要反对集体主义，便排斥所有类似“整体”“社会”“公共”“共同”等概念。他们不愿意承担任何公共责任，不耐烦与他人建立、维持公共生活。极端者甚至视他人为地狱，对他们来说，继续在人群中生活是很无奈、很委屈自己的事情，如果可能，最好能远离所有人，逃避包括家庭在内的所有人际关系，去过真正意义上的“个人主义生活”。他们热衷的人生格言就是：关我屁事？关你屁事？

生物学上的因素决定了人必然是一种社会动物。动物并不全是社会性的。同为猫科动物，狮子是社会性的群体动物，在狮群中生活，老虎、豹子则是单独生活的。人不能单独生活。从原始社会起，人就必须在部落、氏族中生活。这种生物学因素到底从何而来，这个问题留给生物学家、人类学家去研究吧。我们只能将人的社会性作为一个既定条件接受下来，并在这个基础上思考良好社会应该是什么样子。

保障一个人衣食不愁，但禁止他和别人发生任何联系，这不但不是优待，反而是最残忍的刑罚。一个人如果处于这种可怕的境地，要不了多长时间就会发疯。也就是说，由于不可避免的社会性，人实际上不可能摆脱对其他社会成员的依赖和互助关系，实现所谓“独立性”。人面临的真正问题，是如何建立良好的社会关系，而不是如何摆脱社会，如何“独立”生活。

事实上，长期逃避公共生活的结果是，面对公共领域及其问题，人们会表现出很多错误的心态和做法。在许多居民小区，很小的公共事务，居民都无力解决，只能多次上访，呼吁政府解决。如果政府没有及时解决，居民就只能长期忍受恶劣的生活环境。北京某小区高层居民楼，电梯出了问题，不能使用。以下是居民写给政府的信：

尊敬的市长：

您好！

在您百忙之际，我们一次一次打扰，深感歉意。可目前我们的生活困难特别具体，给相关部门多渠道反映均不能解决问题。

虽然出行依然困难，高危病人的安全隐患还是未能得到解决，但是我们大家起码身体健康，没有出现我们都不愿意看到的局面。

两会在即，我们多么盼望能有人民代表能在两会上帮我们说出我们的实际困难，多么希望能有政府拿出强有力的措施来解决目前我们面临的困惑，多么希望我们的两会能实实在在帮助我们解决……

入住后，面对越来越多的问题，镇政府放任不管，区政府放任不管，我们多次给市长信箱写信也得不到相关部门的书面回复。

我们真诚恳请市政府、区政府、镇政府亲临现场来考察一下我们楼电梯的具体情况，我坚信现场老百姓排队坐电梯时的拥堵、不安全的困境能给我们人民政府解决电梯的实际困难拿出强有力的措施和保障的决心。

业主留笔。

最危险的莫过于，高血压病人、心脏病人、孕妇在需要紧急救助时，因电梯不能得到紧急救助，而造成我们大家心中的遗憾。

这封信让人颇为感叹。电梯这样一个生活中每天都需要的设施，出了问题，就只能苦苦哀求政府来解决吗？业主们就不能坐下来自己想想办法吗？离开政府就无计可施吗？

与之形成鲜明对比的是温州一小区居民的做法。

温州一处小区，饱受附近广场大妈广场舞之扰。小区居民决心自己解决问题。他们的办法是集资购买“远程有源定向强声扩声系统”，对着广场舞提出抗议，形成了对广场舞的有效制约。

这个办法是否合适，可以讨论。关键在于，小区居民不是一味寻求别人的救助，而是自己联合起来寻求解决之道。这种做法总比把全部指望都放在上访、请愿、恳请别人施恩要好得多。这样的人民，才有可能成为自治的、积极的人民。

那么，怎样才能具备适合公共生活的品德和技巧呢？唯一的办法就是长期直接参与公共生活。这是一种实践智慧，书本上学不到。托克维尔有一句名言：地方自治是民主的学校。人们只有通过这个学校，才能对民主、自治形成真切和具体的理解。民主不再是干巴巴的教条，而是无数具体的技巧和能力：怎么开会、怎么议事、人与人之间怎么沟通、怎么交换意见、什么才是正确的妥协、求同存异是什么意思……

在地方上，在身边，政治就不是抽象的，而是具体的；不是他人的，而是自己的；不是玄妙的，而是平易的；不是复杂的，而是简单可理解的。公共事务，并不一定是大事、敏感事、尖锐斗争事。公共事务更可能是平凡事、日常事、琐碎小事。这种看似平淡、日常的自治和结社，可以促使人们思考公共福利而不是局限于个人利益，拓展人们的眼界和心胸。一旦培养出这种品德，公共秩序就无须依赖国家权力来维持了。这就是托克维尔强调的民间自治和结社的道德教化作用。

值得高兴的是，现在，中国年轻人参与公共生活的能力在迅速增加。因为生活在相对正常的社会里，对他们来说，公共生活绝不仅仅是政治、权力，而是更多地表现为日常生活。相反，一些貌似凛然实则错误的观念，只把政治引向中央、引向反抗式的斗争，恰恰是在把政治抽象化、复杂化，让政治远离普通人的生活。这种做法，只是把普通人变成某人政治操作的工具。这些人是危害社会的野心家。看上去他们是在争取自由和权利，其实，他们是在破坏自由和权利最重要的基础——健全的多元社会。他们的破坏成功，就是社会的失败。多元的社会变成了野心家的猎场。对社会的这种失败，每个成员都有责任。我们放弃了公共责任，才让野心家有机可乘。

人不但要成为和他人平等的个体，更重要的是，要成为公民，要成为有意愿、有能力承担公共责任的公民。否则，权力必将取而代之，通往奴役和暴政之路就在眼前。有人这样评价托克维尔：他一生的写作，就是一次痛苦的抗议，抗议生活过度的“私人化”，抗议人们对公民权价值的忽视。是的，托克维尔一生对政治哲学的探讨，使他对公共精神、公共生活在维护个人自由上的极端重要性有了深入骨髓的认识。他强烈抗议那种主张缩回个人小天地、不承担公共责任的“个人主义”。他尖锐地指出，这种个人主义，是集权和暴政的天然盟友。

托克维尔的著作提醒着人们，不要因为集体主义的惨痛经历而退缩回个人生活的小天地，那将为新的暴政打开大门。真正的自由主义者、个人主义者，要积极投身公共生活，承担其中的个人责任，在人际互动中协调彼此利益，并找到生活的意义。

如果你想有一个未来，那一定是和其他人一起的未来。

干掉计划经济的三种武器

价格和知识

叶利钦曾经对俄罗斯人说：我们的国家很不幸，被人拿来做实验。是的，俄罗斯很不幸。一些人头脑中臆想出来的社会制度，在俄罗斯进行了实验。俄罗斯人得到的只是社会灾难。一直到苏联解体，人们才承认这个实验结果。实际上，这个社会实验刚刚展开，就有人指出，这只能导致社会灾难。最早系统证明计划经济必然失败的是米瑟斯。米瑟斯指出，在计划经济中，由于没有价格，经济计算是不可能的。

计划经济否定生产资料的私有制。以后的终极目标是彻底否定私有制，实行公有制。可是，世界上并没有什么公有制，现实中的公有制其实就是国有制。既然是国家所有，那么讨价还价的交易也就没有必要了。不同的生产部门都是一个领导的下级，大家都听领导统一安排即可。计划经济者认为这是一个巨大的进步，人们将按照专家精心制订的计划分配各种物资，不再需要通过市场交易这种混乱自私无政府的方式来分配物资了。

市场依靠价格分配物资，价高者得。那么，中央计划分配物资按照什么来进行呢？据说是按照人们真实的需要。价格在这个体系中完全多余。中央计划者会根据每个人、每个企业的真实需要来分配物资。

现实中，可能的生产项目是无穷多的，比如，可以用铁、铜、铝、陶瓷等各种材料来制造盘子。那么，到底选择哪种材料为好呢？通过市场进行的决策，依据就是不同材料的价格，以及消费者能接受的盘子价格。离开价格，根本无法知道应该用什么材料制造盘子。价格，或者说相对价格，是一个规模稍大一点的社会组织生产的必需信息。当这些价格信号都不存在时，人们就不知道什么样的生产才是合理的，什么才是符合消费者需要的。这种社会制度当然无法维持，合理的生产安排将被胡乱指挥所取代。

这就是米瑟斯向计划经济掷出的第一种武器。这种武器的杀伤力是致命的。一直到今天，计划经济者都没能回答米瑟斯的质疑。米瑟斯之后，哈耶克掷出了第二种武器，那就是，只有市场体系才能有效地利用存在于不同人的头脑里的分散知识。计划经济在这方面一败涂地。

人类社会的存在和发展，离不开各种各样的知识和信息。提到知识，一般人总是理解为数理化文史哲那样的学科性知识，这些知识固然重要，但对社会来说，更重要的、须臾不可离的是分散的地方性知识和信息。这些知识和信息看起来不难，但想要把这些知识收集起来，统一加以分析和处理，成本几乎无穷大。

比如，你去市场买菜，菜贩当然比你更清楚哪些蔬菜的质量更高，但你比菜贩更清楚自己打算买什么菜、打算花多少钱。这些信息分散在你们双方的头脑里。成功的交易把这两方面的信息汇集到一起，但汇集是有成本的。如果有市场，有价格，这个成本就不太高。你和菜贩讨价还价就是信息汇集的过程，就可以解决信息问题，促成交易。

想象一下没有市场会发生什么？

如果没有市场，如果是彻底的计划经济，怎样汇集分散在众人头脑中的信息呢？你可能需要填一个表格，登记自己所需要的蔬菜。中央计划者收集所有人的表格，输入计算机进行统计和分析。同时，菜贩也要填写表格，登记自己能够提供的蔬菜品种和数量。计算机把亿万人的表格进行比对，选出最合适的交易对象。然后，中央计划者派人通知你，去计算机为你确定的菜贩那里提货。

看起来这更像是终身大事的婚姻介绍，而不是每日都要进行的买菜。可是，既然没有市场，除此以外，你还能怎么办呢？如果所有的生活物资都只能这样烦琐地获得，你可以想象自己的生活水平会是什么样。你也可以想象，中央计划者对你们这些不断给他们添麻烦的百姓会是多么厌恶和不耐烦，而你对计划者将是多么顺从和畏惧。他一个小小的动作，比如稍晚一些通知你，你就将吃不到菜。你敢得罪这样的人？

米瑟斯说，计划经济无法确定合理的投资和生产。哈耶克说，计划经济无法利用至关重要的分散知识和信息。米瑟斯和哈耶克的分析非常精彩，足以让明白事理的计划经济者醒悟，但他们的分析也留下了一个问题：如果这些分析成立，计划经济在现实中根本就不应该存在，至少不能长期存在。人们即使勉强建立起计划经济，这种体制也应该很快解体崩溃。可是现实中，虽然无比糟糕，但苏联这个上亿人的庞然大物实实在在地存在了70多年，有些方面还颇有成就，比如宇宙飞船上了天，某些工业生产也颇为强大。这是怎么回事？

解释这个问题就需要批判计划经济的第三种武器。这种武器更加犀利，批判更加彻底。有意思的是，还有中国学者为这种理论提供了来自中国现实的佐证。

修正主义的必要性

第三种武器来自英国学者迈克尔·波兰尼。波兰尼指出，除了很短的时间以外，中央计划经济根本就没有存在过。那种经济制度超出了人管理事务的极限。一个人，或者一个团体，管理事务的能力是有限的，不可能以计划的方式直接管理如一个国家那么大的组织。勉强尝试，必定很快失败。现实中存在的，只能是分散的、非中央的、多中心的、自我调节式的管理方式和秩序。

20 世纪 60 年代的中苏论战中，中国批评苏联“变修”，变成修正主义，偏离了正确方向。在这场论战中，中国的观点偏颇而狂热，但批评苏联“变修”却是完全正确的。事实上，若非“变修”，苏联根本不可能延续那么多年，中国自己也早就“变修”了。

观察历史就会发现，苏联、中国、柬埔寨等国，初期都曾有一个极为严酷的阶段，苏联是战时共产主义，中国是三面红旗，柬埔寨则是废除货币、消灭城市。后来，它们都说当时犯了“左”的错误。其实，那根本不是错误，那正是计划经济的本来面目。中央计划经济就应该是那样的。米瑟斯和哈耶克的分析完全正确。这些国家很快就陷入崩溃。如果他们不及时“变修”，不偏离计划经济的本来面目，就只有迅速灭亡这个结局。于是，政策很快就做出调整，开始“变修”。而这个过程，完全符合波兰尼的分析。

波兰尼区分出两种秩序，一是设计出来的秩序，二是自发的秩序。前者只能适用于较小数目的范围，比如家庭或者公司内部。而在一个大范围内，比如一个千万人组成的社会，只能应用自发秩序。在自发秩序下，发挥管理作用的，是类似价格这样的抽象规则，而不是某人的具体指令。保罗·海恩在《经济学的思维方式》中举了一个这方面的例子，飞机场的飞行管理看起来令人叹为观止。在训练有素的空管人员指挥下，一架架飞机以极高密度在飞机场起飞降落，互不干扰，秩序井然。看上去，这是一个完美的中央计划的例子，似乎很有理由在社会中也应用这种管理办法。可是，看看飞机场以外的公路，比飞机多上几十倍几百倍的汽车在行驶。任何人都不可能像管理飞机那样管理汽车交通。管理汽车只能使用抽象规则——道路交通法。没有人去直接指挥、安排汽车的出行计划，规定某辆车应该在哪里拐弯，在哪里停止。一切都由并不了解全局的司机个人决定。司机无须了解整个路况，他只要遵守事先确定的、抽象的、不针对具体人的规则即可——靠右行驶，红灯停绿灯行，不得跨越双黄线，等等。飞机场的空中管制仿佛是计划经济，道路交通法则仿佛是市场经济。如果像管理飞机那样管理道路交通，结果只能是全城大堵车。

苏俄的战时共产主义就是这种真正的中央计划状态。夺取政权以后，革命者把书面上的计划搬到了现实中，但很快就发现问题一大堆。托洛茨基沮丧地抱怨道：这一切说着容易，可甚至在五百亩的小农场，也有的是各种各样的农业领域……各个部门必须维持必要的相互联系，相互提供支援……实现这种比例，实现这种内部的照应，是一项困难的任务，苏维埃政权还没有能够做到。

苏维埃政权永远都做不到。事实上，这个地球上就没人能做到，没人能坐在莫斯科的办公室里指挥外省的千万个农场协调地进行生产。战时共产主义很快就带来饥荒和暴动，历来是粮食输出地的乌克兰居然饿死了几百万人。水兵、农民、哥萨克纷纷暴动，苏维埃政权岌岌可危。危机之下，列宁想起了市场。他不得不放弃对国家这个大公司的直接管理，允许自发调节的市场恢复部分功能。这就是“新经济政策”。这毫无疑问偏离了正统理论，是在“变修”。但没办法，如果不“变修”，就只有灭亡。然后就像波兰尼指出的那样，苏联再也没有恢复战时共产主义那一套。他们知道那行不通，但他们又不愿公开承认自己的失败。

也就是说，20 世纪 20 年代初期的战时共产主义以后，苏俄就已经不再是正宗的中央计划经济。现实中实行的是官僚管理企业的权力系统。社会的组织方式实际上是被严重破坏的自发秩序——但毕竟也是自发秩序，而不是中央全面指挥。在这种制度下，政府和公众的关系是：公众忍受政府的统治，不发起挑战；但政府也不进一步对公众“共产”，默许公众私下的交易行为。这种状态会带来某种稳定，不至于像战时共产主义那样把社会拖进崩溃，代价是极大地妨碍效率的提高和产出的增加。

中国的情况和苏联类似。最严酷的中央计划状态其实为时甚短。经过了那一段，甚至最狂热的革命者都已承认，那条路走不通。以后的漫长岁月其实是上层的政治控制加上底层的放松管制。包产到户绝不是 1978 年的发现，而是一个更长过程的结果。而在这漫长岁月中发生的某些事情，让我们更生动、更清晰地看到了波兰尼理论的现实表现。

农民的“反行为”

高王凌先生是人大清史所的一位学者。在研究中，他发现了人民公社时期中国农民的一种重要行为，他称之为“反行为”。这是一种不公开的小规模反体制行为，包括隐瞒产量，少缴公粮，在劳动时小偷小摸，在分粮时设法多分，向公社生产队借粮，然后不了了之，等等。这些行为，都不是对人民公社制度的公然反抗，而是对这个制度的侵蚀和破坏，并违反了传统的道德。但是，正是这些“反行为”缓解了不合理的公社制度，让农民不至于被饿死。在那个贫困的年代，“反行为”几乎能为农民带来一半甚至更多的粮食收入。不了解这些，很难解释农民是怎么活下来的。要是严格按照人民公社的制度设计和上级的要求缴纳公粮、诚实劳动，肯定有更多的人被饿死。

公社和生产队干部对农民的“反行为”心知肚明，那么，他们为什么不进行干预和管理呢？干部的干预和管理是有的，有时还很激烈，甚至成为政治斗争，其间还有致死人命的事，但总体来说，这些事儿很棘手，不容易管理。一方面，都是乡里乡亲，难道还真让人饿死不成？另一方面，许多“反行为”，并不是严重、明显的盗窃或者抢夺，而是介乎占便宜和手脚不干净之间，管理不可能滴水不漏。

这种情况其实不难理解。比如，职员不应该侵占公司的财产，但在写字楼上班的人，又有谁没用过公司电话谈私事呢？有谁没用过公司的几张纸打印自己的资料呢？有谁没在上班时间上网聊天看股票购物呢？这些行为，严格来说就是在偷公司的钱，但在现实中，即使是老板，也并不把这些行为称为“偷”，当事者更不会认为自己是在“偷”。大家只会认为这只是不值一提的小事。

农民的“反行为”也大致如此。在收割时顺手拿一些粮食回家，到公社的水塘里捞一些鱼虾，分粮时在秤上做一些手脚，劳动时设法出工不出力。在那个饥饿的年头，这些行为实在不能说有多么恶劣。大家都认为，那不过是一些不值一提的小事。

高王凌先生在实地调查中曾遇到非常有意思的情况。某村，人们都承认有这种“反行为”，但附近的另一个村，人们都矢口否认。调查者很意外，不相信这个村的人就那么纯洁。细问之下才发现，如果你问人们是否“偷”过，大家都会否认，但如果你列举那些具体的“反行为”，人们就会恍然大悟，哦，你说的是“抓握”啊，那是有的。也就是说，人们并不认为那些行为是“偷”，而只是“抓握”。词语的变换非常重要，换了一个词，也就解除了人们的道德压力。

农民的“反行为”从理论上来说，正是波兰尼理论的现实表现。

对人民公社的干部来说，公社的利润和他个人的收益没有直接关系。他只对上级领导负责，他的上级对更高的上级负责。同时，公社的许多生产事务都是中央统一规定的，人民公社的最终管理者是高高在上的中央。这是一个典型的中央计划管理体制。那么，中央能不能实行直接管理呢？当然不能。中央只能委派当地干部进行管理。和现代企业中的职业经理人不同的是，基层干部的责权并没有严格界定，他没有激励去追求公社利润的最大化。只是在少数中央明确指出的事务上，地方干部才会进行有效管理，比如政治运动期间的某些具体任务。除此以外，地方干部对中央也仅仅是敷衍而已。他们是被动的，他们也是中央管理的对象。于是，问题仍然是，中央是否能有效地管理广大地方的事务？这当然超出了任何人的能力。于是，大量的层次和范围实际上都处于无管理的状态。就是在这些层次和范围里，农民的“反行为”广泛存在。利用这些“反行为”，农民事实上局部化解了人民公社制度，为自己谋得了生存的机会。

可以把“反行为”理解为农民的一种消极反抗，但更有理论意义的是，“反行为”的存在和难以制止，以及由此导致的生产停滞、产出减少和道德衰落，实际上都表明了中央计划经济制度的失败和不可能。这种制度建立在无知和狂妄的基础上，为管理者划定了不可能完成的任务。结果只能是，管理者假装在管理，而民众假装被管理。如苏联人所说：“我们假装工作，他们假装给我们发工资。”真正起作用的还是某种自发调节的秩序。

那么，农民的这种“反行为”和职员小小地侵占公司利益有何区别呢？区别在于，公司虽然也会有一些难以彻底清除的浪费和侵占现象，但这些现象都没有达到妨碍公司正常业务的程度，公司把这些损失计入正常的损耗成本中即可。而人民公社中广泛存在的“反行为”，是与农民严重缺乏生产积极性密切相关的。农民甚至在这些“反行为”上倾注了更大的精力，因为这些“反行为”为他们带来了更多的实际收入。相比之下，正式生产反倒被故意忽视。也正因此，虽然“反行为”广泛存在，但农民也只能达到勉强温饱的水平而已，进一步的富裕和发展是谈不上的。

在城市中的国有企业中，工人也存在大量类似的“反行为”现象。国有企业中的工人有各种办法出工不出力，以表面上的完成任务掩盖实际上的偷懒休息，并想办法偷拿企业财产。“外国有个加拿大，中国有个大家拿。”在这方面，国有企业的管理者同样无能为力。如果是私人企业，一方面管理者有更强的激励加强管理，另一方面管理能力将制约企业规模。如果没有有效的管理办法，企业就不会扩大。如果企业规模超出了管理能力，管理跟不上，导致亏损，那就把企业拆分，让企业缩小到能实行有效管理的规模。对于自负盈亏的私营企业来说，规模一定是盈利能力和管理能力之间的平衡点。

计划经济者无视这种平衡，甚至要把整个国家变成单一企业，这只能严重超出管理能力的限度，导致管理水平低下、秩序混乱、产出萎缩，“反行为”成为常态，不道德的行为成为人之常情。这就是几十年的计划经济的现实。

这也解释了为什么计划经济还能存在几十年。实际上，真正的中央计划体制至多只能存在一两年，甚至更短。然后，革命者就不得不在事实上放弃他们的理论。他们的目的从改造社会转向控制政权。由于他们继续控制政权，就让人误以为计划经济制度还存在，其实，存在的仅仅是一个名称和外壳而已。至于内部，社会早已不可避免地恢复到某种多中心、自发调节的秩序中。观察农民的“反行为”，不难发现其中的某些被广泛接受的规则。只不过，由于政治控制的干扰，这种自发调节秩序非常不稳定，时时要被破坏，人们难以建立起稳定预期，因此不愿意做出更多的人力物力投资，秩序也就不可能向更复杂、更高效的水平发展。反映到现实中，就是可悲的停滞和衰败。

计划经济国家中那个被严重破坏的自发秩序只能提供很基本的价格信号，维持很低水平的基本生存。如果想要进一步发展，计划经济国家就必须亦步亦趋地从市场经济国家那里获得组织生产的办法和价格信号。在计划经济国家，所有高级复杂的生产都是学来的，都是引进的，而且一旦引进就被固定下来，不可能继续演进和发展。苏联在20世纪20年代效仿当时美国的生产体系，也就是大工厂、流水线、机械化的福特生产方式，然后就再无变化。一直到20世纪90年代解体，苏联都在沿用这种生产方式。如果布尔什维克更早一些出现，他们也许会把英国工业革命时期蒸汽机的生产方式一直保留下来。

计划者往往把他们失败的原因归结于其他人不响应他们的号召，不和他们一起搞计划经济。但愿他们能理解，如果其他人真的和他们一起搞计划经济，如果这个地球上不再有市场经济国家，那么，无须核武器，人类就将迅速返回茹毛饮血的野蛮时代。

理性还是非理性

——评市场中的理性人

心理学和经济学的关系一直有些纠结。对于经济学的理性人假设，很多心理学家不以为然。确实，他们眼中的人类行为要复杂得多，很难用“理性地追求最大化”来概括。心理学家们设计出很多试验，这些试验雄辩地证明了，与其说人类是理性的，不如说人类常常是非理性的。更常见的人类行为，不是理性客观，而是激情感性盲目情绪化。人，是常常犯错误的动物，并且，他们不愿意改正错误，也不愿意听到别人的批评，哪怕批评是善意的和正确的。

更重要的是，心理学家发现，人的非理性行为并不是偶发的，而是带有系统性，源于人类认知的固有结构，是天然就有和一直存在的。这种心理现象可能是进化的产物。迄今为止的人类历史，绝大部分都是前文明时代的渔猎采集生活。许多在这个过程中演化出来的根深蒂固的习性，已经内化为大脑的认知结构，每时每刻主导着我们的思维。

例一：损失厌恶：人们对亏损的反应比对盈余的反应大得多

你在公司参加一个项目，这个项目颇有难度。老板决定，如果成功了，额外奖励项目小组的人每人一万元。这个项目确实很难，最终没有成功，你没得到那一万元额外奖金。另一个情况是，你所在的部门犯了一个严重错误。老板很生气，决定扣发部门所有人——包括你——每人一万元。

这两种情况，从理性的角度来看，你的实际损失是一样的，都是一万元，但给你造成的心理影响却大不一样。对后者，你会愤怒得多。前者只是潜在收益没有变成现实，后者却是实实在在的损失。如果你有记账的习惯，会把后者计入支出账，而一般不会把前者也记为支出。为何会如此呢？

这就是因为人们对损失更加敏感。必须尽快发现损失，并采取措施止损，只有这样，才能确保在艰苦的渔猎采集生活中存活下来。相反，潜在的收益是难以观察和计算的。对它们过分关注是不明智的。“十鸟在林，不如一鸟在手。”

例二：对异常事件格外关注

这看来也是进化的结果。人类漫长的史前文明生活中充满了风险和危机。不强烈注意那些异常现象，比如突然出现的野兽的目光，或者异常的声音和气味，就可能在下一秒钟付出惨重代价。这种进化环境造成了人们对异常事件的格外关注，这种格外关注往往超过异常事件实际的影响。媒体更乐于报道新鲜和尖锐的事情，这当然是因为读者对这些感兴趣。一千起普通的陆地交通事故，即使造成的死伤多得多，也没有一起空难对公众的心理冲击大。

这种心理显然是非理性的，不利于人们正确判断社会的整体形势。人们会对一些偶发事件投入过多的精力，耗费过多的资源去降低本来就很低的发生率，而忽略数量大得多、也频繁得多的常规现象。

例三：可见的、形象的描述，更有影响力

有一个实验。两个不透明的罐子，A罐中有10个球，其中有1个是红色的。B罐中有100个球，其中有8个是红色的。受试者从罐中取球一次，如果取出红球，有奖励。受试者会选择哪一个罐子呢？

理性的做法当然是选择A，因为A罐的成功概率是10%，而B罐却只有8%，但实验表明，相当部分的受试者会选择B。他们就是难以抑制地非理性地认为，红球较多，获胜的机会就较大。概率比较抽象，8个球比1个球多得多，却是形象的、可见的。人就是难以抵御这种假象。你会选哪一个呢？我其实也很想选择B。所以，有经验的律师不会说：DNA检验出错的概率是0.1%，而会说，1000起死刑案件中就会有1起案件的DNA检验出错。0.1%，只是个枯燥的数字，但一个可能被冤杀的人，却是活生生的形象，对法官心理的影响要大得多。

类似的例子还有很多。有兴趣的读者可以去读《思考，快与慢》这本书。其中介绍了很多这种实验和一定会让你感到意外的结论。有意思的是，作者还讲述了一个他自己的例子。这足以表明，即使了解了其中的道理，也很难摆脱这种非理性的状态。

作者曾经参与一个教材编写项目，参与者热情很高，进展顺利。项目进行了一年以后，作者想运用一下流程控制的有关技术，便分头调查参与者认为完成这个项目需要多长时间。大家分别在纸上写下自己的看法。作者收集了这些回答，发现最乐观的估计是一年半，最悲观的是两年半。然后作者询问了团队

中一位教材编制专家，据他所知，其他团队要用多少时间。那个专家忽然有些窘迫，他好像刚刚意识到这个问题。他担心自己的回答会让大家不安：类似的团队，实际上有40%最终没有成功；那些取得成功的，也要花上7—10年的时间。那么，他们这个团队的水平和其他团队相比，是高还是低？回答是差不多平均水平，可能还略差一些。这个回答让大家很惊讶。作者写道：其实当时他们应该立即放弃那个项目。因为他们所有人都不会愿意为一个失败率40%，至少还要花上6年时间的项目而继续努力。后来的事实也正是那样。教科书的编写一共用了8年，而因为拖延过久，教科书最终没有被教育部门接受。但在当时，在几分钟的争辩以后，大家默契地回避了这个问题，就当什么事也没有发生，继续工作。作者后来回忆时将之称为“非理性坚持”。面对选择时，他们因为事业心而丢掉了理性。

作者在书中提出了对人们这种非理性心理现象的解释。他认为，人的大脑中有两种系统：1和2，对应着标题中的“快和慢”。系统1是无意识且快速的，不费脑力，没有感觉，也因此是直觉的、放任偏好的、感情支配的、常常犯错的。系统2差不多就是理性的部分，是批判的、质疑的，是全面深入思考的，但也因此是缓慢的，并且颇费脑力。大多数时候，人们都任由系统1去支配自己，也就是任由偏好、情感、好恶去决定自己的选择，而不会轻易动用系统2，因为动用系统2很辛苦。没人喜欢辛苦。好逸恶劳确实是普遍的人性。

比如说，即使我们这些支持市场经济、主张价格随行就市的人，在遇到商家涨价时，第一反应也是不高兴。尽管我们深知涨价意味着资源得到更优配置，意味着效率更高，意味着我们的利益必定在其他某处得到更大的改善，但系统1仍然让我们感到不高兴。我们只有勉强自己，动用系统2才能克制住不高兴，也就是常说的“理智战胜情感”。

人类普遍存在的这种心理，可以解释为什么那些荒谬的观念挥之不去长久存在，比如破窗理论，比如憎恶投机商，比如排斥高利贷。这些观念确实反映了人们的直接好恶。人们之间的区别在于：大多数人任由这种好恶长期存在，而少数人则动用系统 2 反思这种好恶是否正确。这少数人就是接受过足够思维训练的人。而作者这样的心理学家进而告诉你更可悲的现实，就因为仅仅动用系统 1，而懒得动用系统 2，人们不仅在发言中，在真正的决策和选择中也往往是非理性的。

心理学的这些研究是很强有力的，也很有意思，但问题在于，许多人用这些结论来攻击经济学及市场经济制度。看，既然人们是如此非理性，如此易犯错误，经济学的基础岂不是错误的？怎么可能指望他们的自愿交易能够成功呢？一个自发的市场难道不会混乱不堪吗？经济学家太天真了。你们对人性的看法是错误的……

在这里，我建议读者动用一下头脑中的系统 2 来深入思考和分析一下这个问题：经常犯错误、常常非理性、感情动辄压倒理智的人，有可能在一个放任自由的市场体制中和平共存、顺利合作吗？

提出这个问题其实反倒是怪异的。因为人们实际上已经实现了全球范围内的市场化合作。真正的问题不是市场秩序能否出现，而是市场秩序为何如此成功。

是的，人们好逸恶劳，或者说节省资源，不会经常动用系统 2，所以，他们经常会犯错误，并拒绝反思。但如果犯了错误就要付出真金白银的代价，人们就会愿意动用系统 2，去反复思考系统 1 快速给出的最初看法是否正确，并愿意改变自己的看法，接受别人的批评，哪怕批评是恶意的。

选总统时，许多人不愿意费力去理解候选人的政策区别，只是简单地把票投给看着顺眼的人。他们放任自己的偏好。但没人买股票时只看该公司的 CEO 是否养眼，相反，他们还会努力学习各种财务知识，去分析上市公司的经营状况。这就是因为，投票者个人无须为总统是否合适负责，但他当然要为买错了股票而负责，用他自己的钱负责。也就是说，在市场覆盖的领域，人们由于面临真金白银的约束，他们不得不学会理性思考问题，而市场也发育出各种各样的组织和制度来避免人性的弱点。公司的作用之一就是避免个人的思维误区。公司的决策会有错误，但很少有非理性和基于冲动的，决策基本上都是理性的。

心理学家的研究其实和经济学不矛盾。经济学家所说的理性人，差不多就是商人。面对真金白银的约束，市场中依然存活的商人实际上都是在高度依据理性人原则行事。他们之所以盈利，是因为他们比别人更多地动用了系统 2。有些人也许一直不愿意理性思考，这也没关系，市场会用亏损来减少他们的影响力，直至最终用破产将他们赶出市场，把资源分配权交给那些愿意动用系统 2 并不断学习提升其能力的人。

你要想取得成功，最好也要像商人一样思考——理性客观冷静，严格按照成本收益计算和决策，尽可能放弃情绪化和错觉，最大限度地发现事实，远离谬论，遵循客观规律，抢在别人前面发现你的错误并改正。也正因此，市场中的经营行为往往是压力很大、不愉快的，甚至是痛苦的。在市场里，你要耗尽脑力、精疲力竭地反复思考；你要时时准备好自我批判、自我否定，你要和那些讨厌但有能力的家伙合作，倾听他们的意见，放弃你的观点；你要不断地自我怀疑，顺从消费者的意志，而压制自己的偏好……这些体验，没有一个是令人愉快的。若不是可以带来利润，人们一定会像逃避魔鬼一样逃避这些体验。

偏偏有一个可供人们逃避痛苦自我放纵的乐园，那就是政治。

相比市场，政治没有真金白银的约束。你支持错误的政策，并不一定就会蒙受相应的损失，甚至会因为迎合了大量只动用系统 1 的人的喜好而大受欢迎。想要得到工人的选票，你就许诺给他们更多的带薪假期，反正薪金也无须由你来支付。至于你家的保姆，当然不要有那么多带薪休假。想要得到农民的选票，你就许诺上台后会增加农产品补贴，反正那补贴也无须你自掏腰包。至于因此增加的税收，不是大家来承担吗？但赢得竞选上台当官风光无限的，不是只有你一个人吗？

没有约束，人们就会任性胡来；如果揣着明白装糊涂可以赢得选票，人们就会渐渐变成真糊涂；如果胡说八道可以赢得喝彩，为什么要努力思考真理呢？

正是因为我们是有弱点的人，难以保持理性，经常会犯错误，不喜欢自我否定，我们才需要市场。只有市场才能提供有效约束，确保我们克制自身弱点，开动身体和头脑，寻求种种问题的正确解决之道。这个过程或许不愉快，但这是人类唯一的生存和发展之道。舍此以外，都是自取衰亡。

企业家与政府

企业家应该和政府保持什么样的关系？在推动社会进步方面，企业家应该扮演什么角色？这是颇为棘手的问题。尤其是在今天政府权力很大，对市场的管制干预无处不在的情况下，别说推动社会进步，仅仅是面对政府时如何维护自己的合法权益，就已经很让企业家犯难了。

企业家应该怎么办，现在有两种主要观点。

一种观点是柳传志所说的“在商言商”。他对此的进一步解释是：

在商言商是说作为企业家，我们更多的是要做实事，比如把企业做得更大、招收更多雇员为社会解决就业问题、让雇员享受更好的待遇、将社会风气带动得更好，不是逃避社会责任。

另一种观点网络上更常见，那就是呼吁企业家起来斗争，积极参与政治过程，用直接的对抗迫使政府放弃对市场的管制和干预，为企业的发展开辟更大空间。

对这两种观点，都可做或深或浅的解释。粗浅的解释：第一种就是主张企业家做犬儒，埋头发财不问世事；第二种则是鼓吹社会对抗，甚至是唯恐天下不乱，最好能火中取栗。这种粗浅的解释，以及由此生发的滔滔评论，都没什么价值，不值一提。深入的解释则可以看出，两种观点都有可取之处。

企业家的本职是为股东或投资人谋利。“在商言商”是一种可贵的敬业精神。而且，企业只要能正常发展，本身就是在为消费者创造价值，让社会变得更好。在制度变革的背景下，企业的发展不仅具有经济意义，也必然会推动制度层面和社会环境的发展变革。“在商言商”的企业家，其行为的正面效果可不会局限在商业上。因此，如果一定要我在这两个观点中选择一个，我会选择支持柳传志的“企业家应在商言商”。社会中的企业家如果都能在商言商，把自己的企业做好，这个社会就已经是在正轨上前进了。

当然，对第二种主张“对抗”的观点，我也抱有同情之理解。政府对企业的管制，对市场的干预，确实广泛而深入。官员随意干预市场的情况，每天都在发生。而广大公众，对此并无强烈的抵制意识，甚至往往还在呼吁更多的管制和干预。企业家是政府管制干预的首要和主要受害者。呼吁企业家参与政治过程，用政治手段限制政府权力的扩张，有相当的合理性。不过，相比“在商言商”的主张，我对此有些担忧。担忧之处在于：中国的历史传统和现实思想资源中，妥协共存、渐进发展的因素一向薄弱。包括企业家在内的人们，缺乏这方面的经验和知识，不能准确把握其间的平衡和尺度，鼓吹对抗很可能导致暴烈的冲突而不是良性的互动。企业家毕竟不是革命家，让他们勉强去做政治之事绝非社会之福。对企业家个人，其间的风险也无法预测。既然局面并非险恶危急，又何必冒着不可知的风险去走那结果难料之路呢？

其实，我想说的是，在这两条路以外，还有一条可说结合了两者优点，又能避免两者缺点的第三条道路。

如前所述，很多人把握不好平衡和尺度，要么自甘犬儒不问世事，要么言必称革命迫不及待。“不在沉默中爆发，就在沉默中灭亡。”不过，并不是世界上所有人都是如此。有一些人群有一些传统，已经习惯于妥协渐进。他们的国家，也因此避免了暴烈的政治冲突和社会分裂。我们应该观察、研究和总结他们的做法，并尽量效仿。

美国企业家查尔斯·科克（Charles Koch），其拥有的科氏工业集团，是世界上最大的私人企业（未上市企业），年营业额超过千亿美元。科氏工业集团的业务涉及很多领域，核心部分是石油及相关化学工业。石油这样的行业，在各国都是政府管制的重点，美国也不例外。那么，科克如何处理和政府的关系呢？

在其著作《做大私企》（*The Science of Success*）中，科克是这样说的：

> 我们需要毫不妥协地要求100%的员工在100%的时间内遵守复杂的和不断变化的政府法规。努力遵守每项法规并不意味着我们认同每项法规。但是，即使面对那些我们认为会降低效率的法律，我们也必须首先做到遵守。只有这样，我们才能得到政府管理机构的信任，可以与他们对话，进而向他们陈述别的更加有益的方案。如果这些努力全然无效，我们再与其他企业一起采取教育和政治方面的努力来改变法律。（第77页）
>
> ……有机会与各级政府部门中善意的人们一起努力，制定出立足现实、促进繁荣、增加全体人民福利的各项法规。（第79页）

科克的论述，包含了四个层次：

一、要遵守政府法规，即使那个法规是不合理的，是干预市场影响企业经营的。而这恰恰是中国大多数企业家做不到的，做到这一条有很大困难。但重要的是，企业家应该高度重视守法这件事，并将违反法规视为最后的、迫不得已的选择。我们的问题在于，很多中国企业家将违反法规视为第一选择优先考虑。

二、遵守明显不合理的政府法规，目的在于保持和政府官员的信任和沟通。官员很难对一个公然或大量违背法规的企业保持友善，他们很可能会因此对企业做出粗暴蛮横的打击。在这一点上，中美两国官员并无不同。遵守法规或许会给企业增加负担，影响企业的经营，但会有一个重要的好处，你有机会和政府官员保持正常甚至良好的关系。

三、保持和官员的良好关系，维持彼此的信任和沟通，目的在于展开对话。接下来是重点：对话的目的不是为了批评官员——没人喜欢听批评，手握权力的官员更不喜欢；对话的目的是为了展示可作替代的更有益的方案。这就要求企业家对经济规律、市场、行业、政府法规有深入的研究和分析，不但能指出什么是错的，还能指出什么是对的。替代方案不能只是原则性的，更不能是空洞的博取廉价喝彩的口号，而要具有实用性和可操作性，可以成为政府制定、修改政策的依据或基础。在这方面，中国企业家的表现尤其薄弱。批评政策的企业家很多，但能提出具体替代方案的非常少。如果行业的直接经营者、有着丰富经验的企业家，都不能提出兼顾各方利益的解决方案，又怎能指望官员提出来呢？你自己的权益，别人怎么可能了解和主张呢？

官员们虽然不愿意听批评，但对真正建设性的、立足于深入分析的方案往往并不排斥，甚至还很需要。在这方面，市场经济有一个先天优势——符合经济规律的方案，一定是双赢或者多赢的。只要愿意妥协，不固执于意识形态和权力斗争，人们往往会找到成功协调各方利益的解决方案。当然，这种研究从来都不容易不轻松。但把资源用在这方面，打造更有利的市场环境，不是最符合企业的长远利益吗？

四、当和政府的对话归于无效时——这种情况肯定很多，企业家应转而谋求通过教育和政治来改变法律，这实际是在通过改变官员最在乎的东西来改变他们的行为，这个东西就是大众舆论。不管政府是否民选，现在的各国政府都不能无视民意和普遍的舆论倾向，任何政府都不可能长期违背本国大众的舆论。事实上，很多管制和干预政策的出台，正是为了迎合公众舆论。如果不能直接改变政府法规，企业家可以致力于改变公众舆论，宣扬正确的知识和观念，让更多人认识到市场的益处，认识到政府干预市场的危害，认识到什么才最有利于他们的利益，以期促成舆论的转变。当这种普遍的舆论发生转变时，政府法规作出相应的改变，也就水到渠成了。

这种舆论转变是困难和长期的，但如果能实现，却也是坚实而稳固的，将成为市场经济环境最有力的保障。20 世纪 80 年代以来美国政府作用的转变，正是源于美国社会对政府作用的重新认识。“小政府大社会”的观念从那时开始再次成为美国的主流舆论，以至于一向乐于扩大政府权力的民主党，在克林顿时期也推行了大量限制政府权力的法案。而美国之所以会发生这种舆论上的转折性变化，正是因为此前几十年间其国内知识界和商界的携手共同努力，无数人长期坚持用各种手段在社会中传播市场经济的观念和知识。几十年的努力，终于在 20 世纪 80 年代结出了硕果。

科克的这一整套和政府打交道的办法，典型地表现了中国社会非常稀缺的那种在妥协中求进步、深入关注问题本身而不是纠缠于意气之争的思想观念。这种观念并不把对方妖魔化，也不把问题简单化，而是在合作的背景下寻求改变。我称之为“合作性改变”，以区别于我们熟悉的“忍辱负重”和“对抗性改变”。

当然，这种要求，对大多数企业家来说都是难以达到的，只有少数财力雄厚和观念先进的企业家才能承担起这种社会责任。不过，真正的商界领袖，也必然从这些勇于和善于承担责任的企业家中产生。其他企业家应该积极支持他们的这种努力。一大批自觉而又务实的企业家，将在推动中国社会进步、改善市场环境上发挥不可替代的作用。且让我们拭目以待，看中国社会什么时候会出现这样的商界领袖。

持续多年的改革开放，不但让中国取得了长足的经济进步，更重要的是，也让中国越来越成为一个正常的社会。一个正常社会中，必然是合作多于对抗。在外界环境已经发生深刻变化以后，人们应该同步调整自己的心态和观念，逐渐习惯正常社会的思维方式和做法。

唯有如此，中国社会才能摆脱无穷无尽的治乱循环。

科学共同体

科学共同体这个词很容易引起门外汉的愤怒。门外汉一下子就能嗅出其中的排外感和智商优越感，并立刻强烈反弹。“哪有什么科学共同体？！”“那都是你们编排出来唬人的！”的确，你不会找到门前挂着“科学共同体”牌子的大楼，但科学共同体是真实存在的人类社会组织。或许应该照顾一下门外汉的自尊心，禁止科学家组成排外的科学共同体，或要求科学共同体接纳所有人。但恐怕这样做的代价太大，大到一定会妨碍科学的发展。既然如此，还是让门外汉受受憋闷比较好。不能因为他们不满意，就改变科学界的组织和规则。

那么，到底什么是科学共同体呢？他们又在哪里呢？这要从科学的特性说起。

科学是一堆知识，但科学并不是人类唯一的知识。除了科学以外，人类还有许多其他知识，比如怎样和陌生人建立朋友关系，怎样写诗，怎样在办公室政治中占上风，等等。在科学知识和其他知识之间，存在一条分界线。这条分界线不是固定不变的，而是时常移动的。有时，一些知识被纳入科学的范畴；

有时，一些知识退出科学的范畴。比如，企业管理在很长时间内都只表现为企业主的个人经验，通过当面传授和示范教给儿女或学徒。进入 20 世纪，人们开始用科学方法研究企业管理，企业管理成为一种专门的科学知识。现在，相比过去的企业主，人们掌握的企业管理知识要多得多。

那么，在科学知识和其他知识之间，是如何区分的呢？

区分点就在于知识发展的方式。科学知识发展的方式是批判，其他知识则没有系统的批判。当一种知识开始接受系统的批判时，它就进入了科学的范畴，成为科学知识的一种。自然科学和社会科学都是如此。

人类科学精神的发源地是古希腊。其他各大古文明虽然也曾经创造出辉煌的成就，但唯独没有发展出批判的传统。系统地进行质疑和批判，以促进知识进步，这个成就只属于古希腊人。至于何以如此，那就说来话长，只能另文专述了。

批判是知识进步的唯一方式。科学家必须诚实地面对质疑和批判。这种观点，借助诸如“低贱者最聪明、高贵者最愚蠢”等革命造反精神，在中国社会传播很广——甚至有些太广了，以至于那些并不真正理解科学精神的人，认为科学既然需要质疑和批判，那么他就可以在讨论知识时和科学家平起平坐。

这就太离谱了。

是的，科学须臾也不能离开批判，科学家最重要的品质就是谦逊和勇于纠错。但如果因此就认为任何人都可以对科学成果来一番“质疑”“批判”，那就会陷入反智状态，反而从根本上破坏了科学发展的环境。中科院的数学家们纵使 24 小时全情投入，也应付不了各地民科寄来的大量“哥德巴赫猜想”。

——为什么这么刻薄？为什么对民科这么没耐心？你就断定成麻袋的来信作者中没有未来的诺贝尔奖得主？

别急，慢慢听我说。

批判虽然重要，但对科学家的批判有个棘手的麻烦。某个领域的科学家既已成名成家，就意味着他们在这个知识领域内是领先者，是跑在最前面的人。他们掌握着这个领域最复杂、最先进的知识，其他人落后于他们。既然其他人落后于他们，不如他们，又怎么去批判他们呢？外行怎么批判内行呢？比赛最后一秒该投篮还是该上篮，难道我们不该相信那个拿顶薪的巨星，而是相信某个连三步上篮都不会的人？

——你这么说，不是等于说科学家有权拒绝批判吗？你这不是自我矛盾吗？

人类社会已经解决了这个矛盾。虽然无法让落后者批判先进者，但可以让先进者互相批判。跑在最前面的那些人，他们的水平差不多，彼此也很了解。设法在他们之间展开交流和批判，就可以创造出科学知识进步所需要的批判环境。我们这些落在后面的人，能看着科学家前行的背影，欣赏他们的成果，得到科学创造的福祉，也就知足了。

这个解决办法并不是某人设计出来的，而是在有批判传统的社会中逐渐演变出来的。中世纪以后一直到19世纪，科学并不是专业的工作，那是“业余科学家的时代”。亚当·斯密是个海关官员；斯宾诺莎是个磨镜片的工匠；爱因斯坦发表相对论论文时，本职工作是专利局职员。因为有批判的传统，研究科学的这些“业余爱好者”会通过通信、见面等方式彼此交流沟通，接受同行的赞扬或者批判。莱布尼茨和包括牛顿在内的多位科学家之间的通信已成为科学发展史的重要文献。独立提出进化论的华莱士把手稿寄给达尔文，令达尔文深感震惊，加快了《物种起源》的创作和出版。

拉丁语在很长时间内成为欧洲各国学者之间通行的语言。后来，英语成为科学界的通用语言。科学家们通过交流沟通互相批判获益颇多，知识因此飞速进步。目睹这个效果，渐渐地就有人愿意出资出力组织科学家们之间正式的交流沟通活动及其组织。科学家也就由此成为一种专门职业。其中复杂的演变过程，本文无法重述，总之，到了 20 世纪，科学界已经通过大学、科研机构实现了专业化，通过学术会议、学术期刊、专题演讲等搭建起科学家交流沟通和互相批判的正式机制。与之相伴的，还有学术身份层级制——教授—副教授—讲师—助教—研究生、期刊匿名审稿制、基金会赞助制、专职教席、客座教授、学术访问、系列演讲等一大套专门的技术手段。这些就构成了所谓的科学共同体。

像所有人类其他组织形式一样，科学共同体一旦形成也必然有其弊端，但时至今日，在打造科学家彼此交流、互相批判的社会条件方面，科学共同体的表现是出色的。无数科学家通过大学、科研机构得到了足够报酬，能够专心从事科学研究，并把知识传授给新一代。全球各地，天天都在举办各种学术会议，科学家们飞来飞去参加这些学术会议。在你读这行字时，就有数不清的科学家正在拆开会议邀请函，等待登机，办理酒店入住手续，和同行见面握手，询问各自的科研进展，或者正在当众发言，翻动PPT，介绍自己最新的科研成果。全球各地无数学术期刊的办公室中，各色男女编辑正在埋头审稿，或者打电话写邮件联系匿名审稿人，请他们对最新的论文做出评价。书评家正在皱着眉头或漫不经心地翻看刚出版的新书，想着怎么写出一篇适当的评论表达自己的赞同或不同意见……

总之，一整套知识创造者之间的批判互动体系，在全球各地永不停歇地运转着。在这套批判体系的推动下，科学知识迅速地生成和积累。利用个别案例，对科学共同体冷嘲热讽很容易。但打造出另一个组织，在发掘培养人才、创造积累知识方面可以媲美现行科学共同体的，没人能做到。

在了解了科学共同体的形式和功能以后，也就知道了科学发展的具体方式和科学知识产生和积累的方式，同时也就知道了正确合宜的批判方式。批判绝不是黄口小儿公然叉腰挑战白发科学家，那只是在浪费大家的时间。人类社会资源有限，可承受不起这种浪费。科学家的时间和精力是非常宝贵的资源。社会必须确保这种极度稀缺的资源用在知识生产的第一线，而不是无谓地消耗在应对外行的无价值“批判”中。内行之间的对话才会“真理愈辩愈明”，三个诸葛亮也说服不了一个臭皮匠。不过何必要说服呢？

从这个意义上说，科学共同体的排外感、智商优越感、身份歧视、等级制度是确实存在的。但这些并不是为了满足个人的虚荣心，而是为了建立起必要的防线，把门外汉拦在门外，确保共同体内部交流批判的高质量高效率，确保科学家宝贵稀缺的智力资源被充分利用，从而又好又多地创造出科学知识。作为非科学家的我们，要关注的是社会是否已经具备了科学共同体，以及这个共同体对知识发展的推动，而不是越俎代庖，去和科学家直接讨论科学问题——科学家进行科普活动时除外。让水平最高、最了解知识进展、最有判断能力的那群人去判断新知识是否正确，是我们能够找到的最佳方式。

重要的是，科学共同体不是产权意义上的组织，而是功能意义上的组织。因此，科学共同体内部并没有一致的利益。他们不但不会“团结一心、一致对外”，还会在内部因为争名夺利而互相揭短挑错，争着成为新知的最早发现者。能否做到，事关科学家在共同体中的地位和利益。实际上，科学共同体想要的就是这种效果。科学家个人对私利的追求，在科学共同体中融合为对知识的不懈探寻和严格检验。

在当代信息空前广泛交流的条件下，在无数专业目光的反复搜寻下，真正有价值的科研成果是不会被遗漏的。麻烦之处倒是在于那些不那么有价值的科研成果很有机会登堂入室。换句话说，冒出来的不见得都优秀，但优秀者一定不会被埋没。平庸之辈有机会混个教授当当，但爱因斯坦是不会一直当专利局小职员的。一个自称重要的知识发现，如果不被任何正规学术期刊接受，也没有任何重要的学术会议邀请其参加，科学家都对之不屑一顾，那么，可以肯定那就是个无价值的劳什子。你用不着去学个该专业的博士才能做出判断，一大群人类最优秀的大脑已经替你做出判断了。你不可能找到比这个鉴别方式更可靠的其他方式。

我曾经在足球报上看到一封读者来信。信中说：如果有人召集几十个农村肯吃苦的孩子，在某大山深处秘密训练成一个足球队，一日出山，打遍天下无敌手，怎么办？对这封读者来信，编辑在下面评论道：最近的舆论导向是不是出什么问题了？是的，对这种深山中世外高人的期盼，完全是不切实际的幻想，是中国武侠小说给读者创造出的童话式想象。地球上有再多的深山密林，你也无须担心或者盼望其中会冒出一个比职业足球更高效更成功的培养体系。最优秀的篮球运动员一定在NBA；最能打的拳手绝不会默默身藏深山寺庙中，一定是你耳熟能详的某金腰带得主。

科学共同体是远比职业体育复杂强大得多的社会组织。由于现代科技的复杂性和对资金设备的极高要求，科学共同体不但是世界上所有重要科学新知的发现者和鉴定者，也是所有尖端知识的唯一创造者。现在早已不是业余科学家的时代了。跳出来批判科学家的门外汉往往指责科学家不够谦逊，过分傲慢，不积极回答他们的“质疑”和“批判”，其实，面对高居知识巅峰、深具批判精神的科学共同体，这些门外汉的表现才是可笑的狂妄和无知。

无效的贸易战（一）
——伪造的段子

网上流传着一个段子，让《中国可以说不》《货币战争》之类读物的拥趸们又头脑风暴心灵震撼了一把。段子如下：

> 春秋时期，齐国国王命令大臣们必须穿丝制衣服，但国内只准种粮食而不准种桑树。齐国丝需求量大，价格上涨，邻近的鲁、梁等小国纷纷停止种粮改种桑树。几年后，齐王又命只准穿布衣，且不准卖粮食给其他小国。结果，鲁、梁等小国因饥荒而大乱，不战而亡，齐国渔翁得利，坐享其成，使疆土得以扩张。

拥趸们激动地传播这条微博，纷纷竖大拇指赞扬老祖宗的智慧。他们历年来看到的所有关于市场经济会酿成灾难的说法仿佛都找到了依据。看哪，鲁国、梁国就因为加入国际经济贸易，为贪欲驱使，只想赚钱，忘了农耕乃立国之本，忽视粮食安全，结果被齐国不费吹灰之力就给灭了。中国不就是当代的鲁国、梁国吗？美国不就是齐国吗？善良的人们啊，要警惕市场经济啊！要尽早认清帝国主义全球化的狼子野心啊！

全球化当然不会威胁国家安全，拥趸们的愚蠢倒是很可能威胁国家安全。一国中如果多是这类货色，这个国家，好也好不到哪里去。刻薄的话，不必多说。值得多说的，是解释为什么这个段子是胡说八道。

这个段子改写自《管子》。《管子》不是史书，是一部论文集。作者据说是春秋时的管仲，不过，质疑者一直不少。很有理由怀疑全书或其中一部分是后人伪作。《管子》是否伪作这里暂且不论，但既然是论文集，这个段子所述之事就不是真实历史，而是作者的“我相信、我主张”。作者认为，如此这般这般，齐国就可以用贸易战灭掉鲁国、梁国，但历史上齐国并没有真这么干过。鲁国是被楚国灭的，也不是用什么贸易战，就是用真正的战争。梁国则更加不知所云。晋分三国，其中有梁国，也就是魏国。这显然不是段子里的梁国。也许春秋时齐国附近有个梁国，但史书中并无记载。

指出不是史实，并不能让拥趸们服气。他们会说：就算没这么回事，但你看，这是完全可能发生的。不坚持 18 亿亩耕地红线，行吗？指望着进口粮食，哪天美国人一封锁，我们就完了！加入国际经济秩序，是在找死。

那好，且让我们假设齐王当时真那么干了，要用狡猾的贸易战灭掉周围的国家。让我们看看，真正发生的会是什么。

第一步，齐王命令大臣们必须穿丝制衣服，但国内只准种粮食而不准种桑树。齐国丝需求量大，价格上涨。邻近的鲁、梁等小国纷纷停止种粮改种桑树。

正常的市场经济下，人们之间会有分工，各人专注于生产自己擅长的产品，然后互相交换。《管子》的作者显然看到了这种现象，但他模拟这个现象时却用了“齐王命令”这个办法，而不是人们的自发分工。这就带来了第一个问题：齐王的命令那么好使吗？如果齐国的那些地方不适宜种粮食，更适宜种桑树，齐国人会服从齐王的瞎指挥吗？或者说，齐国人都愿意为了国家战略而承受牺牲吗？

好，假设齐王一句顶一万句，他说的话别人必须服从，齐国人驯服地把桑树都砍了，改种粮食。粮食多得吃不完，出口到鲁国、梁国，从鲁国、梁国进口丝织品。丝织品价格大涨，被丝织品高价所吸引，鲁国、梁国的人不再种粮食，转而为齐国市场种桑产丝，全国人吃的粮食，则从齐国进口。一切都按照齐王的预期进行。

既然鲁国、梁国所需的全部粮食都要从齐国购买，进口量一定不小。鲁国、梁国这边，会有很多商人做这个生意；齐国那边，也会有很多农民为出口粮食而耕作，会有很多商人为出口粮食进口丝织品而做贸易。按段子中所说，这种情况持续了好几年，也就是说，很多齐国农民连续好几年为出口而耕作，不少齐国商人专心做粮食和丝织品贸易。

接下来，齐王实施战略计划的第二步，忽然又命令，禁止穿丝，只能穿布，同时，不准卖粮食给其他小国。按《管子》作者的设想，这一招产业政策、贸易政策的变化，无异于雷霆一击，一下子消灭了小国的丝织品市场，切断了小国的粮食来源。可实际会发生什么呢？

首先，还是要质疑齐王的执行力。国事不是儿戏。齐国也算大国，能这样翻来覆去地折腾玩儿吗？不要说折腾全国老百姓，周幽王“烽火戏诸侯”，拿少数诸侯涮了一把，就玩儿成灭国。齐王这样来回折腾，齐国人就一定会默默服从、毫无异议吗？还是继续假设齐王执行力足够，说了就能实现。然后会怎样呢？齐国所有关于进口、生产、销售丝织品的人立刻全都失业。粮食停止出口，都转向国内市场。齐国国内粮价大跌，农民收入暴减。所有从事出口粮食生意的商人也全都失业，生计无着。农业商业萎缩，税收大幅减少。

有人说，齐国可以从其他国家进口丝织品，也可以把粮食卖给其他国家啊。

哦，这里还有其他国家啊。那么鲁国、梁国也可以从其他国家进口粮食，可以把丝织品卖给其他国家。那样一来，大家只是莫名其妙于齐王的抽风，而不会有多大损失。齐国因此灭了别国，更是痴人说梦。看来段子要想成立，不能有其他国家，只能有齐国和鲁国、梁国。

段子说，鲁国、梁国因为不能从齐国购买粮食，闹起了饥荒，大乱，但储存粮食不是什么难事。农耕时期，为了预防天灾，各家各户都会储存粮食。而且，读者在后面会看到，鲁国、梁国还有其他获得粮食的办法。也就是说，这两国多半不会立刻乱起来。但齐国那些生计无着的丝织品从业者、农民、粮食出口商会怎么样呢？段子里说了，齐王第一阶段的产业政策让丝织品价格很高，让进出口贸易很兴旺。面对这种好生意，想必齐国的贵族大臣也有很多参与其中。谁不想赚钱呢？齐王莫名其妙的产业政策贸易政策大调整，让本来好好的生活变得一团糟。齐国人原来对齐王的命令都是无条件服从，现在，恐怕得想想办法了。大家会有什么办法呢？

大家有两种办法。

一、偷偷向鲁国、梁国走私。边境线长得很，那时候也没有电话、汽车、铁丝网，齐国士兵不可能把整个边境严密控制住。商人们大可以重新开始做生意，偷偷从鲁国、梁国进口丝织品，给他们运去粮食。那些贵族大臣，走私能力尤其强。把军队兵车调出来用用，都干得出来。齐王对此一定很愤怒。他派出士兵，追杀走私犯，抓到了，就地砍头。为了彰显决心，齐王还大义灭亲，毅然决然地杀了几个参与走私的贵族。但不管是什么统治者，如果和人们的发财愿望对抗，一向都没什么胜算。

军队没有完成缉私任务，甚至还有军官士兵和走私犯暗中勾结。粮食依旧源源不断地运往鲁国、梁国。这两国，也就因此一直没乱起来。齐王下令从严治军，抓一批关一批杀一批，勒令军队必须尽快消灭走私。他还等着鲁国、梁国大乱哪。军队诉苦说缉私任务太重，人手经费都不够。齐王下令拨款。可是，那边，农业、商业萎缩让税收大幅减少；这边，军费开支却节节增长。管国库的人跑来说，钱早就不够用了。齐王一咬牙，把宫中细软宝物拿出来拍卖一批。豁出去了！不把鲁国、梁国搞乱，誓不罢休。

有大臣劝齐王赶紧收手算了，何必如此为难本国百姓？据说您的战略可以灭了鲁国、梁国。可为什么要灭这两个国家呢？为了得到他们的丝织品吗？现在不是就可以买到吗？就算占领了这两个国家，不是也还要掏钱买吗？难道我们在国内买东西不用花钱吗？鲁国、梁国现在很愿意卖给我们丝织品。不让我们用丝织品的，不是鲁国、梁国，而正是大王您啊。

齐王不听劝。他咬牙切齿地说：最困难的时候，就是成功马上到来的时候。行百里者半九十，我必须坚持到底。你们别废话了。齐王肯定不知道后世的高压锅，但他的做法，却和堵住高压锅出气阀然后不断加热一样。等着他的，没个好。大家早晚会使出第二种办法。这第二种办法很简单，就是造反。被断了财路的贵族大臣，终于忍无可忍，举刀登高一呼，率领被断了生计的商人、农民冲进都城宫殿，抓住齐王，把他当众处死。“我让你丫折腾！”“吾既不得活，汝先死可也。”

齐国军队哪里去了？为什么不出来保卫齐王？被齐王逼着抓走私犯的军队早就烦了。当兵的天天在荒凉的边境追走私犯，追不上还要被齐王责罚。很多军人亲属也被齐王的大战略折腾得做不了生意吃不上饭。将怒兵疲。面对贵族百姓的造反，士兵们说，爱咋咋的吧。

看到了吧，鲁国、梁国还没乱，齐国先乱了。齐王本来想运筹帷幄，不战而屈人之兵，结果却是自作聪明，反丢了卿卿性命。这也是为什么那只是个段子，而不是真实的历史。历史上的齐王没有那么傻，不会实行这种自杀式的愚蠢政策。

春秋战国时的齐国，大致在今天的山东，商业很发达，物产很丰富。淄博、即墨等城市的规模已经很可观。从文明程度来说，齐国远超后来统一六国的秦国。真实的管仲，出身是个商人，还很优秀，后来成了齐国的丞相。他的政策，不是策划发动什么贸易战，让国家随意折腾百姓，今天种桑树明天种粮食地抽风，而是放手让民间经营各类产业，大力发展贸易。齐国商品畅销各诸侯国。这些做法，很符合自由市场经济的原则。齐国是当时最富裕的国家，一度还是霸主，这和其超强的经济实力是分不开的。齐国深深受益于市场经济。假托齐国的名义，鼓吹反市场的主张，实在让人替齐国人鸣不平。

当然，上述推理肯定不能说服那些深度“阴谋论”患者。那么，我建议他们看看真实的历史。有一个比段子里的齐王能干得多、野心大得多的人，曾经大力推行类似的政策，结果也是一败涂地、国灭身亡。这个人就是拿破仑。

拿破仑把英国当作最主要的敌人。为此，他不惜远征埃及，想要切断英国和印度的联系，但远征失败，只好另想办法。他想出来的办法就是封锁英国，切断英国和欧洲大陆的所有联系，试图以此来打败贸易立国的英国。这就是拿破仑著名的“大陆封锁政策”（The Continental Blockade）。

英国工商业发达，和世界各地都有频繁的贸易往来，很多工业制成品要出口。同时，英国本土面积不大，很多农产品要进口。拿破仑认为，如果成功封锁英国，让英国人卖不出工业品，吃不上饭，英国焉得不败？可是，贸易是有利于双方的。英国固然需要欧洲的产品，欧洲同样也同样需要英国的产品。拿破仑的封锁政策直接损害了欧洲众多国家和民众的利益。虽然当时法国控制了大部分欧洲，但他统治下的各国并不愿意服从大陆封锁令。为了减少损失，欧洲大陆各国千方百计地突破大陆封锁，继续和英国人做生意。那不勒斯地区的走私活动甚至得到了官方战舰的帮助，人们普遍认为：“走私活动将防止国家的经济崩溃。”

拿破仑对猖獗的走私气愤不已，决心严厉打击。他下令没收并焚毁一切走私商品，枪决走私者。为了堵住港口走私，拿破仑甚至直接出兵占领那些附属国。这些行动让他的统治越来越沉重，人们对他的不满越来越强烈。大陆封锁令给他自己带来的乱子，比给英国带来的多得多。

对拿破仑最致命的，还是俄国。因为经济落后，俄国更加不能承受大陆封锁令带来的损失，他们迫切需要和英国进行贸易。俄国必须“通过海上贸易，把自己的原料产品输往当时的主要市场英国，才能获得金钱”。所以，俄国对大陆封锁令一直都是不配合、敷衍和暗中破坏，到了 1811 年，开始公然违背。俄国的公然违背意味着拿破仑对英国的封锁化为乌有。想要继续封锁英国，就必须迫使俄国就范。于是，1812 年，拿破仑发动了对俄战争。后来呢？后来拿破仑就被人押送到大西洋的一个岛上去了。

两国间的贸易，并不只是造福一方，而是双方都会因此而受益。人为压制，甚至切断这种贸易，固然会对他国造成损害，但本国也会因此蒙受巨大损失。天怒人怨、人神共愤，正好用来形容这种愚蠢做法的必然后果。

美国农产品大量出口到中国，这意味着，许多美国农民和贸易商的生计维系在对华出口上。而直接间接受益的其他美国人，更是难以计数。切断这种贸易，首先损害的是美国人的利益。任何有理智的执政者，都不会像段子里的齐王那样胡乱折腾。因为这种做法首先会损害本国人的利益，动摇他自己的统治。害人不成反害己的可能性很大。

况且，侵略、征服他国，无非是为了获取利益，但贸易已经让人们在彼此合作中获得了巨大利益。商人可以去，又何必派士兵去呢？战争将摧毁商业，让贸易创造的利益消失。无知者臆想的战利品收益，和贸易的巨大收益相比微不足道。放弃大的利益，让人民承受死亡和牺牲，冒着政权被颠覆、自己上绞架的危险，只为了得到更小更脆弱的利益，这种愚蠢的政客不是没有，但他的自杀式政策，只是在自我毁灭，对别人的危害十分有限。

如果因为世界上还存在这种蠢货，人们就拒绝市场经济和全球化，也实行自杀式的封闭政策，那才是和蠢货一样蠢。下场和蠢货也不会有什么不同，那就是一败涂地，国灭身亡。

无效的贸易战（二）

——石油贸易

两条消息放在一起看，很有些喜剧效果。

一、2013 年 11 月 24 日，伊朗与五个安理会常任理事国再加上德国共六个国家达成了关于核问题的协议。伊朗承诺削减铀浓缩活动，以换取解除经济制裁，主要就是可以继续出口石油、天然气。持续了十年之久的伊朗核问题取得阶段性进展。二、12 月 19 日，俄国总统普京签署大赦令，释放了尤科斯石油公司前总裁霍多尔科夫斯基。此前，霍多尔科夫斯基已经在监狱里度过了 10 年。当初下令抓他的是总统，现在下令放他的也是总统。

这两条新闻之所以会有喜剧效果，是因为伊朗和俄罗斯这两国，正不约而同地在现实生活中扮演传说中的“齐王”。那股子二杆子一般的愚蠢劲头和尴尬处境，简直是一样一样的啊。

关于“齐王”这个典故，可参看前面的文章“齐国的那个贸易战”。针对广泛流行的齐国用贸易战不费吹灰之力打败邻国的段子，这篇文章解释了那个段子的意淫和愚蠢所在。主要论点概括来说就是：贸易战必定危害双方。齐国打贸易战，多半是自找祸乱，结局不妙。为了增强说服力，我举了历史上拿破仑大陆封锁令的例子。例子很合适，说服力也足够，可惜不是现当代的事情。好像是为了补上现当代的案例，伊朗、俄罗斯两个国家跳了出来。

伊朗核问题产生以来，西方国家和伊朗的关系一直很紧张。为了恫吓西方国家，伊朗总统内贾德多次宣称，要封锁霍尔木兹海峡，切断西方国家的石油供应。这个威胁听起来很可怕。欧盟国家进口的石油最多时差不多有 30% 来自伊朗。别说封锁霍尔木兹海峡，仅仅是伊朗停止向欧盟国家出口石油，世界会不会重演 20 世纪 70 年代的石油危机？欧洲本来就问题多多的经济会不会就此一蹶不振，甚至出现社会动荡？伊朗人可能就是这么期盼的。不过，不知是否出乎他们的意料，为了迫使伊朗放弃核计划，2012 年 7 月 1 日，欧盟宣布停止从伊朗进口石油和天然气。而在这以前，美国已经采取了类似的措施。

你威胁不卖给别人石油，结果，还没等你说到做到，别人先出一招，不买了。你再想卖，别人都不买了。你还别得瑟了。

在欧盟宣布“不买”以后几个月，尴尬之余，2013 年年初，伊朗宣布，禁止向欧盟出口石油天然气。并且声称：在欧盟撤销“不买”决定之前，伊朗的禁令将一直有效。不知道伊朗政府发布这个消息时，参加新闻发布会的记者们是不是笑倒一片。接下来，伊朗就开始享受使用石油武器的快乐了。不过，看上去那不像快乐，倒更像煎熬。要知道，石油是伊朗的经济命脉和外汇收入主要来源，石油收入占全部外汇收入 85% 以上。

本来，出口石油，换来大笔美元，伊朗人可以去买各种想要的东西。现在，不出口了，面对着黑乎乎的石油，吃不能吃，用不能用，哪里有什么快乐呢？据说，由于国内化工生产能力不足，伊朗的燃料油还要进口。伊朗停止出口造成的能源缺口，正好让其他产油国扩大生产。欧盟的能源供应没受什么影响，伊朗人却眼睁睁地看着本来流向自己的美元转而流向其他国家。别人的好日子接着过，自己却越来越捉襟见肘。坚持到2013年年底，伊朗人实在扛不住了。甭管多么疯狂的革命者或信徒，没钱也玩不转。于是，就有了和六国进行谈判，主动削减核计划，以求恢复石油出口。老几位，你们还是来买石油吧，保质保量，按期交货，童叟无欺……

波斯“齐王”的下场虽然没有我那篇文章中的“齐王”那么悲惨，不过就自己玩自己和窝心程度来说，也差不多。看看，伊朗这样一个资源丰富的文明古国，放着唾手可得的好日子不过，都被这帮人折腾成啥了。

另一位“齐王”俄国打的算盘和伊朗差不多。多年来，俄罗斯一直在用能源作为武器要挟其他国家。俄罗斯能源公司的一位高管说：“我们的输气管道里涌动的不是天然气，而是意识形态。”前几年，看到中国和日本都需要进口能源，俄国颇为得意，乐滋滋地在中日两国之间转来转去，颐指气使，欲擒故纵，可算是过了一把“挟石油以令天下”的瘾。曾任总理的卡西亚诺夫和中国签署的石油购销协议，被俄中央政府大手一挥就给废了。被关进监狱的大亨霍多尔科夫斯基开罪俄政府的原因很多，其中一条就是他的石油输华计划。在西线，俄国更是大发神威，动辄就要切断别国的天然气供应。天寒地冻之时，俄国人一不高兴，就让你们没柴烧。听说东欧还真有人因此被冻死。这可不是纸老虎，是真能吃人的北极熊。没想到世事变化快。俄国“挟石油以令天下”的瘾还没过够，2008年，经济危机来了。俄罗斯深陷经济危机，这下马戏散场了。为了挣钱，被俄方拖延了10多年的中俄石油合同迅速签署，价格、管线什么的都好商量，俄国人也不在中日两国之间往来穿梭了。

到了2011年，由于俄罗斯在欧洲方向的能源生意遭到空前打击——俄国人前几年动辄切断管道供应的要宝行为，现在到了秋后算账的时候了——俄国更迫切地要和中国做生意。在电视上当着全国人的面，普京要求俄罗斯几大能源企业把发展重点转向中国，中俄最终签订了2700亿美元的石油大单。接下来俄罗斯还要颁布液化天然气出口自由法案，再加上来自伊朗和中亚的能源供应，中国在能源方面已经基本占据了主动。

其实，这很自然很正常。有钱，还怕买不到东西吗？需要担心的是穷，是没有创造财富的能力。只要有了财富，对那些热衷玩弄贸易战的形形色色的人，根本就无须担心，等着看他们的笑话就可以了。在这个背景下，再看俄国政府释放霍多尔科夫斯基，就可以会心一笑了。不能说这次释放完全是因为中国，但其中必定包含向能源消费国示好和承诺稳定能源供应的意思。形势比人强。嘴上说说狠话容易，但真正让自身实力强大起来，就不是那么容易了。当初是你抓，现在是你放。抓人放人，全无规矩程序，就凭你一句话。貌似牛气冲天，内在的虚弱却暴露无遗。今后，还会有多少人真把他当回事呢？仗着自己掌握某些特殊资源，就想要挟他人，实在愚不可及。愚就愚在，他们不知道，真正的较量永远都是人与人之间的较量。自己这边人的实力不如他人，指望着靠物来扭转局面，或许能逞一时之快，但时间稍长就会败下阵来，并沦为笑柄。

自由贸易表面上的作用是促进了财富的创造和流通，其实，自由贸易最重要的作用在于持续地拓展人与人之间合作的广度和深度。参与合作的人，会因此变得更强大更优秀。拒绝自由贸易，必然导致各方受害。那些打算发动贸易战的政客，最好掂量掂量自己有几斤几两，是否承受得起这种可能巨大无比的代价。

俄罗斯和伊朗，不会是最后的两个“齐王”。此类人物，日后必定仍然前赴后继络绎不绝。不过，这样也好。如果不是他们经常冲出来当众上演闹剧，经济学教育又哪来那么多新鲜案例，去治疗超级顽固的历史健忘症呢？

当下与未来

——应该在何时消费？

虽然是发展中国家，但巴西的物价却很高，高到发达国家游客到巴西消费，都感到吃不消。在网上略略搜索一下，就能找出不少相关报道。2013 年，一家巴西报纸对比了美国与巴西的 15 种产品的售价。一款男式手表在巴西售价为 299 雷亚尔（约合 950 元人民币），而在美国同款手表售价仅为 99.40 雷亚尔；一双耐克球鞋在巴西售价为 369 雷亚尔（约合 1200 元人民币），美国为 99.40 雷亚尔；一盒费列罗巧克力在美国的售价要比巴西便宜 40%。

中国记者比较了巴西里约热内卢和中国的物价，结论是：里约热内卢的整体物价，吃、穿，相当于中国的两倍；住、行，则相当于中国的三倍。里约热内卢酒店的平均价位为 260 美元，超过纽约和巴黎。一家经济型酒店，没有桌子，没有晾衣架，更没有海景，只能睡觉而已，差不多要 2000 元人民币。好一点的私立医院收费极高，普通人生孩子需要 3 万多元人民币。

20 世纪 80 年代开始，巴西发生了非常严重的通货膨胀。到 1994 年顶峰时期，物价增长率达到了可怕的 2100%，不过，从那以后，恶性通胀已经被控制住，巴西政府通过让雷亚尔紧盯美元而终结了恶性通胀。到 2007 年 4 月，巴西通胀率已经降到了 3% 以下。现在巴西的高物价，另有其他原因。

巴西是个自然资源丰富的国家，铁矿石、钢铁、牛肉、咖啡、橙汁、糖等产品的出口量在全世界名列前茅。除了这些传统优势资源以外，巴西的石油生产近年来也增长很快。十年前巴西日产油 100 万桶，到 2015 年，日产量达到 400 万桶，甚至有专家将巴西称为“下一个沙特”。大量资源出口，换得巨额外汇。巴西人挣到了不少钱。挣钱是好事，但好事能不能持续下去，还要看人们如何花这些钱。

一些经济学家把中国和巴西看作新兴经济体中正好相反的两个例子。中国人把大量资金投入建设，大量修建铁路、高速公路、港口、机场等基础设施。这其中必然有不少浪费，有很多政绩工程、面子工程，贪腐之事也必然很多。但即使如此，不能否认，中国的基础设施数量增长飞速。

巴西则把大量的钱投入到社会福利之中，也就是投入到消费之中。巴西已经建成了一个自己负担不起的福利社会。“巴西迷失了方向，屈服于民粹主义者试图确保舒适生活方式的呼吁。”人们在当下就把钱都花完，忽视中长期建设。这造成了巴西基础设施的严重缺乏。“在平坦的新公路上驾驶的体验在中国习以为常，在巴西却是不可思议的。”道路的匮乏，让巴西的国内运输变得像滑稽剧。一家在巴西的美国公司抱怨说，他们的货物会因为道路颠簸而在路上遗洒一半。圣保罗的市内交通如此糟糕，以至于大公司高管要靠直升机上下班。里约热内卢和圣保罗的机场，几十年没有改善过。因为港口缺乏仓储空间，把糖运进港口的卡车通常会在入口等待两三天。对教育培训的投入很少，熟练工人越来越不够用。航空公司甚至因为飞行员不足而取消和延误航班。

过去 10 年，中国的总投资占到国内生产总值的 50%，其中兴建新的基础设施的份额为10%，也就是说，中国人拿出一半的钱用于投资未来。而巴西的这个比例只有19%，其中用于兴建新基础设施的份额则只有2%。所以，人们毫不意外地看到，在巴西世界杯开幕前夕，相关场馆的建设还未完成。忽视基础建设的结果就是全社会的生产效率难以提高。1980-2008年，巴西生产率年均增速为0.2%，同期中国是4%，印度3%，韩国、泰国接近2%，在新兴经济体中，巴西是最差的，且差距明显。

出售资源换来的大笔钱投入福利，用于消费，自然提高了各种消费品的价格。同时，因为消费太多，建设太少，生产效率增长缓慢，消费品的产出数量自然增长缓慢，面对大量涌过来的钱，物价自然会越发上涨。这就是巴西这个发展中国家却拥有超过发达国家物价的原因。

出口资源赚到钱，这本身是好事。如果把赚到的钱投入建设，提高生产率，就会带来日后更多产出。这就像把种子种入土地，虽然当时不能吃，但会换来日后更多的粮食。相反，如果把赚到的钱都花完，那就只能坐吃山空，越吃越少。你把种子都吃完了，当时吃得很饱，但秋后怎么办呢？工业化社会，生产效率的提高，高度依赖基础设施和各种机械设备。这些虽然不是消费品，但日后更多消费品的产出，正依赖于道路、港口、机器设备等资本品。

拉美国家，除了少数以外，大多陷于所谓“伊比利亚文化”中不能自拔。这种源自伊比利亚半岛西班牙葡萄牙的文化传统，热衷享乐，行动迟缓，经济上不思进取，乐于搞福利国家。或许正是因为这种传统，即使身为大航海的开创者，西班牙葡萄牙也在随后明显落后于其他西欧国家。从印第安人那里得到的大量黄金，给他们带来的只有通货膨胀和落后他人。

民粹主义、福利主义、及时行乐，在拉美从来都有众多拥护者。节俭、克制、努力、勤奋，则很不受欢迎。阿根廷绝无仅有地从发达国家变成发展中国家。巴西坐拥丰富资源，在新兴经济体中的发展前景却最为黯淡。在美国多种族社会中，相比其他族群，拉美人的表现乏善可陈。看来，这些讲西班牙语的人确实没有适合资本主义的文化传统。

中国人却乐于大量投资未来，并为此努力工作。遗憾的是，很多人却正在竭力诋毁、攻击这种勤奋精神，试图代之以拉美式的及时享乐和懒散生活，认为那才是进步和文明。尽管他们打着各种各样高尚的旗号，但背后那种求包养的寄生虫味道是根本掩盖不住的。

高物价、福利社会、大政府以及随之而来的高税收，已经在巴西社会引发了越来越多的不满和抗议。人们大搞福利社会，重要目的就在于想要借此缓解社会矛盾，减小政治压力。但福利社会在经济上的不可持续性注定了，这种缓解和减小即使有，也是饮鸩止渴式的，未来必将会出现更大的社会矛盾和政治压力。2013 年 6 月，巴西全国数十万民众上街游行示威。一位游行者表示："我渴望从这些示威活动中得到的是，统治阶级逐渐明白我们才是统治者，而不是他们。政客们必须学会尊重我们。"抗议者这种空泛的要求正说明了深层政治问题的难以解决。他们并不知道问题到底出在哪里，只是感到不满。他们也没有准备付出努力来解决问题、改善现状，只是在要求更多的福利、更慷慨的政府，同时还要更低的税收。除非上帝是巴西人，否则这些要求怎么可能得到满足呢？

一些巴西精英很希望看到本国发生深刻变革，但他们对此并不乐观。"我们似乎无法摆脱伊比利亚起源。"一位巴西前央行行长慨叹道。

投资和消费的关系被错误的经济学弄得混乱不堪。鼓吹消费至上、消费拉动经济，迎合了人性中好逸恶劳的一面，因此深受欢迎、愈演愈烈，以至于居然能让人忘记最简单的"一分耕耘，一分收获"的道理。不过，主观愿望和精心打造的抒情并不能改变经济规律。及时行乐、不顾长远的后果必然是好日子没几天，回避辛苦的结果就是日后迎来更大的辛苦甚至痛苦。

最简单的道理值得一再重复。努力工作、克勤克俭、投资未来是宝贵的优点，而不是什么已经过时的缺点，更不是低人权的表现，相反，那是真正积极进取、自强不息、充满乐趣的人生。

教育投资

——有用还是有益?

和一些其他国家的人相比，中国人非常重视教育。中国很多家长在子女教育上花钱一向毫不吝惜，宁多不少。犹太人也很重视教育。在多族群的环境中——比如美国，中国人和犹太人在经济上的表现都很不错，属于高收入人群。这似乎证明了教育的重要性。在教育上的投资，日后会赢得更高的收入，很划算。不过，如果更全面地考察历史事实，会发现事情没那么简单。教育到底是非常有用、不可或缺、可以直接提高人们的收入，还是有益无害，多一些少一些并不是那么重要。这个问题的答案可能出乎大多数人意料之外。

研究类似问题的困境在于，不能做严格的对比实验。社会现实太复杂了，很难排除不相关的因素，而且，研究者也不能通过干预大量儿童的生活——比如剥夺某一代人中一半儿童的受教育机会——去进行对比。一个可行的研究方法是深入观察和分析历史，看看人们过去的生活是否表现出了某种规律。在教育重要性这个问题上，美国移民史提供了比较接近实验室的条件。

美国是一个典型的移民国家，移民来源广泛且数量众多。作为新大陆，北美没有旧大陆那种错综复杂的历史纽带、遗产和恩怨，近似满足了“排除无关因素干扰”的实验室要求。在这块大陆上，人性、社会展示出了更纯粹的一面。观察美国历史，对理解人性和社会的规律有独特和不可替代的作用。

到达美国的移民，往往带有明显的原来国家的特点。他们当中有的重视教育，比如中国人、犹太人；有的则不重视教育，比如拉美人、意大利人。有的族群，如爱尔兰人，起初的表现十分糟糕，甚至被认为永远不可能融入美国社会，将注定是个失败族群。19 世纪末 20 世纪初到达美国的东欧犹太人，被认为平均智商很低。移民美国的意大利人，也位于“低素质移民”之列。

意大利人很不重视教育，甚至对教育有些敌视。其历史原因源远流长。移民美国的意大利人，很多来自意大利南方。意大利南方和北方之间有鸿沟一般很深的隔阂，说是两个民族也可以。北方自然条件优越，更欧洲化、更工业化、更繁荣发达；南方则自然条件很差，更封建化、更贫穷落后。也因此，南方意大利人很多移民海外，想要找到更好的发展机会。长期的落后和贫穷，让南方意大利人对来自北方的国家政令高度不信任，他们更愿意相信自己家族的人，发源于意大利南部的黑手党就带有鲜明的家族特色。在南方意大利人看来，政府推行的正规教育很可疑。这种教育把儿童从家庭中夺走，不但不能帮助他们提升社会地位，反而会让子女脱离家族，减少他们挣钱的时间。1877 年，意大利首次通过义务教育法律。这部法律遭到了严重抵制，人们甚至因此发动骚乱。1900 年，南部意大利人的文盲比例仍然高达 70%，超过同期英法德等国的 10 倍还多。世界上，对教育漠不关心，不太在乎子女教育程度的族群不少，但像南部意大利人那样敌视教育的，还不多见。

移民美国的意大利人把这种对教育的怀疑和敌视也带到了美国。他们高度重视实用知识，排斥正规教育。在早期意大利移民看来，“要上学而不愿工作的儿子是个坏儿子，要读书而不愿帮助母亲做事的女儿是个坏女儿”。在这种观念之下，意大利移民子女在公立学校表现很差也就不足为奇了。这种拙劣的表现让很多人认为意大利人在智力和遗传上属于劣等。实际上，直到今天，在美国的高等教育中，意大利裔仍然在学术上表现得不太积极，他们更愿意选择工程或者会计这样的实用学科。

这种对教育的排斥甚至敌视，对意大利移民经济地位的提升有何影响呢？答案是——没什么影响。

意大利人属于比较晚移民美国的族群，但到 1968 年，意大利移民的收入已经超过了全美平均线。要知道，20 世纪初，意大利移民的收入只有全美平均收入的 45%，到了 20 世纪 80 年代，意大利移民的收入甚至超过了全美平均收入 12%。虽然他们这么多年以来一直不太重视教育，但到了今天，用经济和社会的诸多指标衡量，意大利移民的后代和其他美国人已经没什么差别。其中没有差别的一项指标就是大学毕业率。也就是说，现在意大利人不那么敌视教育了，也愿意花钱把子女送入大学了。这显示了一个重要规律：人们在教育上投资更多，很可能并不是他们致富的原因，而是他们富裕的结果。当他们更富裕时，就会更愿意在教育上花钱。

中国人、犹太人移民在美国的发展历程也证明了同样的规律。当他们的第一批移民初到美国千辛万苦地谋生时，正规教育根本没多大用处。他们经济地位的提升不是靠更多的文凭，而是靠刻苦经营和努力工作。当他们用一两代人甚至更长时间积累起足够财富以后，由于历史上重视教育的传统，中国人、犹太人会比其他人在教育上投资更多，他们的子女在学术上的成就也往往更高。这给人形成一种印象：更重视教育的人群，在经济上提升更快。其实，因果关系是正好相反的。不是更多的教育带来更多的财富，而是更多的财富带来更多的教育。

美国这个自由资本主义社会，让人们得到了比在母国多得多的发展机会。

在这种可羡慕的条件下，经历或长或短的时间以后，每个到达美国的族群都大幅提升了经济地位。他们的表现都好于留在母国的同胞。在这方面取得成功的不仅仅是意大利人、中国人、犹太人，而是所有移民，包括那些作为奴隶被贩卖到美国的黑人的后裔，他们的生活水平是那些留在非洲的黑人根本无法企及的。

那么，教育是不是没什么用处呢？这个问题的答案取决于你心目中的教育指的是什么。

当我们说到教育时，基本上指的就是正规学校教育，这种教育通常是由政府组织和管理的。实事求是地说，正规学校教育对提升个人和群体经济、社会地位的作用，很可能被夸大了。

在人类教育史上，国家组织的正规学校教育其实算个新事物，是近代以来民族国家的产物。这种教育的首要目的是灌输一整套的国家意识，意在塑造具有共同特质、观念的国民，是现代民族国家的塑和剂之一。这种教育体系中的学生要花费大量时间接受一整套关于国家和个体之间权利义务的抽象观念。这种观念对日常生活几乎没有什么作用。从这个角度来说，南部意大利人对正规教育的质疑不无道理。除此以外的学术教育对普通人生活的作用其实也不大。有多少人要在生活中应用微积分呢？有多少人的职业必须掌握元素周期表呢？罗马帝国的历史是一个当代西方人必须了解的吗？一个中国南方人必须准确写出“四”和“十”的汉语拼音才能正常生活和工作吗？

美国移民史给我们的一个重大启示就是：在提升经济地位的奋斗中，除了良好的社会环境，个人层面最重要的因素是勤劳肯干的精神、善于经营的灵活头脑和各种随时习得的实用知识。而这些，即使没有正规学校教育，也完全可以具备。

那些移民美国的各国人，在他们的母国往往面临严酷的社会环境，根本不具备依靠辛勤劳动、灵活经营就能发家致富的起码条件。他们的机会被人消灭于无形，他们创造出来的财富被人无情地掠夺和毁灭。到了美国以后，他们虽然可能身无分文毫无基础，但终于有了奋斗的机会。有了奋斗机会的人们，仍然有水平高低之分，但达到社会平均收入并不需要格外高超的智慧，只要身体正常、勤劳肯干就足够了。而某些表现更好的族群，比如中国人、犹太人，也不是因为他们接受了更多的正规教育，而是因为他们比其他族群具备更多灵活的经营头脑，或者说，他们具有更多符合资本主义精神的心理特性。中国人和犹太人都以善于经商闻名。这种独特才能显然不是来自正规学校教育，而是多种社会和历史条件造就。中国移民在东南亚等地同样表现出优秀的商业才能。

观察中国的现实情况，也会发现类似的规律。改革开放以后，经过 30 多年的经济发展，中国社会已经变得富裕多了，但明显的事实是，财富分布和正规教育的分布差别很大。很多教育发达的地区却在财富积累和繁荣程度上落后，而某些教育基础很薄弱、学术上无足轻重的地区——比如温州，却迅速创造和积累了大量财富，成为富裕发达之地。经常可以听到有人慨叹这些富裕地区的“文化落后”，甚至斥为“文化沙漠”。实际上，这些地区的人并非缺乏知识。他们具备比别人多得多的商业经营知识和技巧，只不过，他们可能不那么擅长正规教育及其知识而已——谁又能面面俱到呢？现在，随着财富的积累，他们也开始在正规教育比如大学上投资更多。这再一次印证了那个规律：是财富带来了更多的教育，而不是教育让人们挣到更多财富。

如果我们把教育理解为广义的人力资源培养，那么，教育的作用至关重要。如果我们把教育理解为正规的学校教育，那么，教育的作用其实没有那么大。当然，多受教育，具备更高的文化修养和知识，对个人说来不失为一件好事。不过，这种教育往往需要大量的投资和时间，其实是一种奢侈品。个人应该根据自己的实际情况进行理性选择，而不是出于对正规教育的迷信，抱着掌握炼金术的目的长期投身其中。那里是没有什么炼金术的。一个正常社会，大部分人本来就应该把主要精力用于获取能够带来财富的实用性知识上。获取方法包括但绝不限于学校教育。实际上，获取实用性知识的主要途径恰恰不是学校，而是实际的生产和经营活动，也就是所谓“干中学”。

至于那些代表着人类文明高度的学术、艺术和科学，就交给少数幸运而优秀的大脑去从事吧。这既让这些优秀的大脑发挥了最大的作用，又不至于大幅度减少社会的财富创造。一个人人都是哲学家的社会，是无法存续的。而且，这些“高级学科”本身并不需要太多的人。一个优秀大脑能达到的高度，一万个平庸之辈永远也达不到。在这些领域，人数不是任何优势。过多的平庸参与者加入其中反而还会成为劣势。中国当代学术科研的种种乱象，和太多平庸乃至低劣之辈试图跻身这个原本他们无法企及的领域，并试图在其中分一杯羹，有直接的因果关系。

正规教育所能提供的知识，只是人类整体知识的一小部分。不必完全否定正规教育的作用和意义，但人们应该认识到，获取知识的途径是极为多样化的。片面地抬高、迷信某一个特定途径，只会降低人们在人力资源上的投资效率，减少整个社会的知识总量和财富总量，并最终降低社会的文明水准。

教育孩子的正确方法

怎样教育孩子？哪种教育方法才正确？这个问题可谓答案众多且分歧巨大。各路专家提供的各种方法之多之杂，足以让新晋父母们无所适从、手足无措。很多年轻父母可能都有个噩梦：自己稀里糊涂地采用了某种错误的教育方法，结果损害了孩子的未来，耽误了孩子的一生。那么，到底什么才是教育孩子的正确方法呢？

有一本挺流行的书《魔鬼经济学》（*Freakonomics*，有中文版），其中第五章“怎样才能成为完美的父母”，内容就是关于子女教育的。这一章里有个很有意思的分析研究。篇幅所限，我在这里直接引用其研究结论。研究分析的细节，读者可以去看原书——这样说的意思是，请读者不要轻易否定这项研究，尤其在你不是教育专家和统计专家的情况下。

研究者开列出16项关于家庭的因素，然后逐一统计分析这些因素和学生成绩之间的关系。

这16项家庭因素是：

1. 学生的父母受过良好教育；

2. 学生的家庭非常和睦；

3. 学生的父母有着很高的社会经济地位；

4. 学生的父母最近刚刚搬到一个比较好的社区；

5. 学生的母亲是在 30 岁（或者 30 岁以后）的时候生下第一个孩子的；

6. 学生的母亲在孩子出生以后到上幼儿园之间的这段时间里没有工作；

7. 学生出生时的体重较轻；

8. 学生参加了儿童发展进步计划；

9. 学生的父母在家说英语（这一项可以替换为父母在家说主流社会语言，在中国就是汉语）；

10. 学生的父母经常带孩子去博物馆；

11. 学生是领养的；

12. 学生经常被打屁股；

13. 学生的父母参加家长教师协会（PTA，一种在美国很流行的家长参加的教育组织）；

14. 学生经常看电视；

15. 学生家里有很多藏书；

16. 学生的父母几乎每天都给孩子读书。

读者或许可以自己先猜一下，这 16 项因素中，哪些和孩子的成绩有关，哪些无关。

（空一行，猜吧……）

研究者的统计结论是：

和学生成绩高度相关（相关不是促进，有的因素是负相关，比如第4项）的8项因素是：

1. 学生的父母受过良好教育；

2. 学生的父母有着很高的社会经济地位；

3. 学生的母亲是在30岁（或者30岁以后）的时候生下第一个孩子的；

4. 学生出生时的体重较轻；

5. 学生的父母在家说英语（这一项可以替换为父母在家说主流社会语言，在中国就是汉语）；

6. 学生是领养的；

7. 学生的父母参加家长教师协会（PTA，一种在美国很流行的家长参加的教育组织）；

8. 学生家里有很多藏书。

和学生成绩无关的8项因素是：

1. 学生的家庭非常和睦；

2. 学生的父母最近刚刚搬到一个比较好的社区；

3. 学生的母亲在孩子出生以后到上幼儿园之间的这段时间里没有工作；

4. 学生参加了儿童发展进步计划；

5. 学生的父母经常带孩子去博物馆；

6. 学生经常被打屁股；

7. 学生经常看电视；

8. 学生的父母几乎每天都给孩子读书。

这个结果有些令人困惑。许多往往被认为是很有影响力的因素，比如搬家到一个比较好的社区，经常带孩子去博物馆，每天给孩子读书，却被证明不能影响孩子的成绩。而另一些因素，比如晚育（30 岁才生第一个孩子），却被证明可以影响孩子的成绩——晚育的孩子往往成绩较好。

这两组家庭因素的分布，其中有什么规律?

研究者指出，规律就是：那 8 项影响孩子成绩的因素，实际上表明的是父母本身的特点，即“父母是一个怎样的人”；而那 8 项不能影响孩子成绩的因素则是父母的行为，即“父母对孩子做了什么”。换句话说，教育孩子时，父母自己是什么样的人，远比他们对孩子做什么、采用某种教育方法更重要，更能影响孩子。

这个结论的意义远比看上去深刻得多。且听我继续往下说。

除了遗传因素，决定孩子学习成绩和人格发展的，一定是父母的行为，包括他们对孩子做了什么。那么，为什么说父母是什么样的人，比他们对孩子做了什么更重要呢？那是因为，真正决定你在日常生活中做什么的，是你是个什么样的人，而不是你有意去做什么事。刻薄一点儿说就是：你装得了一时，装不了一世。

你是个爱读书的人，家里有很多藏书，就算你没有坚持每天给孩子读书，你天天兴致勃勃手不释卷的样子，也会被小孩子看在眼里记在心上。他们会认为读书是生活的一部分，当他们认字以后，就会自然而然地读书。如果你的最大爱好是打麻将，家里天天都有牌局，天天出入的都是牌友，两口子整日讨论的都是牌技和牌运，就算你每天晚饭后坚持给孩子读上一小时的书，小孩子对书的兴趣也不会比对麻将更大。对他来说，麻将牌而不是书，才是生活中必不可少的内容。

政治家的孩子，从小就看到父母在家中举行政治集会，和同事商讨各种政治问题，很自然地就会掌握其中的言谈举止和交往技巧，虽然他很可能意识不到这是在学习。商人的孩子，从小就见惯进货销售、盈利亏损，如果他长大以后决定经商，即使是新手，他对商业的理解和兴趣，也和那些父母一辈子拿工资从来不知道商业风险为何物的孩子大不相同。

当然，论及人，结论永远不会绝对，相反的案例一抓一大把。而且，上述规律不应该成为个人逃避努力的借口。决定你生活和命运的永远是你自己，而不是你的父母或其他人。揭示这条规律的意义在于，它告诉我们：教育子女的方法多种多样，但说到底，你想要孩子成为什么样的人，最好的办法是自己先成为那样的人。或者说，你的性格和优缺点，很可能就是你子女未来的性格和优缺点。诚实者的子女也可能成为骗子，但更多的骗子是从小就从家里学到了撒谎和欺骗之术。勤奋者并不能确保孩子一定也同样勤奋，但如果你日上三竿还在高卧，就别为孩子的懒惰而怨天尤人了。

说了这么一大堆，有人也许会问：你是不是打算改行，开始做教育咨询了？不，我没那个兴趣和能力。我之所以对这个问题感兴趣，并写下这篇文章，重点是在后面的内容。而这部分内容和市场经济观念有关。

先让我复述一下上面的规律：父母是什么样的人，远比他们对孩子做什么，对孩子的影响更大。这是因为，真正决定父母在生活中的行为举止的，不是他们刻意实施的某种教育方法，而是他们自己本身是什么样的人。父母必定会把自己的人格特质带入到日常生活中，并影响孩子。这个规律并不仅仅适用于为人父母者。我们每一个人，生活中最大部分的行为举止都不是来自刻意选择，而是遵循多年的习惯和相对固定的生活方式。是我们的人格，而不是刻意的选择，决定了我们绝大部分的行为方式和生活方式。

你睡眠的习惯、洗漱的方式和速度、吃早餐的方式、走进办公室做的第一件事、办公桌上物品的摆放、你的坐姿、吃饭的速度、和他人对话时的态度及语气、你生气或高兴时的表达方式……这种种行为，并不是你在几个可能的方案中选择一个才加以实施的，而是沿袭多年以来的习惯。而这些，也构成了你这个人的人格特点。

虽然我们是有理性、会选择的人类，但如果生活中的事事都要像标准化考试那样几选一，那将不堪重负。为了摆脱这种重负，为了让生活可以持续，人类就把大部分生活知识转化为无须选择的习惯、习俗和生活方式，而让大脑集中去分析判断少数重要选择。这种被转化为习惯、习俗和生活方式的大量知识被称为默会知识。默会知识的用处是让生活可以继续下去而不是变成不堪重负的持续选择，不利之处是在生活和可见的知识之间发生了脱节。

在和其他文化的人相遇时，默会知识表现得最为明显。当你和一个外国人交谈时，不管用什么语言，都会感到很多重要的内容无法表达；而很多他不明白的地方，对你来说却根本意识不到那还需要解释。对同一个词，即使成功翻译，不同文化的人也有迥然不同的理解。不同文化背景的人，很难摆脱那种永远无法走进对方屋子的感觉。

说了半天，到底要说什么呢？要说的是开放社会的不可替代性。

中国的改革开放，是这个国家从封闭社会走向开放社会的过程。改革开放，当然是承认落后，要向先进者学习。那么，应该如何学习呢？根据学校教育的方式，一般认为，学习先进国家，方法无非是派出留学生，邀请外国专家来传授，组织翻译书籍，购买引进新技术。现在我们知道了，仅靠这些不可能弥补和先进者之间的知识差距。这种学习方式只能让一小部分人学到我们所需的知识中极少的一部分，大量其他更重要的知识——其中主要是默会知识，我们要靠一种不像学习的方式去习得——那就是对外开放，建造一个开放的社会。

改革开放以来，中国最大最根本的进步在于知识的进步。这种知识的进步并不指少数精英在学术和技术上的进步，而是指全体社会成员生产、经营、生活知识的大幅增长。在这个过程中，数亿人用一代人的时间就掌握了工业化社会所需的大量默会知识。这种知识进步绝不可能来自学校的传授，而只能是来自于社会的开放，靠无数人与人之间近距离的、有意无意的模仿，主要是模仿身边的成功者和高效者。这是默会知识传播、扩散的唯一途径。

中国的改革开放吸引了大量海外投资。这些海外投资不仅带来了钱，更重要的是，他们还带来了人，带来了大量具备丰富市场经济社会经营、生活经验的人。这些知识有高端的，也有低端的，有技术型的，也有管理型的、生活型的。仅仅是伴随着那些到大陆投资的大量海外华人，市场经济的种种知识就如潮涌一样重返中国，更不用说还有其他海外投资者了。知识的传播不仅发生在中国人和外国人之间，也发生在中国的城市和乡村之间。数亿人从乡村进入城市，他们原本的农村生活不可能让他们掌握城市生活和工业生产的知识。是大量的人员流动和共处把这种知识传播给几亿人。

超市是什么样子，4S 店是干什么的，私营企业是什么样子，到饭馆吃饭如何点菜，如何使用自动取款机，怎么买飞机票，怎样找工作，面试时应该怎么做，体面的着装是什么样子的，参加宴会的礼仪……

如何登记注册一家企业，怎样起草签订一份合同，如何管理员工，如何保证产品质量，办公室如何装修布置，文件如何管理，怎样解雇员工，怎样计算企业成本，怎样定价……

热情服务是什么意思，店前招牌应该怎样设计，顾客不满意时应该怎么办，商品应该如何陈列，包装怎样才是合适的……

这些知识单独拿出来，哪一个都不难，甚至很简单，但却数量繁多、头绪复杂。而且，那些掌握了这些知识的人往往意识不到自己拥有的是值得学习的知识，应该拿出来教给别人。默会，就是指本人也不知道那是一种知识，虽然他每天都在按照这种知识来生活。

在小孩子长大的过程中，生活习惯的养成、道德观念的培育、语言的习得，都不是靠正规学习，而是靠模仿身边的人，尤其是模仿身边的父母。同样，成年人之间生活方式、观念的传播，最主要和最重要的途径其实也不是有意识的正规学习，而是人员的日常来往和共处。而这就是开放社会不可替代的作用。人与人之间直接的、密切的接触在传播知识和观念方面，有独特的、不可替代的作用。你让一个发达社会的人教给我们建设发达社会的知识，他会觉得无从说起，我们也很难提出有意义的问题。但只要让大家共同工作生活在一起，我们自然就会发现、感知许多差异和值得借鉴效仿之处。距离或许可以产生美，但距离也阻断了默会知识的传播。尽量消除人与人之间的距离，默会知识才能顺利传播。

说到这里，也就解释了我为什么会对儿童教育问题产生兴趣。正确的教育方式是父母首先提升自己的素质，这揭示了大量默会知识的传播途径——模仿那些更成功的个人和群体。因此，如果我们想要建成一个发达文明的社会，想要从其他社会中吸取有益的知识，唯一的途径是保持社会的开放，让社会成员可以自由流动自由交往。当大量的人们互相往来、密切相处时，他们就会自然而然、不可避免也不可压制地互相影响。人们会效仿那些成功者、先进者。而成功、先进的生产方式和生活方式，也从来都是这样传播开来的。

重要的是，除了这种方式以外，没有其他的方式可以让数以亿计的人获取无处不在数量无限的默会知识。开放社会不仅是有效的方式，而且是唯一的方式。知识的传播同样不可能以计划和统一安排的方式进行。默会知识的存在，让所有开放社会以外的人为控制式的知识传播方式归于无效。

当代中国人经历过封闭社会和开放社会，虽然如此，许多人并不充分理解开放社会的意义所在。所以，当遇到某些社会问题时，他们往往选择封闭式的解决办法。但愿这篇文章能让更多人明白，建设一个发达社会，唯一的秘诀就是充分释放每个人的自由。自由人组成的开放社会，必将是富裕发达的社会，绝无反例。

读书“三要”和“三不要”

关于读书，常见的有两种观点。传统的观点是“万般皆下品，唯有读书高”，把读书视为一种高尚脱俗的生活方式，不仅推崇读书，还推崇所有和读书有关的事物：书籍本身、书架、书桌、书房……持此观点的人，会有意无意显示自己对书的热爱甚至痴迷，借以彰显自己的高雅格调和清新脱俗。

另一种针锋相对的观点则是故意对书不屑一顾。加“故意”二字是因为持这种观点的人并不是粗人或文盲。粗人或文盲对书不感兴趣，很正常。“故意”者则往往读书不少甚至很多，是书的内行。他们故意对书不屑一顾，是在用一种“看破红尘”的姿态直斥“书呆子”的可笑。当然，同时显示出他自己不是书呆子，而是饱经世故的成熟老练之人。

这两种观点都有可取之处，但也各有偏颇。我知道还另有一种对书的态度，我比较喜欢这种态度。

中国人与美国人对读书的态度，有所不同。中国人对于读书的观念，

太过隆重；而美国人对于读书，视为一种平常已极的事情。其平常，有如搔头和抓耳朵一般。

在美国，随时随地都看见人读书。这不是说，美国人勤力，而是说，中外对读书态度，有所不同……美国人把读书视为生活的一部分。

先要把读书看得平凡，才可以读书。如何令到自己心理上对读书看得平凡，先要忘记了读书人是一种特殊人物，而读书并不是一件了不起的大事情。

（梁厚甫："美国人的读书态度"，《海客随笔》）

说得多好啊。正因为曾经读到这些话，所以，尽管我后来多年上学，花很多时间和钱买书、读书、藏书，但对读书我从来没有那种"自豪感"。实际上，每当看到人们对读书的讨论和表态，我感到颇为怪异：为什么他们不讨论书中的内容，而是讨论读书这件事本身？这有什么好说的？

不过，俗套毕竟不是那么容易摆脱的。看，我这篇文章不就在专门谈论读书这件事吗？既然已经谈了，那就彻底反思一下，说说我的读书态度。

读书无非是人从外界接受信息的一种方式。从这个意义上来讲，读书和看电视、浏览网页、与人聊天没什么本质区别。一条信息，你从电视中看到，从网上看到，别人当面告诉你，和你从书中看到，没什么根本不同。你的大脑，注定要不断从外界接受信息。读书是诸多方式中的一种，这件事没什么稀奇。将之神圣化或者故意贬损，都有些莫名其妙。

不过，虽然没有本质不同，但书这种媒介和其他信息传播媒介相比，还是有自己的特点。这特点就是：书往往是创作者多年思考、长期写作的产物，然后又由专业编辑修改校对。读者读书时也比较专注，有机会翻来覆去反复思考——电视就很难做到这一点，画面一闪即过，所以电视节目很难进行深入的层层递进的分析——于是，被收集在书中的信息，往往条理性逻辑性很强，语言精练紧凑，是所谓“书面语”。也就是说，书的知识含量较多。认真地读一本书，应该比看一部电视剧、浏览若干网页、和人聊天几个小时，得到更多的知识——不过也不一定。

正因为如此，《理性选民的神话》作者布莱恩·卡普兰在书中对经济学同行建议说“多写一些书”，因为“在一本书中，你有时间坦诚地解释你的整个立场”。卡普兰针对的现实是，很多学者已经不写书了，他们只写论文或文章。有些功成名就者甚至连文章也不写了，只接受采访和发表演讲。卡普兰指出：由于篇幅所限，论文只能对一两个常规观点提出质疑，这很可能“让自己显得难以理解，或者更糟糕的话，甚至显得荒唐”。对卡普兰的这番告诫，从读者的角度理解，就是应该多读一些整本的书，而不是只读文章或只了解观点。

这就是我要说的读书的第一个“要”——要读整本的书。

很多读者都有一个体验，那就是读书“从厚读到薄”。厚厚一大本书，读完了，理解了，把其中的观点写下来，可能寥寥几页甚至一页足矣。书越读越薄嘛。于是有人就想，既然如此，我直接读那寥寥几页甚至一页不就行了吗？岂不是又省时间又得到新知？他们不知道，虽然寥寥几页足以容纳观念，但那数百页的大厚书可不是没用的。在这数百页的篇幅里，作者要介绍自己观点以前的知识状况，凸显尚待解决的问题，提出自己的新观点，然后对可能的反对意见一一加以辩驳。在学术大厦上添一块砖，要想说清楚这砖是干什么用的，就得先把学术大厦的相关部分介绍一番，说明为什么要在这里加块砖，怎么加，砖是什么样子的，为什么不加在别处。这些内容，能用几百页叙述清楚，其实已经堪称“寥寥”。

不仅学术著作，对文学艺术作品来说，篇幅的作用同样无可代替。评价一个国家的文学时，长篇小说的水平是非常重要的指标。只有用大的篇幅才能搭建完整的故事结构，塑造生动饱满的人物形象。不看原著，你只能知道某人物的基本身份。贾宝玉是公子哥，于连是个拼命往上爬的底层小人物，葛利高里是个哥萨克。想让他像一个活人那样被你了解，除了读那几百上千页的大厚书以外，别无他法。

确实有那种不读书只读文章，甚至只读文章简介的人。他们知道各种观点各种流派，说起来也头头是道，但他们既不知道思想观念的来龙去脉，也不知道被其批判、取代的观点是什么，更不知道取而代之的道理。更重要的是，他们不掌握思考的方法。掌握思考方法的唯一途径，就是通过完整阅读来观摩大师是如何思考的，看他们是如何一步步推导出结论，如何分析批判不同观点的。看得多了，便渐渐窥见门道。再加上勤于训练反复思考，这才能掌握思考方法。只看结论和观点，是不可能掌握思考方法的。

不掌握思考方法只知道观点的结果，用一个成语概括就是——刻舟求剑。理论的使用条件稍有变化，他们就无所适从，只会把那几条观点反复背诵。这是培养信徒的方法，不是传授学问的方法。果然，在很多宗教或类宗教组织那里，都可以看到这种现象：组织往往更乐于让信众诵读教主或圣徒语录，而不是去读经典本身。语录只是无分析的观点集，大家不动脑筋地熟知背诵就好。经典往往比较复杂，读起来免不了要动脑筋。宗教或类宗教最不需要的就是信众动脑筋。

对于好书，要完整地读，要整本地读，这是读书的第一“要”。

读书的第二“要”——要带着问题去读书。

虽然这主要是针对知识性书籍来说的，但文学性的书，作家其实也会设定吸引读者的“问题”，激发读者的好奇心。评书相声不是都讲究“系个扣儿”“抖包袱”吗？好奇心带来兴趣。有了兴趣，就会一直读下去，还不觉得累。

知识性书籍，都有要回答的问题，作者必定是为了解释、批驳、赞同某个观点才动手写书的。好的作者，会条理清晰地先把他要回答的问题说清楚，再展开论述。可惜，许多作者往往疏于、懒于做这件事。这对专业读者问题不大，对其他读者就有点麻烦——大家不知道你为什么要写这本书。很多流传下来的名著，现代人之所以读不进去，就是因为对名著所处的“问题情境”知之甚少乃至一无所知。很多名著，当年都是锋芒毕露、万众期待的论辩性作品，和之前某个影响广泛的观点进行针锋相对、火花四溅的论战。当时的公众身处该“问题情境”之中，对辩论进展非常关注。其中水平极高的著作，自然影响重大，一石激起千层浪，后来还作为名著流传下来。

可惜，问题情境并不能跟着流传下来。同样还是那块石头，就激不起大浪花了。波普尔的《科学发现的逻辑》，在戳破当时流行已久的实证主义神话方面堪称振聋发聩，令无数学者耳目一新，彻底改变了他们的研究方法和思维方式。可是后来，一方面，波普尔的证伪观点被后人大大丰富和发展了，另一方面，证伪、批判的思想已经成为公认的科学方法，没什么争议了。波普尔最初的开创性贡献反倒不那么醒目了，人们甚至都快把他给忘了。波普尔在伦敦经济学院的办公室被改成了厕所，而不是纪念室。

当代人如果不知道这其中的思想变迁史，不知道波普尔写书要回答什么问题，直接去读《科学发现的逻辑》，就很难读得进去。相反，如果你事先了解实证主义的种种观点，最好还是深信不疑大为赞赏，这时候有人给你一本《科学发现的逻辑》，告诉你这本书是专门批判实证主义的，而且成功地把实证主义推翻了，定会激起你极大的好奇心。“那么好的实证主义，完美无缺，会有什么错呢？怎么可能被推翻呢？这家伙到底是如何做到的？”

可想而知，当你带着这么多亟待回答的问题去读书时，不但不会觉得辛苦枯燥，还会充分体验到阅读和新知的乐趣。读书时，你会时而痛骂时而赞叹，时而怅然若失时而若有所思，翻来覆去反复看，还会站起来找其他书对照看，总之充实忙碌得很。旁人看上去，就是一副入迷的样子。

可见，要想真正享受阅读和新知的乐趣，就要带着问题去读书。事先知道某书的问题情境，知道它在该学科知识谱系中的位置，这样读书，不但乐趣无穷，而且，每读一本书，就会有明显的知识收获。在你的头脑中，知识不再是一堆无意义的堆积物，而是一个批判—反批判—再批判的线索清晰的知识树。有了知识树，才会具备明确的思想观念，才能条理清晰地理解世界上的人和事。好的老师的作用，就是指明知识门径，告诉你应该去读什么书，为什么要读，也就是给你解释问题情境和知识谱系。老师并不能代替你去读书，但老师可以提高你读书的效率。所谓“师傅领进门，修行在个人”就是这个意思。

这是读书的第二“要”——要带着问题去读书。

读书的第三“要”——读书要与人讨论。

如果只是一个人读书，读完以后，认为自己已经理解了，到此为止转而读下一本，那么其实，你是否真正理解了呢？很可能没有。因为还有一个考验你没经历，那就是把书中的观点、内容用你自己的话对别人讲出来，让别人也能懂。只有过了这一关，才算真正理解了。看懂听懂，和讲出来让别人懂，这中间还差着十万八千里哪。很多时候，所谓看懂听懂，只是在你脑子里形成了一个模糊的并不连贯的“理解链”。这个链条的每一个环节是否坚实可靠是很成问题的。当你必须用语言对别人讲出来时，其中薄弱的、缺失的环节就会暴露出来。要说出来，你至少要言之成理、自圆其说，前面有了因为，后面才能有所以。含含糊糊的地方，你就会说不下去，出现断档。

有一段时间，我曾经有机会对几个朋友讲解几本书的内容。朋友们对这几本书很有兴趣，但他们工作繁忙没时间看，委托我看，然后讲给他们听。当然，讲的时候，他们可不把自己当学生，对我这个“老师”没有丝毫尊敬。有疑问，有不同意见，他们就随时打断我，以把我问倒噎住为乐事。结果就是，我以为自己完全看懂了的书，被他们一通“胡搅蛮缠”，就发现其实还有很多没理解的地方，只好回去再读。这可就是上文所说的“带着问题去读书”了。下一次见面时，我得把他们的质疑、刁难解释清楚才行。就这样讲了好几本书，而这几本书也成为书架上我理解最为清晰透彻的书，我实实在在地从这些书中得到了大量知识。翻开这些书，会看到密密麻麻的问号、勾画和批注，当然，还有炎炎夏日滴落的汗水痕迹。

有机会把读过的书对别人讲一番，是读书的好方法，可以迫使你透彻全面地理解。当然，这种讲不是课堂上老师对学生那种单方面宣讲，而是面对面的对话，或者说讨论。如果对话者的水平比较高，讨论深入，效果就更好。

这就是读书的第三“要”——读书要和人讨论。

上学又被称为读书，但在学校上学和在家独自读书大不一样。上学的好处之一就是可以有很多的讨论伙伴。大家知识水平类似，兴趣类似，进展类似，如果还能有老师指点主持，这种读书后的讨论简直就是最佳学习方式了。离开学校的人，如果想要读书效果好，也应该尽量创造类似条件，找到兴趣相同水平合适的讨论伙伴，一起读同一本书，边读边讨论，大家共同创造出边读边讲、透彻理解的环境。

说完了读书的“三要”，接下来说说读书的“三不要”。

一不要有哀怨心态。

有人读了不少书以后，就认为自己是个人才。别人应该尊敬他，他应该被重用，拥有崇高的社会地位和丰厚的收入。如果这一切没有实现，那一定是社会哪里出了问题，不正常了。其实，一个人是不是人才，不是他自己说了算的。官僚体系中，是你的上级说了算；市场体系中，是广大消费者说了算。即使你读了再多的书，如果不能得到上级欣赏，或者不能让足够多的消费者掏钱买你的商品、服务，恐怕也不能说你是人才。当然，你坚持说自己读书多，所以就是个人才，也无妨。

有的人确实读了不少书，说起一些知识来也井井有条、头头是道，时而还能得到别人的赞许。于是，他就有了幻觉，以为自己是个被埋没的人才。其实，他之所以还处在“被埋没”的状态，是因为他没有给别人提供有价值的商品或服务。得到别人赞许和别人掏钱买你的商品服务，这之间的差距，想想有多大——想多大就有多大，大得很。问题在于，既然自认是被埋没的人才，那么，还没发达致富的原因当然就在别人而不在自己。自己要做的，就是静等伯乐来发掘。迟迟等不来，就难免着急。更令人着急的是，身边那些自己鄙夷不已的不读书的小市民却纷纷买车买房娶媳妇。急的时间一长，就成了气急败坏，成了哀怨。

社会太不公平了！这是什么世道！我这样的杰出人才捉襟见肘、郁郁不得志，那些不学无术之辈却飞黄腾达、日进斗金。我只觉得所住的并非人间！这样的社会，好得了吗？不彻底改变，行吗？ We need change！

一个人被哀怨情绪控制，就失去了读书的平常心和客观理解力。读书对于他不再是接受信息的方式，而是排解郁闷打发时间的手段。他的关注点，已经从书中的内容转变为别人看待他的目光——你们还没看到我刻苦读书的身姿吗？还不承认我是个人才吗？还不提高我的收入吗？

读书的姿态而不是书中的信息，对他更加重要。这就麻烦了。更麻烦的是，因为哀怨，他失去了反思自己的视角。一切都是别人的错。他只有委屈，是永远的被侮辱与被损害。

这种人，实在太可怜了。千万要避免成为这种人。

二不要玩物丧志。

很多行业，从事得久了，人们就会对该行业技术手段的种种细节越来越敏感，体会其中种种的细微差异，感受不足为外人道的乐趣。摄影师谈论各种镜头的“味道”，汽车爱好者热衷于“路感”和“操控性”，旅游爱好者说起户外产品来津津有味，音响爱好者能听出不同线材的区别，葡萄酒大师能品出生产年份……这种脱离目的，对技术手段的偏好，不可避免，但须有节制，如果发展到玩物丧志、影响目的本身的程度，就喧宾夺主了。

书是一种很容易让人玩物丧志的东西。读书是一种精神活动。读书多的人，精神世界往往也变得复杂和敏感。沉浸在书山墨海中的文人，思维缜密，兴趣广泛，九曲十八弯，精神世界丰富，精神产品也就多样。围绕着书，文人们鼓捣出一大堆附属品，把玩品鉴不已。况且，书本身就有无数可把玩之处。精装平装、软硬封面、开本大小、版式设计、版本沿革、纸张质地、油墨清香、前序后跋、名人题写、书签藏书票……书迷拿起心爱的书，还没说到内容就能滔滔不绝说个没完。

这种癖好，无可非议，甚至颇为雅致，没什么坏处，但如果以读书获取信息为目的，这种过分的“玩物”，结果很可能是“丧志”。就像音响发烧友一般没什么音乐造诣一样，用大把时间都用来玩味书而不是读书的书迷，在知识和学问上都难有成就。这种对书本身的迷恋，在图书电子化的时代尤其有害。书迷往往抗拒或不接受电子书，而坚持阅读纸书。

尽管越来越接近，但电子书的阅读体验在某些方面还不及纸书，这是事实。但是，在其他很多方面，比如便携性、易储性、查找便利性、共享性、内容可检索性、手持轻便性等方面，纸书体验远不如电子书，这也是事实。更重要的是，电子书占优势的方面，共同点是有利于信息流通、储存和分享，符合信息时代的大方向。电子书不利的方面，却大多只是由于人们不愿改变旧有的阅读习惯。为了坚持旧有的习惯，不惜牺牲电子书在信息流转方面的优势。这就是我们应该注意的读书第二个“不要”——不要玩物丧志。

读书的目的是为了获取信息，而不是为了把玩那一束纸。现在既然有了更有利更方便的信息媒介，就没有理由对抗或者拒绝，而坚持把玩那一束纸，除非那就是你的目的。如果以此为目的，你其实并没想读书。

电子书出现以前，一束装订起来的纸是图书的最佳形态。纸张比丝绸、羊皮、龟甲、竹简等廉价轻便多了，更有利于信息的流传，大大减少了写书、买书、藏书、读书的成本。纸张和古登堡印刷术彻底改变了世界。同时，世人也彻底改变了此前的阅读习惯。从纸书到电子书，信息流传的成本再一次大幅降低，但也同样要求读者改变阅读习惯，要求读者为了信息的流转、为了更方便廉价地获取和传播知识，勇于乐于接受新的媒介方式。玩物丧志者以种种理由对抗新的传播媒介。他们强调的种种理由，其实和读书关系不大，不过是他们不愿放弃和书有关但其实是读书以外的乐趣和体验。这种心情可以理解，但这种做法和读书本身南辕北辙。那些真的以读书为目的，未陷于玩物丧志的人，从来都积极接受新媒介，只要这种新媒介有利于他们获取更多的知识。

信息时代注定的趋势是，书的玩物丧志者将面临越来越高的成本，他们获取知识的效率将越来越低。真正的读书人却有机会以越来越轻松、越来越愉快的方式获取越来越丰富的知识。

三不要只读书不知现实。

知识以各种方式存在于社会的各个地方，书籍只是其中一种方式而已。从知识总量的角度来说，书籍中的知识只占这个世界知识总量的极小部分。虽然这一小部分很重要，甚至具有某种核心意义，但书籍绝不是知识存在的唯一方式，甚至在数量上都不是主要方式。

由于书籍固有的特点——用书面语表达、前后连贯一致、观念系统而完整、有明确的概念体系等等，于是，那些不稳定的、转瞬即逝的、碎片化的、难以明确表达的、尚未用语言文字系统总结的大量知识就无法出现在书籍中。这些知识以其他各种方式存在于社会中，包括但不限于谈话、个人记忆、经验、行为方式、组织结构、商业模式、官场秘籍、人际关系等等。如果一个人只读书，很少参与现实社会，他就无缘获取后一种数量更大的知识。在当今的知识生产体系中，很少参与现实社会，也不难活得很好，比如一辈子在学术象牙塔中领工资。但他活得再好也不能改变一个事实：他的知识结构存在重大缺陷。这个重大缺陷将在他从事现实事务时暴露出来。

更重要的是，一个人只具备书本知识，缺乏现实知识，不但办理实际事务时比较低能，还必然形成对世界的扭曲认识。书本知识只是全部知识的一小部分，同样，学术象牙塔也只是社会生活的一小部分。以一小部分取代整体，当然很难对世界形成全面准确的理解。换个说法就是，缺乏现实感。缺乏现实感的人，如果从事完全抽象的领域，比如数学、计算机、棋类等，还问题不大。这些高度抽象的领域从符号到符号，无涉具体，对社会经验、现实感的要求很低，甚至完全不需要。所以，这些领域往往会涌现少年天才。“雨人”那样的智能缺陷人士也可能在抽象领域远胜常人。但大多数领域都不是如此高度抽象，而是要求从业者具备相应的社会经验和现实感。有些领域，比如法律、政治、商业、服务业等，对从业者的社会经验和现实感还要求很高。在这些领域中，仅靠抽象逻辑根本无济于事。世界会有 15 岁的天才黑客或围棋冠军，但不会有 15 岁的法官或人事经理。

读书是一件容易产生自豪感且遮蔽其弱点的事情。读书多的人似乎上知天文下知地理中晓人情，无所不知无所不能。要承认，世间确实有这样的读书人。他们文质彬彬举止高雅博学多才，同时也取得了现实中的巨大成功，成名成家，发财致富。但是，如果有机会近距离仔细观察这些成功者，你就会发现，他们无一例外地同时从书本和现实两个渠道获取知识，只不过他们更愿意对外标榜自己是个读书人。他们成功的原因其实不是读书，而是善于学习，善于通过各种方式和途径学习。读书是他们的一种学习方式，现实一定也是他们的学习方式，而且很可能是更重要的那种。世事洞明皆学问。

因为大量现实知识不以语言文字的形式表达和记录，所以，这种知识你无法通过读书来获取，你只能投身现实，用各种面对面长期接触的方式来习得。书本知识的作用在于为你打下基础，少走弯路，确立正确的学习方法，更高效地在现实中学习，但书本知识决不能代替现实知识。从另一个角度来说，脱离现实，形成对世界的扭曲认知以后，其实连书也读不好，除非你只读棋谱或者数学书。一个对现实政治毫无体会的人，怎么可能读得通《通往奴役之路》呢？一个对人情世故一无所知的人，又怎能体会到那些伟大文学作品的精妙所在呢？

总之就是，读书的态度应该是入世的、主动的、积极面对现实的，目的是获取知识。适合通过读书获取的，就读书；适合通过现实获取的，就走进现实。那种避难求易、为了逃避现实而躲入书中的读书方式，实际上是一种自欺欺人，不但会形成错误三观，还会妨碍读书本身，以畸形的方式得到畸形的知识。

这就是读书的第三个“不要”——不要只读书不知现实。

就像本文开头所说的那样，读书并不是一件神圣或低贱的事情，读书只是一种平平常常的人类行为而已。读书的三要三不要，目的无非在于把书读好。所以，如果你对三要三不要完全不予理睬，只打算兴之所至随便乱翻书，也没关系。但我还是相信，把书读好而不是读坏，很有意义。毕竟，书中有很多有意思的人和事，有很多耐人寻味的道理。无缘见识、欣赏这些人、事和道理，怎么想也是人生的缺憾。若要避免这种缺憾，就还是想想怎么才能把书读好吧。

祝各位读书愉快。

越污染，越健康？

——经济发展与环境治理

“先污染，后治理”是广受抨击的发展模式。批评者认为，这种发展模式是在用人们的健康受损来换取经济发展，是一条错误乃至邪恶的发展道路。批评者主张，后进国家在发展中应该避免走这条邪路，应该从经济发展的一开始就严格控制污染，而不是等到发达富裕以后再治理。

确实，今天的发达富裕国家，当初工业化的过程中，几乎都出现过严重的环境污染——先污染。当然，他们后来都走出来了——后治理。现在，发达国家的自然环境要明显好于发展中国家。

人均寿命是一个全面又简洁的指标，能真实全面地反映人们的健康水平，还不易造假。如果“先污染、后治理”像批评者说的那样有害，那应该会观察到发达国家的人均寿命有一个先下降、再恢复、然后增长的过程。可事实并非如此。工业革命以来，工业化国家人们的平均寿命随着经济发展持续延长。

1900 年美国人平均寿命只有 47.5 岁，1930 年达到 60 岁，1960 年达到 70 岁，1990 年突破 75 岁，2000 年是 77.5 岁。增长几乎是直线型的。

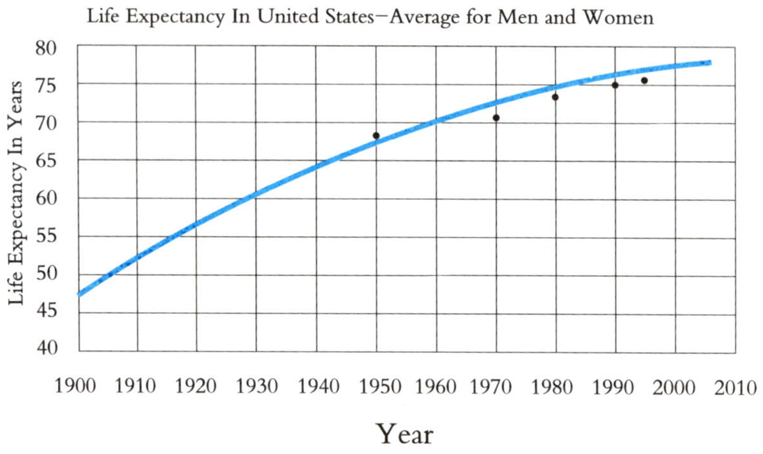

因为空气污染严重，伦敦一度被称为雾都，泰晤士河也曾经肮脏不堪，但英国一百多年以来的人均寿命却在持续增长。当然，其间增长有快有慢，但重要的是，并没出现因污染而人均寿命下降的情况，当时没有，污染过后的几十年也没有。

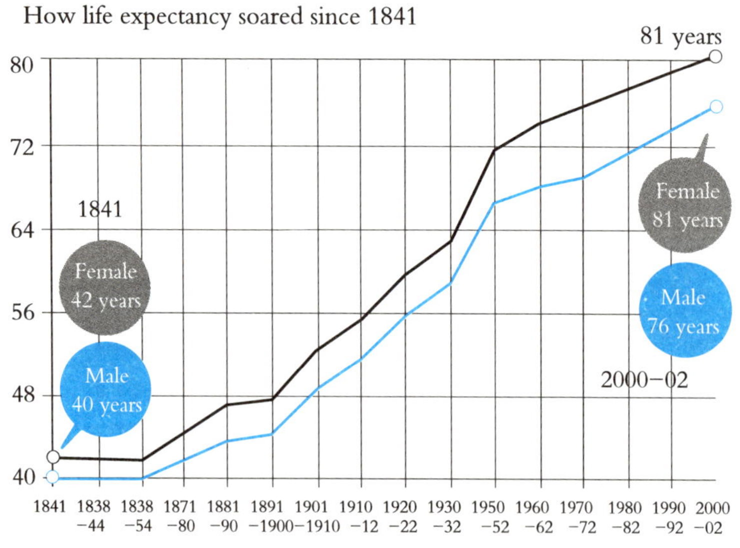

曾经有过环境污染，大气、河流等质量变差，有时还很严重，但人均寿命却持续增长，这是怎么回事呢？逻辑上只能有两种解释。第一种是污染不会危害健康。这个解释肯定说不通，有毒有害的空气、河流一定不利于健康。那就只能是第二个解释：在大气、河流等环境变差的同时，有一种有利于健康的因素随着工业化在持续改善。并且，这个有利因素带来的好处超过了环境变差造成的危害，因此，人们才会延年益寿。

这个因素是什么呢？

2014年5月的《自然》杂志发表了一篇文章——“致命的炊烟”（中译见《南方周末》2014年7月31日D26版）。这篇文章或许可以揭示这个因素是什么。

“致命的炊烟”一文指出，世界上现在还有近30亿人在生火做饭时使用“固体生物质燃料”，也就是木柴、动物粪便、农业废物和木炭等等。印度三分之二的家庭——总数约为1.6亿个——天天用这类燃料生火做饭。在印度，这种炉灶由黏土制成，非常简陋。还有人使用更简单的三石生火法——把锅架在三块石头围成的三角形上加热。这种生火法，人类已经使用成千上万年了。简易的炉灶，其中燃烧固体生物质燃料，结果就是在厨房中散发大量烟雾。2014年一项在印度的调查表明，使用固体生物质燃料的住宅，室内PM 2.5的24小时均值达到每立方米337微克。2014年北京PM2.5年均浓度为85.9微克/立方米。重度污染的标准是300微克。污染峰值曾经超过400，但持续时间很短。相比之下，那些家中使用固体生物质燃料的印度妇女儿童几乎是24×365处于超重度污染的空气环境中，因为天天都要烧火做饭。

厨房烟雾会引发的疾病包括：下呼吸道感染、慢性阻塞性肺部疾病、心血管疾病和肺癌，每年导致430万印度人死亡，比疟疾、结核病和艾滋病的致死总数还要多。这些印度妇女儿童，大部分生活在乡村。这些乡村的整体空气质量不得而知，但想来应该比北京这样的大城市要好。可是，整体空气质量再好也无济于事，真正有意义的不是外面田野里的空气，而是被人们吸入肺里的空气。由于使用粗陋的炉灶和燃料，他们直接呼吸的空气，质量远远低于北京的空气。

发达国家的好心人对此很同情，想要帮助他们。很多NGO致力于解决这个问题。2010年，美国国务卿希拉里倡导成立了全球清洁厨灶联盟。厨灶联盟确立了宏大的目标，要在2020年前说服1亿户家庭采用清洁厨灶，到2030年消除厨灶致死现象。他们集结各路专家和工程师，专门研发改良型厨灶。这种新型厨灶虽然仍然使用固体生物质燃料，但提高了燃烧效率，改善了通风条件，有的还加上了风扇——其中有使用USB接口的，可以减少有毒有害气体向室内的排放。在好心人的慷慨解囊和努力工作下，820万部清洁厨灶被发放到民间。印度政府更早实施的项目发放量更大，1983年至2002年，印度政府总共发放了超过3000万部清洁厨灶。可惜，费了这么大力气，花了那么多钱，几乎没有效果。发放下去的清洁厨灶基本都被弃置不用。人们不愿意使用清洁厨灶的原因很多：尺寸太小，温度不够高，使用起来不方便——传统炉灶直接丢进去一捆木柴即可，新型厨灶则需要人守在旁边不停添加燃料；清洁厨灶的维修、配件也很成问题；落后地区低效的交通运输根本无法满足需要。

效果不好，研究人员积极着手改进，可无论怎么改进也无济于事，人们就是不愿意用。研究人员后来发现，根本的问题在于：固体生物质燃料并没有统一的规格和性质，木柴、动物粪便等燃料的含水率等各项指标相差很大，根本不可能设计出一种适用于各种固体生物质燃料的厨灶。要知道，燃气炉灶中，天然气和液化石油气的都不能混用，必须严格区分，这样才能做到充分燃烧和废气排放最低。而所谓固体生物质燃料其实是一个大杂烩，种类繁多、各种各样——人们随处捡来的木柴、牛粪、稻草、秸秆。

这个大杂烩怎么可能规格、性质一致呢？谁能设计出满足如此多样化燃料需求的清洁厨灶呢？

除了厨灶的问题以外，在印度，妇女外出收集固体生物质燃料——也就是捡柴拾粪，这件事本身就充满危险。由于这些地方往往偏远——近处的木柴、牛粪早就被人捡光了，妇女在这些偏僻地方不得不面对性侵犯的危险。就算没有遭遇性侵犯，背着沉重的木柴、牛粪跋涉也异常艰辛。印度还算好，毕竟还有比较丰富的固体生物质资源。非洲许多干旱地方更为悲惨，可烧之物很难找到，人们往往要花很多时间走很长路才能找到生火做饭的燃料。

最终，清洁厨灶的开发人员不得不承认，解决厨房有毒有害气体的办法其实就是发达国家人们日常使用的那些厨灶——燃气炉或电磁炉。想要弯道超车、另辟蹊径，不是那么容易的。可是，燃气炉、电磁炉的生产运输销售，以及天然气、电力的生产配送，都离不开整套工业体系。问题被令人沮丧地归结为经济发展问题。在一个贫困落后的社会里，你不可能单独提升厨灶的清洁水准。换句话说，印度那些人之所以在室内吸入大量有毒有害气体，不是因为他们缺乏环保健康意识，而是因为他们穷，因为他们国家的工业化水平还很低。解决之道不是好心人慷慨解囊，或设计师提出高明方案，解决之道在于提升国家的整体工业水平。

好在印度的经济发展水平现在并不慢，工业化在快速进行中。如果不被干扰破坏，若干年后，印度会建立起足够多的钢铁厂、发电站、化工厂，在全国范围内建起电力、燃气输送网，生产出普通人都买得起用得起的燃气炉、电磁炉。到那时，印度人厨房的空气就会改善，妇女儿童就不必在家中常年吸入有毒有害气体了。并且，这种改善一定会反映在印度人平均寿命的增加上。现在印度人的平均寿命是 65 岁，中国是 71 岁。当工业化大幅进步以后，印度人的平均寿命就会赶上来。

问题在于，在这个发展过程中，印度势必要冶炼大量钢铁，生产大量水泥，制造大量化工产品。发电站、高压电塔、输电线路、燃气管道都离不开钢铁水泥化工产品。燃气灶电磁炉必须用钢铁制造，不可能以牛粪为原料，这只是直接的物资需求。实际上，即使生产一支小小的铅笔，供需链都会扩大延伸到整个工业体系。让上亿人不再烧牛粪，转而使用燃气电力，所需的工业体系之庞大可想而知。庞大的工业体系就一定要排放废气废水，就一定会带来污染。假设印度现在只是室内空气很糟糕，室外空气很清新——其实我很怀疑事实是否如此。工业化实现以后，上亿印度人不再靠牛粪木柴生活生火做饭，他们用上了清洁的天然气或电力，厨房里不再烟熏火燎了，住宅内部的空气质量大幅改善，从原来的 PM2.5 每立方米 337 微克，大幅降到了几十微克甚至更低。可遗憾的是，因为发电站、钢铁厂、水泥厂、化工厂等从无到有、从少到多，室外的整体大气变得比以前糟糕了。PM 2.5 含量增加了，增加到北京的水平，年平均 85.9 微克 / 立方米。如果遇上低气压无风天气，还会进一步恶化，达到重度污染——二三百的样子。

那么，请问，印度人的生活质量是变好了，还是变差了呢？

显然是变好了。现在每年因为厨房烟雾而死的数百万人，其中绝大部分被拯救了，他们可以多活很多年了。看，印度人的人均寿命提高了。工业污染多了，人们反而更健康了——越污染，越健康。工业化或许让大的环境变差了一些，但工业化从一开始就改善了你身处其间的小环境——我称之为贴身环境。大气、河流质量如何，只是一个间接指标。对你的健康来说，真正有意义的是你贴身环境的好坏。这就是工业化虽然增加了污染排放，但人们生活质量、健康水平、平均寿命却一直在持续提高的原因。

说到改善人们的贴身环境，任何环保主义、自然主义、反文明主义做到的，都不如被他们天天斥骂的工业化的万分之一。通过工业化，人们才能与粪便、污水、垃圾隔离，创造出冬暖夏凉的居住空间，得到清洁卫生的厨房，喝上干净的饮用水，摆脱繁重的家务劳动，享受威力强大的现代医学，拥有丰富愉快的精神生活……人们被告知，雾霾天气时不要出门，要留在家中。也就是说，他们至少还有家中相对好的贴身环境。别忘了，这个贴身环境可不是自然的产物。在真正的原生态生活方式中，除非你不吃饭，否则根本无从躲避烟熏火燎。实际上，你能捡到柴火，就已经不易，算你今天运气好。烟熏火燎，那都不是事儿。

现代大都市中，居民舒适便利的生活直接依赖于复杂的各种生活管网：电力、热力、燃气、上下水、电信、污水……没有工业化，不可能有这些管网。轻旋开关，就可以点火做饭；拧开水龙头，就流出清水。这不是大自然的恩赐，而是工业化的结果。自然的原生态生活方式是用半天时间到处砍柴拾粪，到河边挑水。没有工业化，即使大范围的自然环境再好，人们时时刻刻身处其间的贴身环境一定恶劣无比。山洞中围着篝火的原始人，大口大口吸着篝火释放出来的有毒有害气体，吃了上顿没下顿，吃的还都是未经消毒的食品，有病只能祷告神灵。他们的人均寿命只有十几二十几岁，一点都不奇怪。当代人完全复制那种自然生活，几天都坚持不住，不死也会得场大病。

不用说到原始人那么远，就在若干年前的中国，排着队上公共厕所、在没有油烟机的厨房做饭、基本依靠人力的交通、冬天放在室内的煤球炉、狭窄拥挤的居住空间、压抑的生活状态、贫乏的精神生活……所有这些，一个记忆中的“阳光灿烂”就足以抵消吗?

接下来看一个表格：中国各省人均寿命对照表。

1	上海	80.26
2	北京	80.18
3	天津	78.89
4	浙江	77.73
5	江苏	76.63
6	广东	76.49
7	山东	76.46
8	辽宁	76.38
9	海南	76.3
10	吉林	76.18
11	黑龙江	75.98
12	福建	75.76
13	重庆	75.7
14	广西	75.11
15	安徽	75.08
16	河北	74.97
17	山西	74.92
18	湖北	74.87
19	四川	74.75
20	湖南	74.7
21	陕西	74.68
22	河南	74.57
23	内蒙古	74.44
24	江西	74.33
25	宁夏	73.38
26	新疆	72.35
27	甘肃	72.23
28	贵州	71.1
29	青海	69.96
30	云南	69.54
31	西藏	68.17

一眼就可以看出来，人均寿命和工业化及经济发展水平高度正相关。如果你相信了流行说法，为了呼吸清新的空气离开上海、北京这样的大城市，远离遍地工厂的东部沿海地区，搬到远离工业污染、蓝天白云的西部去生活，那么，从平均的意义上来说，你的健康水平会下降，预期寿命会缩短。越污染，越健康，听上去是个荒谬的怪话，但实际上很有道理。之所以越污染越健康，就是因为污染代表着工业化和城市化，代表着生活方方面面的改善，代表着你贴身环境的持续优化。污染当然不好，但工业化和经济发展已经对污染做出了足够甚至超额的补偿。污染实际上是一种成本——世界上又有什么事情没有成本呢？人们所应追求的，是收益大于成本，而不是一厢情愿地要求完全没有成本。成本和收益，是硬币的两面，没有成本，也就没了收益。

那么，难道说不应该治理污染吗？当然应该治理。但必须时刻谨记的是，这种治理必须以整体效果，而不是某个片面的单一指标为衡量标准。如果某一指标的改进以整体局面退化为代价，这就不是改善，而是恶化。在工业化发展过程中，降低污染排放的，从来都不是决心和政策，而是技术进步和设备更新，是整体经济水平的提高，而这些，需要投资和时间，需要稳定的市场环境。朝令夕改、追求表面效果的环保主义及其公共政策，所做的正是使市场环境恶化，阻挠投资，延缓工业化。说环保主义是破坏环境的最大力量，这并不是夸张和修辞。

苏联解体以后，俄罗斯基本经历了一个去工业化的过程。工业化水平大幅降低，经济发展长期低迷。苏联时期的大量重工业纷纷陷入不景气，想排污也排不出来了。那么，俄国人的健康水平是不是因此节节高呢？人均寿命和工业化水平、经济发展到底是什么关系呢？

请看这个图表：欧盟和俄罗斯预期寿命的对照图。

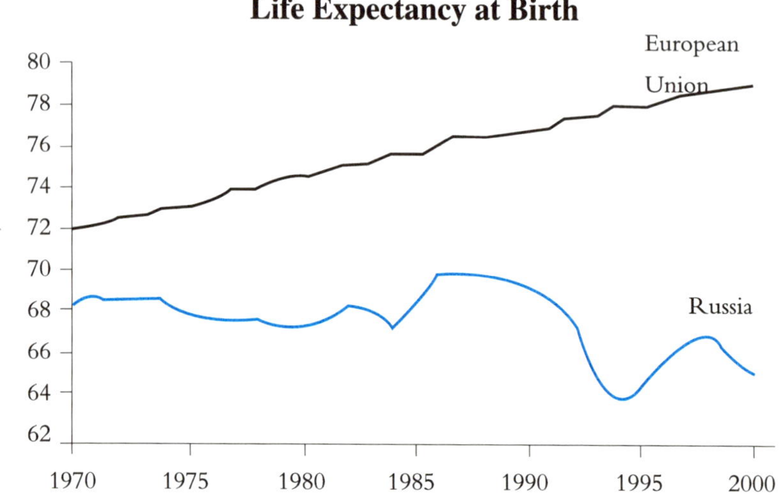

经济发展带来的问题，只能通过继续发展谋求解决。延缓或者打断发展，不但不能解决问题，还反而会让问题恶化。这是一句老话，本来没必要反复提及，但既然人们总是忘记教训，一再重犯老错误，老话虽然乏味，也就只好一说再说。

贵的一定是好的吗？
——对“天然”的迷信

一种广泛存在的迷信是：野生的动物更好，不但味道好，营养也更均衡。人工饲养的则不好，养鸡场大量快速生产的肉鸡，不但不好吃，没营养，吃多了还有害。即使不能吃到野生的，最好也要吃半野生的，比如柴鸡，虽然贵点，但总算不再是全部由人工养成，多少还有一些自然因素——不吃饲料，自己去找虫子吃，不再被关起来，而是满地乱跑什么的。

虽然严格的对比测试根本就不支持柴鸡比肉鸡更有营养的说法，甚至证明，肉鸡比柴鸡更有营养、更卫生、更可靠，但坚信柴鸡好的人，还是愿意花更多钱去买。分析他们的心理，其实无非是不信任人工制品，盲目信任所谓“自然产物”。之所以说这种信任是盲目的，是因为这些人对农业史、牧业史完全无知。稍稍知道一点儿农牧业历史就会知道，一部农业史、牧业史，就是一部人类对野生动植物驯化、培育的历史。如果没有这些驯化、培育，如果只是获取自然产物，根本就不可能有文明社会。幸好这些迷信者只是和肉鸡较劲，如果他们把这种愚蠢的较劲也扩展到植物，他们就会发现，除了很快饿死之外，根本别无他法。

随风起伏的麦浪、一望无际的玉米田、缤纷的果园，已成为田园风光的典型背景。但不知有多少人知道，小麦、玉米、水果这些农作物其实都是人工驯化培育出来的。它们原来的自然野生形态可大不相同。野生小麦，在麦粒成熟以后，麦秆必须能够自动脱落，让种子落到地上，这样才能生根发芽。如果麦秆不脱落，种子不落地，就不能发芽，就只好灭绝。但人类偏偏就需要那种麦秆不脱落的小麦，这样才便于收割。如果不等收割，麦粒就纷纷落地发芽，农夫非得气急败坏不可。于是，极少数基因突变、麦秆不脱落的野生小麦就成为早期人类寻找的目标。一旦找到，就精心培育，推而广之，让这种“病态”小麦成为多数甚至全部。换句话说，现在的小麦，都是违背了自然的安排，为了人类的利益而刻意驯化、培育出来的。如果你反对人类对自然的干涉，就别吃面食了。

类似的例子是豌豆。为了传播种子，繁衍后代，豌豆必须在成熟以后让种子破荚而出。为此，演化出“爆荚”的功能，也就是豆荚会突然破裂，把豌豆“啪”的一声弹到地上，继而生根发芽。这个功能对豌豆来说至关重要，是繁衍的必需，但对人类来说却很讨厌。能收获到的豌豆，当然是那些没有爆荚依然留在植株上的豌豆。于是，绝大多数符合自然的野生豌豆被弃之不顾。人类专门去找那少数基因突变的、病态的、不能爆荚、只能绝种的豌豆，然后大量培育，不但不让它绝种，还让它子孙兴旺、生生不息。

玉米原产美洲。野生的玉米棒子，长度只有一两厘米。本来嘛，不过是个种子，完成传宗接代的任务也就够了，干吗要那么大那么长呢？但人类要吃这个种子，那么小就没意思了。于是，美洲古人到处去寻找稍大一些的野生玉米，然后一代代培育，让它越来越大，越来越长。到1500年，印第安农民已经培育出十几厘米长的玉米棒子，而现代的玉米棒子足足有三四十厘米长。如果野生玉米有知，一定会认为玉米棒子长这么大纯属变态和疯狂，但没办法，人类的利益重要，玉米的感受不重要。

野生苹果直径只有两三厘米。这么小的苹果是没人要的。今天我们在市场中买到的苹果，直径一般有七八厘米，甚至更大。说到水果，其实人类故意让它变大变好吃，还不是最变态的。最变态的是人类居然致力于培养无籽水果。这种完全违背自然的变态要求，却得到包括你我在内的消费者的热烈拥护。如果买到的香蕉，不是全肉无籽的，而是一咬一嘴香蕉籽，你一定会气愤地冲到水果小贩那里要求退货。不仅是香蕉，人类还以大无畏的反自然精神，培育出了无籽柑橘、无籽葡萄和无籽西瓜。声称敬畏自然的人很多，却没见到尊重水果、专吃籽多西瓜的人。

实际上，所有现存的农作物，相比自然，它们的基因和形态都根据人类需要发生了很大变化。它们本来是什么样子，根本无人关心。人类一旦发现某种植物的某个特性有可利用之处，就立刻取来，只顾按照自己的需要发展那种特性，根本不管自然原来是怎么安排的。棉花的纤维，只是棉花种子上的绒毛，但人类要拿来取暖织布，就弄出来绒毛超级发达的现代棉花。人工栽培的油橄榄，不但比野生橄榄果实大，而且含油量高出很多，就因为人类需要橄榄油。亚麻也可以用来织布，但用的不是种子上的绒毛，而是茎的纤维，于是，人类对亚麻种子及其绒毛就毫不关心，而只在乎亚麻的茎是否足够长足够直。还有比人类更自私的物种吗?

所谓自然的生活方式，其实早已消失了。人类的生活，至少上万年以来，就已经建立在“以人为本、改造自然”的基础上。那些今天的人们认为“符合自然”的生活方式，其实也都是人造的产物。全麦面包并不比精粉面包更自然。直接去果园采摘苹果，也算不上什么返璞归真。真实的情况是：**我们只能在这种或那种人工方式之间做出选择，而并不存在人工或者自然的选择。**真要重返自然，一定会在几天之内就死掉——饿死、冻死或者被毒死。

宣扬自己的产品更加自然、无人工因素，这不过是某些商家的营销噱头而已。消费者乐此不疲，倒也无伤大雅，只不过多花一些冤枉钱而已。但是某些“自然之友”并不止步于此，他们进而攻击人类的整个生产和生活体系，认为这个体系建立在人类自私自利和掠夺自然的基础上。他们主张减少人类对自然的干涉、改变和索取，要求人们放弃各种现代技术，重新使用简单原始的耕作手段，与自然建立起所谓的“和谐”关系。可惜事实是，不管自然之友们多么热爱自然，只要他还活着，就足以证明他根本没做到返璞归真、拥抱自然——他坚持只吃麦秆会脱落的小麦吗？

他们宣扬的所谓“敬畏自然”的生产和生活方式，必定是另一种人工的方式而已，而且是他们闭门造车琢磨出来的天真方案，这种天真方案一定低效、浪费、矫揉造作、违背经济规律。若非如此，市场中的牟利者早就会在自然之友之前找到并推广这些方案。

偶尔吃吃柴鸡，即使花了冤枉钱，也没什么大不了。但如果整个现代养鸡业都被取消，肉鸡被取缔，代之以散养的柴鸡，结果只会是：吃鸡、吃鸡蛋，对许多人来说成为传说，吃上一回，多年以后还会写文章深情回忆。虽然这可能有利于文学的发展，不过我还是更喜欢现在这样想吃就吃的状态。按照自然之友的指引去做，人们不会更贴近自然，但一定会更贫穷、更窘迫，时间稍长，还会更野蛮。

对自然之友们的声音，只需聋子宰猪——没听见你哼哼。对他们那种无病呻吟、顾影自怜的主张，根本就不必理睬。我们要做的，是正大光明、理直气壮地坚持以人为本，毫不客气地从自然中索取、开发所需要的各种物资。自然就是应该为人类服务，而不是相反。

人是万物之主。这句话一点也不错。

转基因的背后
——科学与理性之光

与那些故作高深、不知所云的玄学相比，科学的一大特点，或说一大优点就是，科学理论或许复杂无比，但其核心原理往往简洁优美。有基本常识和正常思维能力的人都不难理解。换言之，科学是可表达、可理解、可传播的。我是文科生，高二文理分科以后就没再系统学习过自然科学。虽然兴趣所致，业余时间也看过一些理科书，但怎么也改不了外行的状况。这是个遗憾，但也提供了一个视角——外行看科学的视角。这就和大多数人站到一起去了。因为科学是可理解的，所以外行最好也能去努力理解科学那并不复杂的核心原理。理解核心原理的好处是，你至少知道什么是完全不可能的。这会增强你的判断力，识别明显的谬论和蛊惑，不轻易被人忽悠。

转基因是当代生物科学的前沿之一，其具体知识复杂深奥，但和其他科学理论一样，转基因的核心原理并不复杂，非专家也能理解。接下来，我就从一个文科生，或者说普通人的角度，谈谈转基因是怎么回事，以及为什么不必担心反而应该优先选择转基因的理由。

从“性状”说起

造成科学家和公众之间隔阂的一个重要原因就是专业术语。人们在日常生活中很少见到这些奇怪的词汇，可是科学家往往把专业术语挂在嘴边说来说去。外行听了就觉得高深莫测，视为畏途。其实，专业术语无非是一种简化表达，并无任何神秘之处。为了省事，我们日常生活中也会把“地下铁道交通”简称为地铁，把 Wireless Fidelity 简称为 WiFi。这有什么可神秘的呢？科学家使用的专业术语也是一样，就是为了表达时省事，不必再时时复述那一长串叙述，只说几个字的名词即可。

生物学有一个常用术语“性状”，听上去就很陌生，其实无非是“性质和形状”的简称。性质和形状都很明白，性状也没什么难懂的。所谓性状，就是生物体可遗传的种种性质和形状。大蒜的辣、甘蔗的甜、大象有长鼻子、狮子老虎要吃肉，这都是生物的性状。人也一样，白种人的大鼻子、黑种人的厚嘴唇、黄种人的黑头发，这都是性状。性状必须是可遗传的，所以整容弄出来的外表特征就不是生物学意义上的性状。基因和整容医生都可以决定你的外表，但只有基因弄出来的才会遗传给后代。至于基因是怎么塑造性状的，那就不是文科生能明白的知识了。不过，不知道也没关系，只要知道基因决定性状就可以了。

基因决定性状，反过来的意思就是，性状改变就意味着基因发生了改变。你以为直径两三厘米的野生苹果和直径七八厘米的种植苹果之间有什么不同，还不就是基因发生了变异，导致性状不同。子女虽然从父母那里得到遗传基因，但每一代都会发生一点儿改变。所以，子女长得和父母再相像，也总有区别。一奶同胞也只是大致相同，各有变异。只有克隆基因，基因完全一致，才会弄出性状完全一样的两个人。

可见，基因改变，或者说突变，自古就有。相反，不同个体的基因完全一致倒是罕见之事。很多人闻听“转基因”而变色，他们误以为没有转基因技术，基因就固定不变，可如果基因不变，性状就不会变。这怎么可能呢？祖宗八代，都长一个模样？别说人，树叶也是如此。可着全世界去找，你能找到完全一样的两片树叶吗？

农业是什么意思？

正是因为基因不同，生物，包括人的各种性状才会有所不同。明白了这个道理，就会明白下一个道理：转基因技术并不是第一次弄出基因变异——这事儿人类都干了上万年了，这一行被称为农业。农业就是摆弄基因的行业。在农民的操纵下，农作物的基因一直在变。转基因不过是让基因变异的过程更可控、更明确而已。换句话说，农业从来就不是个自然的产业，而是充满了人为的操纵。所谓绿色农业的说法，是当不得真的。没有纯粹自然的农业，就像没有原生态汽车一样。

反对转基因技术的重要理由之一就是：转基因技术违背了自然，因此就有了不可控的风险。如果说违背了自然，风险就不可控的话，那么，现存的农作物，就只能都被认为危险甚至邪恶。

我们现在天天吃的各种农产品，包括所谓绿色食品，都和其野生祖先大不相同。老子曰：天地不仁，以万物为刍狗。意思是，大自然对人类没有丝毫兴趣，更没有仁爱之心，不会去专门满足人的需要。大自然的产物正好符合人类需要的概率几乎为零。人类要想存活，就必须按自己的需要去改造自然，弄出一个舒适合体的人造环境。农业发展史就是人类改变动植物基因，达到改变动植物性状，适应自身需要的历史。西瓜吃瓤，哈密瓜吃皮，菠菜吃叶，芹菜吃杆，黄瓜吃果，白薯吃根。人类需要哪部分，就刻意培育作物，想法改变基因，让那部分格外发达，符合人的口味。从植物的角度看，我们吃的农作物几乎都被折磨成畸形——生殖器官长那么大，不难受吗？不过并没人感到惨不忍睹。人类就是这么自私自利——不自私就灭亡。不过，就算人类灭亡了，大自然倒也不在乎，完全无感。

早期的农民，到处寻找自然变异的作物，发现可用的性状，其实也就是寻找符合人类需要的基因。一旦找到，就通过嫁接、杂交等各种基因操作手段来发展所需的性状。当然，早期农民并不理解基因的道理。关于基因的知识，是孟德尔遗传学出现以后才为人所知的。但嫁接、杂交等由来已久的农业技术，就是在改变作物基因，也就是在“转基因”。随着遗传学和基因知识的丰富，人们操作基因的手段越来越丰富。大家都意识到了，要想得到想要的农作物性状，比如更抗旱的水稻、更美味的水果，就必须设法改变这些作物的基因。像早期农业那样等待基因的自然变异，未免太过漫长。动不动等上成千上万年，谁受得了？于是，人们就用各种办法主动改变基因，比如用紫外线照射，把种子送入太空，看看失重环境、宇宙射线能不能促使基因突变。这个阶段，人们知道要改变基因，但不知道怎样改变。这就好像没有地图的外出探险，只能边走边找路。生物学知识的进一步发展帮助人们摆脱了这个困境。在改变基因方面，人们不必再瞎摸瞎碰撞大运了。基因技术可以让人精确地改变某个基因，达到特定目的，培育出特定性状。有了地图，就不再是探险，而是惬意的旅行了。

也就是说，自从有了农业以来，人类就在按照自身需要转变基因。只不过过去知识所限，不知道怎么转，只好瞎转一气，企求能转出所需的性状。有了转基因技术以后，仍然是在转基因，区别在于，不再瞎转了，而是有目的、精准地转基因。转基因技术只不过是人类改变植物基因、为我所用的最新做法而已。可想而知，转基因技术出现以后，人类的农业技术有了突破性发展，但从基因的角度去看，他们被人折腾的命运，倒也没什么变化。当然，基因既不会看也不会想。这只是一个拟人的说法。

优先选择转基因

人们对转基因技术的担心是可以理解的。很多新技术产生之初都曾引起人们的担心甚至恐惧。转基因技术也没理由回避这个阶段。但是，在转基因知识已经广泛的情况下，如果你还坚持反对转基因，就是在暴露自己理解力低下了。

人们对转基因技术的排斥，首先来自于一种错误观念：自然的，是好的，可以信任；人为的，不好，不可信任。这是一种毫无根据的偏见。实际上，当代生活中几乎不存在所谓的原生态自然。你能接触到的事物，都是人为、人造的产物。不信任不接受这些人为、人造的产物，你根本就无法生活。

而且实际上自然才往往意味着危险、不可靠、有毒有害、不适于人类。在自然中随机找一种植物来吃，基本都有毒有害。植物的种类很多，能端上餐桌的却只有寥寥几十种，还都要经过人类精心挑选培育。生产食品的人不像自然那样无视人的需要。相反，生产者天天都在观察、猜测、迎合消费者的需要，生怕得不到消费者的欢心。所以，与流行观念相反，人为的，才是安全的、可靠的、毒害降到最低的、适于人类的。

除此以外，造成人们不信任转基因技术的，是一种概念混淆——把转基因技术和食品安全鉴别技术混淆了。

转基因技术，作为一门高新科技，确实还有很多未知领域。未知领域意味着发展的空间。都知道都了解了，也就没法发展了。反对转基因的人以此为理由，说你们科学家也还有很多不知道，怎么那么确定地说转基因产品无害呢？

一种作物是如何生产出来的，是否使用了转基因等农业技术，和这种作物的成分、营养、是否适合人体，是两码事。有一个笑话，讽刺音响发烧友的，说资深发烧友可以通过音效分辨出音响使用的电力是来自火力发电还是水力发电。荒诞可笑才成为笑话。水力发出来的电并不湿乎乎，火力发出来的电也不热乎乎，核电站出来的电没有放射性，太阳能发出来的电也看不出其中的阳光灿烂。不管怎么发出来的电，都是电，衡量办法一律都是电压稳定性、电流强度那几个指标。发电技术再复杂再高科技，评测电力的也是那几个指标。

科学家对转基因技术当然还有很多不知道，但科学家对毒物学、营养学、化学分析等方面的认识很充分，完全可以准确分析转基因产品的成分，并判断其是否可以食用，是否对人体有害。无论农业生产中使用了什么复杂高深的技术——比如转基因，生产出来的农产品组成成分仍然是蛋白质、碳水化合物、脂肪、膳食纤维、维生素、微量元素等几类。转基因产品是否弄出了新成分，其中的蛋白质、碳水化合物等成分和传统作物是否不同，对人体有什么影响，这些问题在现有技术下可以查得一清二楚，并没有什么疑问和不知道。如果说有区别的话，那就是转基因作物被更严格、更深入的分析。很多传统作物反倒没有机会被如此认真细致地分析。

很多人以为传统作物都历经时间考验，安全毫无问题。这也是个迷信。烧烤、腌制食品人类已经吃了千万年，但只有在现代技术检验下，才发现有致癌性，不宜多吃。没有相应的技术和检验办法，历经再长的使用时间，很多问题也不会自动暴露。成本所限，人们还不能对所有食品都进行严格深入的分析，那样花费太大。但转基因产品都是大公司研发，为了确保上市，这些公司都投入巨资对产品的成分、营养、对人体的影响进行过深入细致的分析。实际上，即使经过如此严格的检验，科学家也仍然不放心，还有堪称冗余的测试，那就是在转基因食品上市以后一直进行跟踪调查，看看是否有不良反应。美国在全国范围内已经大规模上市转基因食品几十年，数以亿计的人常年食用多种转基因食品。至今为止，一例被确认的不良反应也没有——这个安全水平，任何非转基因传统食品也达不到。

也就是说，转基因食品首先在实验室里经历了远超传统食品的严格检验。理论上已经确知其中包含的成分是什么，以及对人体完全无害。然后，又在实践中，在无数专业目光的密切注视下，经历了大规模实用测试，始终没有发现问题。理论和实际两个角度，转基因产品都经受了严格而充分的检验。可以说，转基因食品是有史以来被最严格最苛刻检验的食品。相反，传统食品，首先大多没有在实验室中经历那种严格的分析检验，其次，也很少有人密切关注调查其在食用过程中是否有长期才会出现的不良反应——媒体顶多关注一些当时发生的食品中毒事件。长期调查需要专门技术和大量投资。谁会愿意做这种投资呢？

如果你对未经严格检验的传统食品深信不疑，认为很安全，同时却认为历经超级严格检验的转基因食品不安全，你自己说，这不是愚昧是什么。

所以，正确的态度应该就是，优先选择转基因食品——我多年一贯如此。由于生产技术先进，转基因食品一般成本比较低，价格也较低。再加上经过严格检验，质量安全有保障，可谓质优价廉。你越重视自身健康和安全，就越应该尽量选择转基因食品。相反，如果你不太在乎健康和安全，更在乎口味和新鲜，倒是可以积极品尝苍蝇饭馆、街头小摊上不断涌现出来的各种新型吃食。玩儿呗。

总　结

作为一个文科生，我并不懂得转基因的种种技术问题，但即使只有基本常识，再加上稍懂一点儿科学知识，就足以理解上述的几个道理。总结一下：

> 1. 基因一直在转变，从来没有静止过。
>
> 2. 人类一直通过操作基因变化来获得想要的作物性状，这就是农业。
>
> 3. 转基因技术和食品安全鉴别技术是两码事。食品安全鉴别技术不是什么高新科技，没有什么疑难困惑之处，完全可以判断食品是否安全。
>
> 4. 转基因食品在理论和现实两方面都经过了非常严格的检验，所以安全可靠。对于食品安全来说，应该区分为经过和未经严格检验两类，而不是分为转基因和非转基因两类。凡未经严格检验的食品，再传统，安全性也不高。

人的头脑不可能空白一片。如果不能理解科学的核心原理，具备科学精神，头脑势必被各种迷信和愚昧占据。现代世界是被科学塑造和组织起来的。一个满脑子迷信愚昧的人非常可怜，他的生活道路必将充满陷阱和失败。某些恶毒之辈，还会成为科学和社会发展的障碍，危害他自己和其他人的生活。

努力理解科学，对现代人来说，是非常划算的思想投资。就算是文科生也不要放弃这方面的努力。科学并不神秘，科学家也不会把科学神秘化。尝试去动动脑筋就会发现，理解科学没那么难，而且，非常有趣。

伪劣产品的背后
——市场扩大与技术进步

这一日，我去肉铺子买肉，得知羊肉价格又上涨了。我没说什么，老板倒很着急，努力做出无辜状。我知道涨价是通胀闹的，和老板没什么关系，劝老板别着急。他确实很有理由着急，因为生意越来越不好做。他指着冰箱里的羊肉片对我说："你知道我卖一斤羊肉片，赚多少钱吗？一块钱！"

我故意表示惊讶。老板接着说："我这可都是真羊肉。要是假的，反倒挣得多。那帮人卖的，都是鸭子肉！5块钱1斤进的，卖20元，比我赚得多多了。"

我又装傻，故意问："还有这种事？羊肉和鸭子肉，味道不是很不一样吗？"

"不一样？哼，加上羊肉精，什么肉都是羊肉味。"

"那么厉害？"

"唉，你不看电视，不知道这里面的事儿啊——"

我当然看电视，并且我还上微博，因此听说了太多食品安全的消息。而且，那种假冒的羊肉我一定吃过。街上的烤羊肉串，我吃过不少。那里边，不会有太多真羊肉。或许我应该赶紧去微博发上一条，做爆料状，说我发现了惊天秘密：用鸭子肉，拌上羊肉精（听着就那么邪恶，一定是用化工废料生产出来的），假冒羊肉。黑心商人赚得暴利，合法经营者举步维艰，呼吁政府尽快严厉打击……

我不会那么做。原因是：对假冒伪劣商品，我虽不能说是支持，但一向比较容忍，并不主张斩尽杀绝。

所谓假冒伪劣，包括假冒他人商标品牌，也包括质量低劣、掺杂使假。一般认为，这些都是不应该存在的现象。如果存在，要么是政府监管失灵，要么是市场失灵。总之，应该想办法让它们消失，也许应该停下来想一想。假冒伪劣商品，真是那么一无是处吗？

假冒他人商标的，相对比较简单。往往是买者卖者心知肚明，各取所需。没人以为小商品市场几百块一个的“劳力士金表”是真的。但是劣质产品呢？这不是明显损害消费者利益的玩意儿吗？为什么要容忍劣质产品呢？

且让我来解释。

经常会听到有人发出人心不古、今不如昔的感叹。说到照相机，现在的那些，能叫照相机吗？过去的照相机，镜头筒都是铜的！现在，唉，一堆塑料玩意儿而已。计算机机箱，过去，钢板足有两毫米厚，现在呢？一毫米都不到！过去那机箱，搬都搬不动。现在，唉，别提了……皮包、服装、眼镜、书籍，举凡你能想到的商品，好像都经历了一场质量堕落的过程。一代代奸商，绞尽脑汁减少成本、降低质量。好东西只能去旧货市场找了。

这些说法，并非都是虚构和夸大。如果你拿过去和现在的产品去比较，确实能发现明显的质量差异。但是，即使这些都是真实的，也只是一种对现实的歪曲认识，并不能当真。原因在于：质量下降，是生产扩大以后首先要经历的现象，是产品走向大众化的必经之路。原来只有少数人能享用的产品，随着生产发展，产量增加，变成大众产品，成为普通人都能消费的商品。这时，首先就会发生质量分化。原有高质高价产品以外，会出现大量低质低价的产品。换句话说，市场扩大的第一步，往往是劣质产品的大量增加。

再详细解释一下。

原来生产力较弱，产量很低，只能生产出少数产品，供社会上层消费。这些上层消费者购买力较强，他们能支付较高的价格。于是，在少数生产时，产品往往用料精良、质量卓越。后来，生产力发展了，可以大量生产了。原来根本不可能享用到这些商品的普通人，现在也有机会享用了。但他们的经济实力并不那么强，不能支付高昂的价格，这时，为了适应市场需要，经营者会降低质量，推出所谓的劣质产品。但是，虽然出现了大量低质低价产品，但高质高价产品的产量也会增加，只不过，其整体市场份额会降低。在照相机只有少数人使用的时代，每一台照相机都用料考究、质量卓越。现在，市场中高级品质的照相机依旧用料考究，质量卓越，且数量也在增加，但廉价低质照相机的数量增加更快。

食品市场也是一样。在世界很多地方的很长时间里，肉类都是奢侈品，普通人一年到头也很少吃到，肉食者甚至曾经是统治者的代名词。在只有统治者才能吃到肉的年代，肉的质量一定很好，不会掺杂使假，不会假冒伪劣。老佛爷的御膳房里，绝不会有假冒羊肉。后来，生产发展了，肉的产量增加了，更多人可以吃到肉了，但他们并不能立刻就吃到过去统治者吃到的优质肉。生产还没有发展到那种程度，他们能吃到的多半是劣质的肉。但劣质的肉也是肉，相比过去吃不到肉，现在能吃到劣质的肉，这是进步还是退步呢？不知道。这个问题要由消费者自己来选择和决定。

观察市场可以发现：高质量产品还在，只不过价格较贵而已。想吃到优质肉类，付出高价即可。其难度，就相当于别人吃不起肉时你能吃到肉。但高价产品的销量远远不如低价产品，这足以表明，消费者的选择是先吃上再说，能提高质量更好，提高不了，吃点差的，也比吃不上要强。有人抱怨说，中国市场中的大米质量无保证，而日本大米虽然较贵，但质量完全可信。两者比较，他更愿意购买日本大米。这显然是口是心非，因为如果你愿意付出日本大米的价格（一两百元人民币一斤），在中国随时都可以买到质量同样高的大米。你不去买的原因，除了嫌贵，还能是什么呢？

低质产品存在的意义在于，它们满足了相应层次消费者的需要。如果没有低质产品，这些消费者并不会转而去购买高质高价产品，而只能是干脆取消这个消费。国内乳品企业大量生产的常温奶，营养价值其实不高。但如果取消这种产品，那些购买、储存鲜奶不方便的消费者就只能根本喝不上牛奶。常温奶这种低质产品虽然不理想，但必须承认的是它们改善而不是恶化了消费者的处境。批评者往往认识不到这个规律。他们会用市场狭小产量低时的质量，来抨击市场扩大以后的质量降低，却忘记了同时伴随的价格下降。

低质产品当然会有种种不尽如人意之处，按照严格的标准，甚至有毒有害。但这方面的报道基本上都是夸大的。所谓毒害，根据往往是不合理的国家标准和消费者越来越高的期望，而不是真实存在的受害者。即使真有一些受害者，比例其实也很低，并不比替代商品的情况更差。即使在一个质量、安全不断提高的市场中，你也可以根据某种标准，随时发现不合格及有害产品的存在。对食品安全的负面报道，人们总是倾向于宁可相信而不质疑。媒体借此博取注意力，经常很有效。但不管怎样，罗马不是一夜建成的。一个高质量的商品市场也不是短时间就会出现的，需要生产的逐渐发展，需要消费者个人财富的不断积累。况且，对于什么是高质量，不同人不同时代有着完全不同的认识。某人看来不堪忍受的质量，另一个人可能安之若素，认为完全没问题。

在既定的生产力水平下，总会有相当部分的产品不够优质，甚至堪称劣质。如果没有认识到这是生产力水平决定的，而是将之归因于经营者的无良，立法或者舆论打击经营者，结果会怎样？

结果就是，这将消灭许多生产低质产品的中小企业——中小企业往往要依靠价格战争夺市场，价格战则经常伴随着质量下降。中小企业被消灭，产业集中度增加，若干大企业接管整个市场。这样的市场看上去会“有秩序”得多，但看不到的是，那些草根企业生产的劣质但低价的产品将不复存在。许多本来可以吃上肉的消费者，将退回到根本买不起吃不上肉的状态。底层消费者的处境实际上恶化了。更高层次的消费者，也将付出更高的价格。

回到文章开头的羊肉和鸭子肉的例子。通胀造成物价普遍上涨以后，一些消费者已经无力购买羊肉，但他们还是想吃到羊肉。怎么办呢？或许应该直接告诉这些人：别吃羊肉了，你吃不起。但市场总是倾向于提供更多的选择，而不是简单的是和否。如果你吃不起羊肉了，那就吃点别的便宜的肉吧。消费者并不是完全被蒙在鼓里——1 块钱 1 串的羊肉串，那能是真羊肉吗？相关的信息一直在流传。但他们会故意保持对事实的不太清楚的状态——管它是什么肉呢，吃着差不多就行了。你对此大惊小怪，并拿出“科学证据”证明有毒有害云云，别人当然无法直接反对你的“惊人发现”，但街头各种大排档、小吃店的长盛不衰已经足以表明人们对这种“揭露”的真实态度。

想要市场中的低劣产品立刻消失，这无异于拔苗助长。阻止低劣产品，等于是在阻止产品普及化、大众化的过程，是在阻止市场的扩大。没人知道合适的质量是什么——除了掏钱的消费者自己。消费者用钞票表达的选择就是正确的，比任何人为标准都要合适和有力。别埋怨那些消费者不讲究，对劣质产品过分宽容。他们很清楚自己的消费能力。

消灭低劣产品的办法，不是监督——无论是官方监督还是市场监督，而是生产的继续发展。当生产能力、生产效率继续提高时，人们就可以用同样多的资源，生产出更多更高质量的产品。整个社会的产品质量，就是这样逐渐提高的。除此以外，再没有其他办法。

吃不起羊肉，很遗憾，吃点带羊肉味的鸭子肉，其实也可以接受。抱怨别人欺骗你吗？其实，要是你确实想知道真相，并不难，但恐怕你并不愿意直面这个讨厌的事实——羊肉太贵，你买不起。

食品安全的背后

——机会成本的核算

食品安全问题已成舆论热点。中国的食品安全很糟糕，似乎已成社会共识。围绕着这个话题，人们抨击、讽刺、慨叹、编顺口溜，虽然有趣的不多，但乐此不疲者大有人在。不过，我总觉得并没有多少人真正为此着急。美食家仍然在推荐小胡同里的美食，城市各处每天晚上的饭局都热热闹闹，街上的大排档也是热闹依然。大家并没有因为食品安全无保障而纷纷回家做饭。人们的这种反应是正确的。中国的食品安全问题根本没那么严重，为此过分担忧毫无必要。该吃什么吃什么，想吃什么吃什么，就对了。祝各位好胃口。

有人会说，你一个文科生，懂点儿经济学的皮毛，又不是食品卫生专家，怎敢在这个问题上大放厥词？是的，我不是食品卫生专家，但分析这个问题，经济学也有用武之地，再加上一些简单的生活知识，基本的判断还是可以做出的。

经济学的一个核心概念是成本。严格意义上来说，所有的成本都是机会成本，也就是说，你选择某物的成本，是为此而放弃的其他选择。理解了这个概念，就可以建立起一种“替代分析”的思维方式。当我们评价某事物的优劣时，应该同时考虑其替代物的优劣。凡事皆不完美，找缺陷很容易，但如果因为这些缺陷放弃某物，取而代之的是更好还是更差呢？接下来就用这个分析方法看看中国当下的食品安全问题。

我的基本判断是：随着经济发展、技术进步和市场扩展，中国食品安全一直在改善，某些方面的改善还十分迅速，甚至已经达到世界先进水平。当然，在这个改善的大背景下，也会有某些地方出现严重的质量安全事故和事件。不过，整体形势是令人放心的。可以从以下几个方面分析这个问题。在每一个方面，我都会使用“替代分析”的方法。

你家厨房天天消毒吗?

如果放弃现代食品工业，你就只好返回厨房自己做饭吃。但你家的厨房比工业化消毒的食品生产车间更卫生吗?

现在，大多数人吃的东西都是食品工业的产物。人们总认为食品生产商很不可靠，他们不会像重视自己的卫生一样重视顾客的卫生，可事实是：现代大规模食品生产企业，内部卫生消毒极其严格，其卫生水平远远高于普通人家的厨房。你家的厨房，其实遍布细菌、蟑螂、飞尘、油垢、食物残渣等各种不卫生之物。做饭时你也不会口罩帽子消毒衣佩戴齐全。你家厨房的设备和产品，如果用工厂标准去检验，一定不合格。

食品工业的发展，是经济水平提高和市场扩展带来的。总有人怀念生产力落后时的状态，认为那才是朴素的、卫生的，可实际上，如果真让他们返回过去，近距离去感受，恐怕他们一天也忍受不了那种“朴素的”肮脏。现在我们吃的食品，许多都是包装食品。吃得久了，许多人就忘记工业化包装食品出现以前食品包装的样子。那时，用的是未消毒的草纸和纸绳，或者直接散装。小孩儿都会打酱油了，不就是小孩儿去胡同里的副食店，让售货员从脏乎乎的大缸里往外舀酱油，然后倒进同样脏乎乎的瓶子里吗？现在呢？都是包装严密的袋装或者瓶装酱油，到了家才打开包装。哪种更干净呢？

被妖魔化的添加剂

现代保鲜和食品加工技术，让我们能在自家门口品尝天下美食。吃到几千公里以外的特色食品，早就不是富裕阶层的专享。条件是必须使用防腐剂、消毒剂等化学制剂。如果你想彻底杜绝这些东西，就只能像古人那样，只吃本地出产的少数几样食品。估计你能忍受几个星期就不错。况且，现代人多居住在城市中，远离农田，即使是本地生产的，运到你的餐桌上也要花费时间。如果不使用防腐剂、消毒剂，在运输过程中，食品很容易被细菌和其他污物污染。放弃食品工业化保鲜技术，结果是更脏。你愿意吗？

很多添加剂都可以改善食物的外观、口感。甚至，没有添加剂，很多食物压根就不会有。比如，离开凝固剂可做不成豆腐。你打算不吃豆腐直接嚼黄豆？没有乳化剂和增稠剂，就没有什么冰淇淋。还有，没有稳定剂，除了刚刚做出来的短短一段时间，蛋糕也是没法吃的。

有人看到食品成分表中的化学制剂就忧心忡忡。这其实只是科学素养不足导致的恐慌而已。化学制剂和自然产品都是门捷列夫周期表中那几十种元素组成的，没有什么本质区别。不加分辨地恐惧一种信赖另一种，可不是什么有知识的表现。

食品卫生事件

媒体揭露出来的一些所谓食品卫生问题，如果细看的话，其实往往都很可笑。被指责的产品中包含的不良成分往往是以毫克计量的。其中许多所谓的有毒物质、致癌物质，都需要你长期大量地持续吃那种东西，才会增加危害健康的可能——仅仅是可能。曾经闹得沸沸扬扬的苏丹红，按照他们的实验结果，成人一天吃三大汤匙苏丹红，坚持 30 年的话，有 20% 的可能得癌症。世界上绝对找不出这样的人，即使找出来了，也还有 80% 的概率平安无事。

正常人的身体都有足够的排毒解毒功能。我们并不需要生活在彻底无菌无毒的环境中。我们的生活中，废气、尘埃、飞沫、身体碎屑、螨虫……无处不在。你讲究半天，花大价钱买的高度清洁的食物，只要从锅里盛出来装盘，从厨房端到餐桌，好几毫克的有毒有害物质就进去了。台湾闹得乌烟瘴气的什么塑化剂，简直就是一场闹剧。为此销毁了大量食品，完全是浪费，唯一的用处就是缓解本来就不应该有的莫名恐慌。

食品安全是个性价比问题

这么说可能会有人难以接受，但食品安全确实不是一个“安全 or 不安全”的选择题，而是一个性价比问题。彻底的安全就只能是完全无菌无毒，而这是不可能做到的，就算大致做到，也必然让产品价格大涨。

你在街边花几元钱吃个小笼包，却指望着人家有五星级饭店的消毒水平，那不是无理取闹吗？再说，五星级饭店就在那里，也提供早餐，你为什么不去吃呢？用塑料袋装食品，会导致塑化剂问题，可是不用塑料袋用什么？纸袋就更干净吗？哦，对了，纸袋需要砍大树，不利于环保，也不能用。那用什么？难道用手直接捧回家去？那不是更脏吗？

当然，我们希望这种性价比不断提高。但这只能依靠技术进步和投资，许愿或者加强监管是无济于事的。在杨贵妃那个时代，再大的决心，也只能保证很少人吃到新鲜荔枝。

有人会说，你说了这半天，难道是想证明食品安全问题根本不存在吗？不，存在，但存在的原因不是食品安全真的变差了，而是我们自己的标准提高了，同时，在对食品安全的恐慌中，也不难看出对市场、对企业家根深蒂固的不信任。

现代农业、现代食品加工业，大幅提高了产量，丰富了品种，改善了味道和营养，从根本上提高了人们的营养水平和卫生水平，并极大促进了消费者在吃上的享受。这种变化是根本性的变化。没有发达的市场和技术，我们的生活一定比现在糟得多——吃得更差更少，更少机会品尝美味，更少的选择机会。

麻烦在于，根本问题改善以后，原本不重要的次要问题就变得重要了。人们对自身健康的追求是无止境的。这无可厚非，但要注意追求时要符合科学原则，不要仅仅看到现状的弊端，还要分析“替代物”的弊端。世间没有完美的解决方案，尤其不能在看到弊端以后，就对整体局面形成错误的认识和判断。在这种错误认识的指引下，提出的对策往往不是进一步改善，而是退回到比现在更差的局面。

生活中的经济学

中国的社会现实非常丰富，其中有待考察和分析的问题非常多，值得人们花大力气去研究。我相信，对中国现实和发展历程的深入研究，会给经济学和其他多门社会科学带来重大的启发和拓展。本组文章，基于对当代社会的直接观察，做出分析和解释，希望能为读者提供更多的观察现实的视角。

户籍制度与计划经济

英国政治哲学家奥克肖特（Michael Oakeshott）将人类关系系统归结为两种基本类型：公民结社型和生产结社型。在国家的层次上，公民结社型要求公民的是对统治者的服从，而生产结社型则为国家预设了某种目标，并要求所有公民共同奔向这个目标。传统的国家几乎都是公民结社型的。生产结社型的国家是现代社会的产物。

在中国，这个目标，这个促使以后无数政治强制相继出台的第一张多米诺骨牌是重工业优先发展战略。

重工业优先发展战略并不是在1949年新政权建立以后就立刻提出的。新政权建立以后的首要任务是恢复、稳定社会秩序，控制、消灭各种敌对势力。为此，1950年8月，公安部制定了《关于特种人口管理的暂行办法（草案）》。与国民政府时期的《户籍法》相比，这个管理办法的突出特点就是把社会治安作为户籍管理的重点。户籍由过去归内政部及地方政府管理转而交由公安部门管理。

1951年7月，公安部颁布了《城市户口管理暂行条例》，其中明确指出“维护社会治安、保障人民安全”的宗旨，对户籍制度治安作用的强调十分明显。这个条例在全社会范围内建立起了严密的治安防范体系，为镇压反革命运动发挥了重要作用。制定《条例》的另一个重要原因是新政权缺乏管理城市的经验和足够的信息，需要借助户籍对城市的人口现状进行了解。因此，户籍制度的建立是从城市首先展开的。

当时，城市失业现象严重，仅上海一地就有失业工人 15 万左右。全国九个主要城市大约有失业人口 166 万。建立户籍制度也包含着为缓解失业做准备的意思。但在当时，政府并不是如后来那样采取强制的手段控制城市的人口。《条例》第一条就申明人民具有迁徙自由。在实际当中，政府也确实没有采用行政命令的方式，而是采用了宣传和说服的形式。从 1950 年起，为了缓解城市中的失业现象，各地方政府开始动员和说服城市中的失业人员回到农村。同时，农村地方政府也设法劝阻农民进入城市。当然，这些人之所以愿意回到或者留在农村，也和当时的土地改革有着密切的关系。他们得到承诺可以在农村得到土地。相比在城市的失业状态，在家务农是个不错的选择。在农村，随着土地改革的进行，户籍制度也同步建立起来。1954 年，内政部、公安部和国家统计局联合通告，普遍建立起农村户口登记制度。农村户籍制度的重要特点是进行了阶级划分，区分了所谓地主、富农、中农、贫农和雇农。

至 1954 年，城市的失业问题基本上得到了妥善的解决。这个过程看起来比以后的人口控制办法要温和、有效得多，但是，在这种解决办法中已包含了一种城乡分治的思路。从此以后，一旦城市人口、物资供应出现紧张形势，决策者首先想到的就是把一部分人口转移到农村，同时禁止农业人口进入城市，而不是从发展经济、增加就业数量方面寻求解决办法。

1953 年，进行了 1949 年以来的第一次人口普查，为全国户口登记制度的建立创造了有利条件。1955 年 6 月 9 日，国务院通过了《关于建立经常户口登记制度的指示》，规定在全国范围内建立经常性的户口统计制度。1956 年 3 月，公安部召开了首次全国户口工作会议。会议明确了户口管理的性质，研究确定了统一的户口簿册证件样式。

社会秩序初步稳定以后，国家开始制订实施第一个五年计划（1953-1957），明确提出了优先发展重工业的战略，重点是建设苏联援助的 156 个工业项目。重工业是资金密集型的产业，对劳动力的需求并不旺盛，对来自农村的低素质劳动力更是需求很少。这种发展战略从根本上抑制了城市就业岗位的大量增加。

重工业发展战略属于一种赶超战略。所谓赶超战略，指的就是以发展没有自生能力的产业为目标的战略。发展重工业需要大量资金，由于需要进口国外的机器设备，还需要大量外汇。而中国当时资金极为紧张，市场利率极高。20 世纪 50 年代初期，市场资金的月利率达到 2%-3%，外汇则更为紧张。

为了解决发展重工业的资金不足，国家采取了以下的解决办法：

（一）低利率政策。至 1954 年，工业信用贷款的月利率被下调至 0.456%。

（二）低汇率政策。在汇率水平不断降低的情况下，1952 年起，中国的汇率不再挂牌，仅为内部掌握。1955 年 3 月 1 日至 1971 年 12 月，始终保持 246.18 人民币兑换 100 美元的低汇率水平。

（三）低工资和低价能源、低价原材料政策。20 世纪 50 年代初，即实行全国统一的八级工资制，限制了工人工资的增长。从 1956 年开始，所有国家机关、企事业单位的工资全部由中央统一规定，地方、企业无权调整。一直到 1978 年，大多数年份的职工年平均工资都在 600 元以下。

（四）压低农产品价格，减少公共建设和医疗、住房、教育等方面的资金投入，只有这样才能保证城市人口在低工资下的基本生活保障。

但是，国家实行这些政策以后，并不能确保节省出来的资金被用于重工业的发展，因为市场总是自发地把资金吸引到最有比较优势的生产经营部门。

比如，低利率政策必然使得国有金融机构失去吸收存款的竞争力，私营金融机构将吸收到更多存款。低汇率政策必然压抑出口，扩大进口，人们将更乐于使用进口货，可当时需要的却是扩大出口以换取外汇。所以，进一步的政策就是实施国家的金融垄断和进出口贸易垄断。

在工业领域，面对同样的低利率和低汇率，更具比较优势的轻工业将吸引更多的资金。这显然不符合国家的优先发展重工业战略。为了阻止轻工业的“过度”发展，确保重工业的优先地位，只能将工业企业收归国有，采用直接的计划指令规定企业的生产范围，统一安排轻重工业的比例。但在企业收归国有以后，企业员工在日常生产经营中会采取各种变通办法压缩积累，增加工资、福利。为了克服这种现象，就只好更进一步，剥夺企业的生产经营自主权。生产资料由国家统一调拨，产品由国家包销调拨，财政则统收统支。

计划经济就是这样在优先发展重工业的目标指引下一步一步地建立起来的。

这样人为维持的体系十分脆弱，根本无力面对开放的市场竞争。所以，要建立起各种强制措施以实行足够的保护。城市户口的特殊地位的基础就在于此。由于优先发展的重工业位于城市，城市居民在这个体系中占据着比农村农民有利得多的地位。

相比之下，农民的地位就要不利得多。由于农产品价格被人为压低，农民自然不愿意向国有商业交售农产品，而是更愿意卖给私商。国有商业以低价收来农产品，并以低价出售给城市居民——实际是用农业补贴重工业——的任务难以完成。必须想办法解决这个麻烦。国家指望着在市场上打败私商是不可能的，但国家自有其撒手锏，那就是农副产品的统购统销制度。从 1953 年开始，国家陆续把粮食、油料、棉花纳入统购统销的范围，禁止私商经营。到 1955 年 8 月，国务院颁布《农村粮食统购统销暂行办法》，烤烟、麻类、生猪、茶叶、蚕茧、羊毛、牛皮等物资也被纳入派购的范围。1958 年，国务院颁布了农产品及其他商品分级管理办法，把农副产品的统购统销和派购等政策制度化、法规化。

由于国家不可能有效地掌握亿万分散的农户，并从他们那里以低价征购到足够的农副产品。因此，在统购统销这个社会化的强制制度和农民个体占有生产资料——主要是土地——之间存在固有的矛盾。当然，让步的不可能是国家及其发展战略，而只能是农民。如果农民不肯自觉让步，强制自然随后就到。1952 年土改刚刚基本结束，农民得到了土地，1956 年国家就开始通过农业集体化的形式把土地的所有权从农民那里拿了回来。只有国家控制了土地，才能保证统购统销制度的落实。至 1955 年年底，只有 14.2% 的农户参加了初级社，一半以上的农户参加的是较为简单的互助组。1956 年，突然加快了农业集体化的速度。这期间当然发生了无数的人间悲喜故事。到 1956 年年底，参加生产合作社的农户已达到 96.3%，其中所谓高级社吸收了 87.8% 的农户。农民开始失去土地，而且离彻底失去已为时不远。

当 1958 年“大跃进”开始以后，重工业尤其是钢铁工业的地位被进一步强调，这就需要进一步加大农产品的征购数量。而这种加大征购自然需要对农村社会的更强有力的掌控。于是，人民公社制度应时而生。从 1958 年 8 月到 11 月初，人民公社制度在全国范围内迅速建立起来，参加公社的农户达到了 99.1%，农民完全丧失了土地所有权。失去了土地的农民往往会变为流民进入城市。能否把农民顺利地纳入到人民公社体制内，迫使其承担起为工业化付出牺牲、积累资金的任务，这是户籍制度面临的一个问题。而以后的事实表明，户籍制度成功地完成了这一任务。同时，在这个过程中，户籍制度也得到了发展和完善。而且，与城乡分治的土地制度相对应，户籍制度的城乡分治也被牢牢地固定下来。

1956 年的农业合作化运动导致了不少省份粮食大量歉收，农民吃饭成了严重问题。安徽、河南、河北、江苏等省的农民开始试图进入城市寻找机会。

针对这种局面，1956 年 12 月 30 日，国务院发出了《关于防止农村人口盲目外流的指示》。与此前主要利用宣传说服的手段不同，这个文件明确规定了工厂、矿山等用人部门不应当私自招用农村剩余劳动力。尽管不久前颁布的 1954 年宪法正式宣布公民有居住自由和迁徙自由，但显然宪法没有起到约束作用。

不过，由于这时的强制手段还不太多，控制人口流动的效果很不理想。同时，由于农村的形势进一步复杂，1957 年春天农村人口外流更加严重。国家为此发布了进一步的控制“盲流”的指示，但仍然未能有效地控制人口向城市的流动。这时，国家开始考虑使用有力的强制手段了。1957 年 12 月 18 日，中共中央和国务院联合发出《关于制止农村人口盲目外流的指示》。联合指示规定了一系列措施，严厉制止农民进入城市，其中包括：交通部门严格检查，民政部门负责遣返“盲流”，公安机关严格控制城市户口，粮食部门不得向“盲流”供应粮食，用人单位一律不得擅自招收工人和临时工。当时的形势看来刻不容缓。法律政策以极快的速度推出。21 天以后，1958 年 1 月 9 日，全国人民代表大会常务委员会第 91 次会议通过《中华人民共和国户口登记条例》，以法律的形式将城乡有别的户口登记制度与限制迁徙制度固定了下来。其中第 10 条第 2 款规定：

> 公民由农村迁往城市，必须持有劳动部门的录用证明、学校的录取证明，或者城市户口登记机关的准予迁入的证明，向常住地户口登记机关申请办理迁出手续。

这就从根本上改变了人口迁徙的程序。在国家严密控制城市生活的条件下，实现了国家对人口迁徙的主动控制权。从此以后，二元户籍制度正式确立。而且，强制性成为了户籍制度的根本特点。虽然直到 1975 年宪法才取消了公民的迁徙自由限制，但公民的迁徙自由从1957年就开始丧失了，而到了1958年1月9日，公民的迁徙自由从法律的意义上就不存在了。

即使是在中国这样高度集权的国家，全社会范围内的强制也不可能依靠一纸法律就建立起来。1958年的《中华人民共和国户口登记条例》虽然奠定了至今为止的户籍管理的基础，影响深远，但在当时并没有能够立刻控制住人口向城市的流动。原因有二：

一是《条例》只能限制“合法”的人口迁徙，而想要对自发的人口进入城市进行控制，需要其他的配套措施。这些配套措施将在以后的几年内陆续建立。

二是1958年开始了“大跃进”。在“大跃进”中，由于各项建设的规模膨胀，需要大量的劳动力，招工审批权限被层层下放，各建设单位纷纷大量招工，甚至达到互相争抢的地步。大批农村人口经过招工的渠道进入城市，成为城市职工。1958年一年，全国有1104万农村劳动力成为城市职工。

“大跃进”的虚假繁荣景象很快被物资匮乏的真实局面所代替，城市的各项生活物资的供应日益紧张。饥荒开始出现，国家开始制止农村劳动力进入城市。1959年2月4日，中共中央发出《关于制止农村劳动力流动的指示》。3月1日，中共中央、国务院联合发出《关于制止农村劳动力盲目外流的紧急通知》。到了1961年，开始实施“调整、巩固、充实、提高”的八字方针，其中重要的内容之一就是精简职工和减少城市人口，决定在三年内减少2000万城镇人口。首要被精简的对象当然是那些1958年进入城市的农村人口，他们被迫交出了刚到手不久的城市户口簿，返回乡下，重新又成为农业人口。

在此期间，户口已经逐渐与粮油供应制度、就业制度、社会福利保障制度实行挂钩。1955年8月，在颁布《农村粮食统购统销暂行办法》的同时，还颁布了《市镇粮食定量供应暂行办法》，建立起了凭户口分配粮票并凭粮票与户口簿购买粮食的制度。在就业制度上，1957年，规定了用人单位优先录用城市户口。在当时的条件下，优先录用就等于只录用。社会保障福利制度是与单位制度联系在一起的。如果公民有迁徙和就业的自由，这种福利保障制度并不排斥农村人口。但在歧视农村人口的就业制度的作用下，社会福利保障成为城镇居民的独有待遇。这三项制度的确立，加之物资匮乏的背景，自发迁徙的农村人口不再具有在城市立足的可能。户籍制度的强制性越来越强。1962年，为了进一步减少城镇人口，国家开始有组织、有计划地动员城镇青年上山下乡。"文革"开始以后，更是把大批的城镇青年送到农村。对于国家的这种安排，因为严格的户籍制度的存在，人们几乎没有反抗或者逃避的机会。

从此以后，强硬的户籍制度在中国完全确立起来。20世纪70年代后期，当知青开始要求返城以后，政府对于知青城市户口的恢复作了特殊安排，但与此同时，却进一步加强了城乡户籍制度的壁垒。

1977年11月8日，国务院批转《公安部关于处理户口迁徙的规定》，强化了对户口迁徙工作的严格管理，尤其强化了对于人口进入大城市的控制，并第一次系统提出了"农转非"的具体政策，确立了对"农转非"实行政策控制加指标控制的双重管理体制。这种管理体制与其说表现了户籍制度的松动，不如说给国家提供了新的人口控制手段。城市户口作为一项奖励可以在需要时发放给适当的人群，比如专业技术人员、复员军人等等。

户籍制度基本完成了赋予它的任务。国家通过这个制度，为公民分别安排了其在社会生活中的位置。在优先发展重工业这个战略目标的指引下，城市人口的生活消费被压得很低，而农村人口被限制在土地上，被强迫通过"剪刀差"为工业化提供资金。整个国家好像变成了一个大企业，人人都被安排了位置，且不能随意改变。国家成了唯一的发展主体，人民只是国家的工具。人民在失去种种自由的同时，也就失去自主谋求发展、提高生活水平的机会。

户籍制度对中国社会的影响是巨大的。经过几十年的城乡分治，中国的城市化进程停滞不前，甚至一度出现了反城市化的倾向。虽然建立起了工业体系，但付出了沉重的代价。人民的生活水平极端低下，远远落后于其他国家。改革开放以后，重工业优先发展战略基本上被放弃，计划经济后来也逐渐停止。虽然还有局部和暂时的强化，但户籍制度的整体走向是越来越宽松了。中国建立起符合市场经济的户籍管理制度，不会太遥远。

主要参考资料：

1. 余德鹏:《城乡社会: 从隔离走向开放——中国户籍制度与户籍法研究》，山东人民出版社，2002 年。

2. 陆艺龙:《户籍制度——控制与社会差别》，商务印书馆，2003 年。

3. 罗汉平:《大迁徙——1961~1963 年的城镇人口精简》，广西人民出版社，2003 年。

4. 林毅夫、蔡昉、李周:《中国的奇迹: 发展战略与经济改革》(增订版)，上海三联书店、上海人民出版社，1999 年。

5. 蔡昉、都阳、王美艳:《劳动力流动的政治经济学》，上海三联书店、上海人民出版社，2003 年。

6. 胡书东:《经济发展中的中央与地方关系——中国财政制度变迁研究》，上海三联书店、上海人民出版社，2001 年。

反改革者做改革之事

先来回顾中国改革开放的一段历史。

工商银行成立于1984年。此前，农业银行、中国银行、建设银行已经分别从中国人民银行中分离出来。四大专业银行的成立是中国改革开放以来银行业的第一轮改革。四大银行成立以后，在争夺存款方面展开了竞争，但是，在发放贷款方面并无竞争。他们各有自己的地盘。农行负责农业和农村地区的贷款。中国银行负责对外贸易和投资方面的贷款。建设银行负责固定资本投资方面的贷款。前三家未涉及的业务，由工商银行负责。

对银行来说，决策和监控贷款的发放是核心业务所在，也体现了竞争力水平。但四大银行各占一方的局面让他们在贷款发放方面没有市场压力，自然也就形不成管理能力和竞争力。银行就是地方政府的提款机。当时，投资工业利润很大。多年经济凋敝，各种工业品都很匮乏，加上国家控制的价格体系打造的“工农业剪刀差”对工业很有利，所以，各地投资工业的愿望很强烈。投资就要去找银行。银行发放了大量贷款。

1984年，中国银行业开始第二轮改革。这一轮改革要增加银行发放贷款的自主权，提高银行市场竞争能力。政府给每家银行规定贷款额度，额度以内银行自主决定放贷。政府将根据1984年的贷款量确定1985年的贷款额度。消息传出来以后，各家银行争相多发贷款，以扩大核算基数，在下一年争取到尽可能大的额度。一些其他因素也增加了社会对贷款的需求，比如当时正在进行工资改革。工资改革同样用1984年的工资数作为以后几年工资增长的基数。于是，各单位纷纷向银行借钱涨工资。贷款迅速增加。1984年12月的银行贷款量比1983年12月增加了50%，全年的货币供应增幅差不多也比1983年超出50%。贷款和工资大幅增加，这不是别的，就是通货膨胀。确实，随后几年就发生了通货膨胀。1984年是2.8%；1985年猛增到9.3%；1986年，6.5%；1987年，7.3%；而到了1988年，通胀突破了两位数。1988年还进行了价格改革。市场价格猛涨，物价指数每月都在迅速提升，从1月的9.5%提升到8月的38.6%， 全国城市都出现了抢购风潮。局面变得紧张起来。到了9月，政府提出了经济紧缩计划。中国经济开始了长达四年的“治理整顿”。银行信贷和货币供给被收紧，各地都感到严重的信贷短缺。借不到钱的地方政府甚至无法支付农民交售公粮款，只好给农民打白条。个体企业和私营企业的数量大幅减少。一言以蔽之，政府对经济发展踩了刹车。

1989年10月，《经济学人》杂志发文称“巨龙因何陷滞胀之困”。1990年6月的《华盛顿邮报》则指出：“中国的经济陷入了严重衰退，并且没有任何减缓的迹象，此次衰退正威胁着中国社会的稳定。”

更重要的是，当时的主政者并不是在“治理整顿”，他们就是想走改革的回头路。他们打算放弃市场化的改革方向。1989年12月11日的全国计划工作会议上，政府表达了财政紧缩方案的决心，提出要拥护公有制和中央计划经济，要控制非国营经济增长，实施价格控制，甚至要把乡镇企业纳入国家计划之中。与此同时，反对市场化改革的政治运动也席卷全国。苏东剧变让当局者倍感震惊，更加紧张。一些人认为，正是市场化改革造成了中国的经济困境和政治风险。1990 年 12 月 17 日，人民日报发表了一篇文章《社会主义必定替代资本主义》。文章气势汹汹地说："市场经济，就是取消公有制，这就是说，要否定共产党的领导，否定社会主义制度，搞资本主义。"

1990 年、1991 年这两年改革出现波折。经济发展确实乏善可陈，没什么值得回忆的成就。这两年留在人们记忆中的，就是陈腐不堪的一次次意识形态斗争，比如 1991 年的姓"资"还是姓"社"。

读到这里，读者的心情可能会有些压抑。是的，假使这种意识形态最终占了上风，中国的改革开放必定就此停止。中国可能会进入苏联勃列日涅夫时期那样的僵化停滞状态。不过，经济规律这个精灵和所有人——尤其和那些反改革者——开了一个巨大的玩笑。它驱使那些反改革者完成了最艰巨的改革任务。他们反改革的决心越大，这个任务就完成得越好。这个世界简直太奇妙了！

反改革者的主观目的是停止甚至扼杀改革，具体手段就是毫不留情地执行紧缩政策。他们根本不在乎这个政策的经济后果。你无法用经济发展受到严重抑制来敦促他们放手。那只会让他们感到满意，受到鼓舞，并因此把紧缩政策进行到底。最有意思的地方恰恰就在这里。那时候的中国经济，其实很需要这样严格的紧缩政策。这个紧缩政策，主观目的是为了反改革，但客观结果却很有利于改革，为中国经济日后的发展打下了相当理想的基础。

此话怎讲？

1984 年至 1989 年中国经济出现的就是一个标准的通货膨胀。当时的领导人认为通胀是经济发展不可避免的伴生物，没有采取政策控制通胀。这种做法显然是错误的。通胀具有很大的社会危害，并不仅仅是物价上涨那么简单。通胀会引发虚假繁荣，让很多没有经济效益的项目得到投资，开始生产，最终造成巨大的经济混乱和浪费，甚至引发政治危机，影响社会稳定。

奥地利商业周期理论告诉人们，通胀发生以后，政府唯一应该做的就是立刻停止通胀，停止增发货币和信贷扩张。市场将使用亏损、破产、失业等严厉手段进行清算，剥除那些虚假繁荣期间出现的没有经济效益的投资项目，迫使他们交出资源，让给有经济效益能赚钱的项目。这个严厉的市场清算过程，现实中就表现为经济一片萧条，哀鸿遍地，企业家破产工人失业，大家的日子都很不好过。但这是损失最小的方案。当这个清算过程完成以后——时间并不用很长，经济就可以重新开始增长，而且是健康的增长。

困难之处在于，绝大多数政治领导人，都无法在清算期的萧条中坚持反通胀政策。在一片破产和失业中，政府很难无所作为抄手等待。民选或非民选政府都很难承受这样的政治压力。两相比较，重启通胀，缓解眼下痛苦，减少破产和失业，政府出资拯救那些处于困境中的企业，即使明知麻烦会变得更大，甚至变得不可收拾，也要把麻烦往后推，得过且过。这几乎是政治领导人的必然选择。

可叹又可喜的是，20 世纪 90 年代初，当中国必须严厉地反通胀时，不知哪路神仙保佑，给中国派来了那样一批反改革者。他们完成了几乎不可能完成的任务。对中国市场经济的成长，这些无产阶级先锋队起到了资产阶级想起但起不到的作用，做到了资产阶级想做而做不成的事情。反改革者强硬的紧缩政策，让市场清算顺利进行，完全符合奥地利学派的主张。那些在 20 世纪 80 年代后期被通胀刺激起来的虚假繁荣中的不合理项目，连同许多合理项目，一起都被干掉了。经济确实陷入了萧条，但也确实准备好了再次出发。

不可忽视的一个重要因素是，虽然反改革者在这两年主导了中国政治，但对外开放并没有终止。1989 年 6 月 9 日，邓小平就告诫其他领导人：“切不要把中国搞成一个关闭性的国家。实行关闭政策的做法，对我们极为不利。”一星期以后，邓小平又说：“现在国际上担心我们会收，我们就要多做几件事，表明我们改革开放的政策不变，而且要进一步地改革开放。”事后来看，坚持开放这个因素至关重要。只要保持对世界的开放，就会有外界因素来影响中国的发展。而这种影响会从根本上杜绝中国重回疯狂年代的可能。

或许反改革者紧缩的时间有点过长了，成本有点过大。大多数商业周期的调整清算期用不了一年。但我们不必要求完美，好的结果已经足够。1992 年 1 月 17 日，邓小平坐上了开往南方的专列。这次南巡以近乎事变的方式从政治上给了反改革者雷霆一击，彻底扭转了整个局面。中国重新走上了经济发展之路。

虽然 1990 年、1991 年两年中意识形态斗争看上去很严厉。反改革者气势压人，占了上风，但南巡以后的事实表明，他们的基础其实非常虚弱，可以说就是个纸老虎。邓小平南巡讲话公布以后，舆论迅速逆转，反改革的势力不堪一击，瞬间就已消退。1992 年 3 月 20 日，李鹏总理宣布，紧缩政策的任务已经完成，治理整顿的阶段正式结束。

1992 年这一年，被称为“改革开放年”。政府废除了一系列价格管制政策，开始大幅降低关税。中国的私营经济对继续改革做出了快速而热情的响应。1993 年，私营企业数量就已经达到了 1988 年的水平。1992 年到 1995 年，私营企业总注册资金数增加了近 20 倍。1992 年，多达 12 万政府公职人员辞职从商，而停薪留职者从商的，超过了 1000 万人。人民日报发表了一篇文章，题为《要发财，忙起来》。邓小平南巡讲话以后的中国经济，完全是一飞冲天的态势。以往的论者，都没有提及经济发展为何会如此迅速恢复，只是将之归因于邓小平重启改革开放。只有奥地利学派商业周期理论才能对这个现象作出完整的解释。正是此前三四年的严厉紧缩政策——或许时间没必要这么长——才让 1992 年的经济一飞冲天。

播下跳蚤，有时也能奇妙地收获龙种。

不过，矛盾的是，理解了这段改革过程以后，我们反倒对未来改革发展多了一些忧虑。中国在 1990 年前后的这段经历非常幸运。如果不是邓小平以 88 岁高龄再次出手，如果当时反改革者中有足够强势的人物维持局面，如果此前私营经济发展过于薄弱，如果不是发生了苏东剧变整个世界正在向右转……

今后的中国，还会如此幸运吗？

反改革者负面的坚定决心，才让他们毫不在乎现实中经济衰退的压力，把停止通胀、完成市场清算所需的紧缩政策进行到底。现在的领导人并不会反改革。他们很支持改革，很愿意改革，但同时，他们也很在乎现实的经济发展数据。可是这样一来，他们坚持某些必要政策的决心和意志力必然会被削弱。

体操队、马戏团训练少年儿童时，即使其父母是行内高手，也绝不能让其担当教练。原因无他，不忍从严要求也。家长并非不知严格训练的必要，但亲情所在，无法自制，必须由旁人出任教练，才能达到严格要求刻苦训练的效果。公共政策也是类似道理。那些必要而严厉的政策，往往都出于主政者的漠不关心甚至别有用心。想把事情做好，最后就能做好的例子，反倒少之又少。原因就在于，好人们对严厉政策带来的暂时困境往往不能无视，会对政策后果提出一个下限，比如经济下行的限度。而这就会让严厉而必要的政策半途而废，起不到应有的作用，达不到想要的效果。很多人热衷于分析领导人的态度和言论，认为这是决定未来发展的关键。领导人的观念确实很重要，但不是最重要的。形势比人强。洞察深藏不露的规律，分析现实的力量走向，才能更准确地把握未来。

也许正是因为体验到这个道理，老子才在其统治者教科书《道德经》中说：天地不仁，以万物为刍狗。经济规律是一种客观存在。施布仁爱并不能超越或压倒经济规律。故此，理想的统治者在公共事务上毫无仁爱之心，把万物都不放在眼里，只是冷漠刻板地按照天道行事。而这，反倒能促成最大的社会繁荣和进步。

谁反对改革?

1984年10月31日，印度总理英迪拉·甘地在官邸被两名锡克人卫兵刺杀。短暂的一段混乱期过后，12月31日，英迪拉的儿子拉吉夫·甘地宣誓就职，成为印度第六任总理。

英迪拉的政策，很多沿袭其父尼赫鲁，倾向社会主义计划经济。结果是独立几十年后，印度经济依然不见起色，很多方面甚至还不如殖民时期。种族、宗教等社会各方面的矛盾，也渐渐激化。实际上，英迪拉的死，正是源于印度政府和锡克教徒的冲突。拉吉夫却倾向于市场化、自由化的改革。而且，20世纪80年代，世界范围内，自由化成为大势。里根－撒切尔主义在西方成为主导。英美两大国大力推行私有化等市场化政策，中国走出计划经济的改革开放也正逐渐展开。在这个背景下，纳吉夫也打算改变印度多年以来的苏式计划经济，想要进行市场化、自由化的改革。具体来说就是，放松国家对经济的管制，改变进口替代政策，降低税收，放宽外贸范围等措施。

拉吉夫的改革并不成功。印度真正的自由化改革还要等到20世纪90年代。这是因为纳吉夫的自由化政策在印度遭到了很强烈的反对，阻力主要来自三个方面。

> 阻力一：首先，国大党内一些人反对“自由化”政策，担心该政策将大力取消或减少原来的社会福利政策，从而失去大量的穷人中的选票。“自由化”政策从经济角度看虽然是理性的，但从政治上讲，却是非理性的，他们主张要多讲“政治理性”。
>
> 阻力二：第二方面的批评来自持有左倾立场的知识分子，他们以社会良心和弱势群体的利益代言人自居，反对“自由化”改革。
>
> 阻力三：第三种反对力量来自公营部门中有组织的工人，他们直接受到“自由化”政策的威胁。
>
> 此外，反对力量还来自农村，农村许多人认为“自由化”政策将以牺牲农村、农民和农业利益为代价。
>
> （摘自《尼赫鲁家族与印度政治》）

看到这三种阻力，是不是很熟悉？没错。正在逐渐深化的中国改革，遇到的阻力和拉吉夫当年遇到的大同小异。下面，我来比较一下中印两国这方面的情况。

阻力一来自执政者内部的。和印度不同的是，中国这方面的阻力主要来自极左势力。他们挥舞的意识形态大棒和大旗，曾经是改革最大的阻碍。但随着时间流逝，越来越多的极左人物不在了。现在，这方面的阻力几乎可以忽略不计。尚存的极左思潮的人会制造一些话题，但不足以成为现实的政治力量。

虽然摆脱了意识形态的障碍，但中国却正在大力推行政府主导的福利政策。朝野各方都认为，这才是政治文明的表现。可是，印度的经验却表明，这些福利政策很可能会成为市场化、自由化改革的障碍。这个障碍并非来自意识形态，而是来自现实的政治、经济利益。或许不那么愚昧落后，但说到顽固性，却会更强。

福利政策，说起来头头是道，为人民谋福利为弱势群体服务云云，其实，最大的受益者是政客。福利政策，等于是政客用纳税人的钱为自己购买权力和地位。得到权力以后，这些政客也必然充分利用这些权力，竭力捍卫福利政策。这确实符合“政治理性”。政客得到了权力和地位，大众得到了什么呢？大众只能得到生产能力被福利制度压抑的社会环境。福利制度越多越广泛，生产能力被压抑得也就越严重。计划经济，实际上就是福利制度发展到极致的状态。政府许下诺言，包揽公民吃喝拉撒住行的所有需求，结果却是财富极度匮乏，人人赤贫如洗。

明眼人不难看出，阻力二实际上是目前中国改革遇到的主要阻力。当下的中国，“以社会良心和弱势群体的利益代言人自居”的知识分子，正在大量产出。他们或是出于愚蠢，或是出于野心，用文学性的言辞扩大影响，鼓吹类似于计划经济的政策，甚至直言就是要扩大政府干预市场的力度。这些人貌似文雅，但实际上却通过改变大众的观念，为自由化改革制造出最持久最强硬最广泛的障碍。他们有意无意中所做的，是通过激发人性中的阴暗面——损人利己、占便宜、不劳而获、以多欺少、吃大户，甚至赤裸裸地劫掠他人——来谋求自身的利益。

哈耶克当年奋笔疾书，写下《通往奴役之路》，就是要和这些乡愿之辈正面交锋。现在的中国，需要更多更有影响力的《通往奴役之路》。

阻力二令人印象深刻的是，这种立场似乎是跨文化跨地域的。中印两国，文化、宗教、历史、气候等相差甚大，甚至可说难找相似之处，但偏偏共享这些，共受他们制造的障碍。这其实说明了，随着改革的深入，中国面临的问题，越来越具有普遍性。人民公社、苏式国企，这些并不是人类共有的，只是来自外来影响和领导者的意愿，克服起来相对容易。但左翼观念，反市场的乡愿，却可能深深植根于人性之中，在世界各地普遍存在，需要长期持续的努力才能抑制。

也就是说，第二个阻力将长期存在，不可能彻底清除。只要人性有弱点，反市场反自由的观念就有拥趸。支持市场经济和自由制度的人，只能做好长期努力的准备。在这里，没有灵丹妙药，没有一招制敌，没有锦囊妙计，只有依靠知识、耐心和责任感的坚持。

阻力三也是中国当前改革的重要阻力之一。国家干预市场的既得利益集团已经出现，他们天生离权力很近，甚至彼此交融。市场化自由化的改革，多半会触动他们的既得利益。他们很有动力说服权力帮助他们维持特权地位。不过，比起印度来，在这个问题上，中国的状况较为有利。

由于有选举制度，印度垄断企业员工的选票，成为一种重要的政治资源。这些员工或许在人口总数中比例不大，但他们组织性强，协同一致，要价明确，所以“政治力”很强大。不符合他们利益的改革政策，很难通过。并且，这一切都是在民主、大众、多数、合法、人道、关爱的旗号下进行的。他们占据了道义的制高点。社会没有可与之抗衡的力量。

中国的既得利益者固然可以通过幕后操作来维持特权，但这种行为是不光彩和不得人心的。即使是特权者，也要千方百计地加以掩盖和修饰，而不敢公然拿出来示众，更不可能理直气壮地当众争取和捍卫。这种局面的好处是，如果能通过合适的利益梳理和妥协，既得利益者会愿意放弃不光彩的特权，换取合法的、光明正大的可持续利益。而这种可持续的合法利益，只存在于自由交易的市场中。实现这种利益妥协，并不容易，需要很高的政治智慧和丰富的实际经验，但在垄断特权没有取得道义制高点的情况下，毕竟还是有可能解决的。

新技术的发展，让破除利益集团有了更多的办法。技术进步常常让特权者盘踞的地盘变得无足轻重。持续的经济发展和技术进步，很可能帮助我们以较平稳的方式解决特权问题。民主投票反倒不是解决这个问题的好办法。印度的经验表明，投票甚至很可能让这个问题恶化，甚至根本不可能解决。当特权利益穿上合法、民主的外衣以后，无异于陷入了固化状态。恐怕只能等到情况恶化到大家都不堪忍受时，才有望解冻了。

至于最后一条，“此外，反对力量还来自农村，农村许多人认为‘自由化’政策将以牺牲农村、农民和农业利益为代价”。中国的情况就更令人乐观了。中国的农民，市场意识远比人们想象的要浓厚。改革开放的过程中，农民对市场经济的适应能力简直令人惊叹不已。农村接受市场化自由化的改革，比城市顺畅多了。

这可能是因为，中国农民历史上长期是个体小生产者。很早就有全国范围的农产品交易市场，中国农村的村落，是围绕着集市建立起来的。中国农民对经济核算、投入产出、以销定产、面向市场、货币化交易这些意识并不陌生，他们对市场经济，从来就不排斥。相反，中央计划经济在中国始终水土不服。中国农民，很少有人真心接受人民公社。真正源于农村的反市场观念，在中国，从来不多。关于农村、农业的反市场观念，基本都是某些知识分子鼓弄出来的。富有讽刺意义的是，这些人往往还被称为农民问题专家，自诩为农民的朋友。我看，称他们为农民的绊脚石才比较准确。

当然，环保分子、小清新也发出了一些反市场的声音，比如鼓吹绿色食品，反对城市化，反对耕地集约化，等等。但小清新的声音如果不和某些知识分子的言辞结合起来，很难影响决策层。这个问题应该归入阻力二，也就是错误的观念，不必单分一类。

比较了中印两国反改革力量的异同，我想，还是有理由对中国保持乐观的。我们面对的困难，别人同样面对，或许比我们更加棘手。个中原因，值得深思。到底什么是最困难的问题，答案并不是那么明显。实际上，到了 20 世纪 90 年代，印度也走上了经济自由化之路。经济发展一反此前几十年的停滞，甚至可说正在起飞。那些反改革的力量，虽然不易彻底克服，但终究还是没有完全阻断改革之路。事在人为。改革的成败，取决于人们现在和未来的努力。过去的历史会影响未来，但不会决定未来。

无论中国还是印度，现实中当然都还有很多不尽如人意之处——哪个社会又没有呢？但历史已经多次表明，这种慢慢腾腾、一摇三晃的发展方式，不但比那种狂飙突进、急速飞驰的“大跃进”平稳，而且，需要的时间，也更少。

世事之奇妙，莫过于此。

钢铁业的“过山车”之旅

上海有个地方叫大柏树，位于宝山、虹口、杨浦交界处。这里聚集了大量钢贸企业，是全球最大的钢贸市场。人们在这里把各种钢材买来卖去。从2009年开始，大柏树钢贸市场上演了一场生动活泼的商业周期闹剧。此间的人们像坐过山车一样上下奔突。其中令人哑然失笑的情节，比比皆是。本文根据媒体相关报道整理而成，意在以此为例展示：错乱的货币信号之下，人们的行为会多么乖张怪异。看不见的手让市场和谐稳定，让财富日益增长；看得见的手却只让人们疯疯癫癫，让无数财富化为乌有。

钢铁是非常重要的生产物资，不可或缺。不过，经营钢铁贸易却并不容易。这是个需要很多资金的行业。作为贸易商，你向钢厂订货时要先交订金。待到钢厂生产出钢铁，你去提货时要付全款。那可不是一笔小钱。买来了钢铁，向用钢企业销售，但这些用户却不会掏钱买你的钢，你往往需要垫资，也就是他先白用你的钢。等他生产出产品并卖出去了，收回了钱，他才把钢材钱付给你。市场就是这样。你只能接受，一手托两家。也就是说，想干这行，需要事先准备好很多钱，并且兜里要一直有很多钱——这是个资金密集型行业。做买卖需要钱，去向银行借呗。可惜，银行不太喜欢这个倒买倒卖的非生产性行业，他们觉得风险不好控制。钢贸企业向银行贷款，基本没戏。不过情况并非一直如此。2005 年，开始有银行尝试着给钢贸企业放贷，但利率要得很高，比一般贷款上浮 20%；虽然银行要价高，但大家因为确实需要资金，也愿意去借。利率越来越高，最高时要上浮 40%。到此为止，一切都还在正常的商业轨道内运行。

到了 2009 年，一切都开始改变了。从天上往下撒钱的直升机来了。直升机这个比喻来自主张印钞救市的人。他们说，在大家都缺钱的时候，央行增发钞票就好像用直升机来撒钱。市场很需要这种撒钱直升机来恢复秩序。2009 年，慷慨的中央政府就派出撒钱直升机，往市场中大手撒了 4 万亿的货币，因此引发的信贷扩张，则达到了数十万亿。

现实中，这种直升机就是银行。银行手中的钱一下子多起来了。并且，还要尽快把这些钱贷出去，据说这样才可以维持经济发展。银行的客户经理们被布置了贷款任务，必须完成。为了完成任务，客户经理们追着钢贸老板放贷，求他们多多贷款。“他们每天都来公司，看着财务报表，画以亿为单位的信贷蓝图。”一家原来只有几千万贷款的钢贸企业，被银行追着放贷之下，贷款额急剧飙升到两亿。

在大柏树做生意的钢贸老板中，福建人很多。福建的银行同样也有不轻松的放贷任务——是的，把钱借出去有时候也挺难。福建的银行纷纷派人飞到上海，给老乡们放贷。福建周宁县出了很多钢贸老板。于是，在银行的人看来，周宁县的人就等于是钢贸老板。周宁县的身份证成了放贷通行证，一张可以卖 50 万，因为凭着这个身份证，可以从银行贷出至少 500 万来。

说到身份证，这正是本闹剧的精彩情节之一。后面还有呼应，诸位接着往下看。

银行的服务，越来越热情，越来越周到。钢贸企业要付给炼钢厂的钱直接由银行垫付。等到销售完成，收回钱了，再还给银行。做得最热火的时候，当地买卖钢材一半的资金来自银行。当然，银行并不白干。他们制定的放贷条件很有利于自己。利率高，保证金高，贷款变成存款放在银行，增加了银行存款量。这段时间银行利润暴涨。银行的人个个欢天喜地，奖金大大地有。市场果然被刺激得兴奋不已。只要你胆子足够大，来钱很容易。银行拼命往你手里塞的贷款，就拿着呗。贷款是欠人钱。身负高额债务，压力重重，甚至夜不能寐，这才算正常。但熟悉我国国情的人都知道，如果这钱是欠银行的，并且欠得很多，情况就不一样了。更何况，现在是银行大把往你手里塞钱。面对如此热情，谁会冷漠拒绝呢？

“要不是银行主动找上门来教我们，我们这些小学都没毕业的人怎么可能想到去银行贷款？”一位钢贸老板后来回忆说。

人们很快就看出来，虽然银行已经给他们自己预留了丰厚利润，但毕竟，前所未有的贷款洪流涌向了钢贸行业。机不可失，失不再来。以往找银行贷款，那么难；现在，一下子变得那么容易。来吧！谁会嫌钱咬手呢？聪明人一向都有很多。大家很快就突破了贷款只做钢材生意的限制，而是把钢贸企业变成了融资平台，借来的钱投向各处。买房买楼买矿，放高利贷。有了钱，想干什么干不成啊。

既然钢贸企业成了融资平台，也就是吸金器，那自然越多越好。人们开始投资扩大钢贸市场，到处兴建新市场。福建老板们回家去叫来老乡，大家一起发财。一批 20 岁出头的年轻人一下子成长为“新一代的钢贸商”。真是形势喜人。这些年轻人从一进场，迎接他们的就是滚滚资金。他们可不像老一辈那样有苦苦求银行贷款的经历，现在都是银行求他们：老板，这两个亿您拿走吧。Please，能快点办吗？我这年终奖就指望着这笔放贷了……

后生果然可畏。钱来得容易，自然也就花得大方。拿到银行塞来的贷款，先买辆BMW7开着。你买，我也买。一时间，钢贸市场的停车场里，劳斯莱斯、宾利、玛莎拉蒂、法拉利之类的豪车比比皆是。豪车，也是本剧的狗血情节之一。接着往下看：

在游乐场玩过过山车的人都知道，开始，过山车是嗒嗒嗒地慢慢向上爬。这时，座位上的人会越来越紧张。因为大家知道，等爬到顶点，接下来就会是一个大俯冲。刺激就在这里。银行大放贷和过山车一样，也一定会有个大俯冲。区别在于，过山车爬升时，大家已经准备好享受刺激。可大放贷的大俯冲，却几乎没人有思想准备，大家都以为那个爬升会一直继续，一直到达幸福的彼岸。

钢贸企业变成融资平台，人们用钢贸的名义获得的贷款，大量投向未经银行风险评估的其他领域，对此，银行并非不知道。他们心知肚明。不过，买房、买矿、放高利贷，不是也都能赚钱还贷吗？没事儿，不用紧张。可惜，事实并非如此。

2012年3月到9月，螺纹钢的价格从5300元/吨猛跌至3300元/吨。最底层的支柱被撤掉了，建立在上面的庞大建筑开始摇摇晃晃，就要坍塌崩溃了。房地产调控等政策让用钢企业的还款周期进一步延长。钢贸企业那条靠银行支持的资金链越来越紧。银行着急的时候，到了。

此前，贷款给钢贸企业时银行也搭建了风险控制机制，比如，买来的钢材，必须放在银行许可的仓库，凭银行单据出货。银行想，人跑得了，钢可跑不了。我手里握着货，没什么可担心的。可真到了风雨飘摇的时候银行才发现，这些法子根本不好使。钢铁贸易，银行是外行，钢贸老板们是内行。内行耍外行，没有不赢的。钢价高时，贷款能顺利偿还，一切都看不出来。银行自信满满，日进斗金。可等到钢价大跌，银行才开始意识到钢贸老板的厉害和自己的不厉害。别的不用说，清点仓库里的钢材数量，银行差不多就束手无策。

“仓库里的货很难查，有同事去仓库数钢筋，根本数不清楚。一堆货只有 5000 吨，说成 1 万吨我们也信了。”

仓库虽然是银行许可的，但实际控制权却另有他人，甚至几个钢贸老板会合伙买下一个仓库。银行所谓的“钢在我手里”成了笑话。那些钢材可能早就用假冒手续发走了，更多的则是被反复抵押。至于银行开具的出库单，刻个假公章很难吗？ 2011 年 6 月末，上海用于质押的螺纹钢是库存的 2.79 倍。看见了吧，一吨钢材至少被重复抵押了 2.79 次。更让银行害怕的，是围绕着钢贸贷款这个融资平台的杠杆式操作。其中种种复杂手法，本文难以再现。总之，当钢价大跌时，反向的加倍打击也就随之而来了。四两拨千斤，变成了千斤压四两。

银行渐渐意识到了大事不妙，开始收缩，不再新增钢贸贷款，已经发出去的贷款，尽量往回收。对内发放奖金的标准不再是放贷数量，而是收贷数量。曾经的热情放贷的银行不见了，板着脸收贷的银行越来越多。钢贸企业的压力急剧增加。2011 年，上海钢贸企业的贷款共 1510 亿元。2012 年头几个月，收缩了近 500 亿。2012 年夏天，银行收贷的力度越来越大。钢贸企业已经很难受了。为了促使企业尽快还贷，银行承诺还了旧的，再贷出新的。但实际上银行往往言而无信，收回贷款以后就不再发放新的贷款了。钢贸老板气得直骂银行“骗贷”。

银行“骗贷”。嗯，闹剧的狗血情节来了。后面还有。

钢贸企业就像被套上了绞索，一边是持续的钢材低价造成的亏损，一边是不断增加的贷款利息和银行的催收贷款。怎么办？天知道。银行的处境也不好过，人人都担心贷款收不回来怎么办。新的贷款审批极严极慢。客户经理们每天给企业老板打电话，确认对方没有“人间蒸发”，还要密切注意法院的动向，因为事关自己手里的那些抵押物，“支行空气里弥漫着焦灼的味道”。

福建人的商业信誉毁于一旦。本来，福建人喜欢抱团互助，非常重视商业信誉，曾经有过这样的事：一家福建企业出现大亏2.5亿，商会发个号召，每个商会成员企业掏个200万，就解决了。“周宁人在银行没有一分坏账。”现在可没人敢说这样的豪迈之语了。个人自身难保，各展神通，饥不择食。至于商业信誉，早就顾不上了。不少福建人打上了信用卡套现的主意。银行发现以后，再遇到福建一些地方的身份证，连信用卡都不给办。还记得前面那个情节吗？一个福建周宁县的身份证，可以卖上50万。现在，却连个信用卡都办不成。过山车嘛，就是要这样大起大落。

接下来该说说豪车的狗血情节了。市场车库里曾经的BMW7、劳斯莱斯、宾利、玛莎拉蒂、法拉利，一下子都不见了。不过，也有人因此受益。一个前福建钢贸老板，后来跑去养鳄鱼，现在发现倒卖豪车是个好生意，便跑回上海，趁机低价收购老乡们的豪车。原价1000万的，现在出400万就能到手。利润颇丰。

这些豪车的原主人，正在人生的过山车上飞速向下俯冲。

曾经热闹的钢贸市场现在一片萧条，有的市场的商铺空置率甚至达到了一半以上。继续营业的商铺里，也只能见到对着计算机打字聊天的业务员。上海的法院，受理了数量前所未有的银行起诉钢贸商的案件。银行还在忙着查封钢贸老板名下可以查到的所有资产。“查封、查封，能查封的全部查封！”在上海，乃至在钢贸贷款集中的江苏地区，一处房产被几家银行同时申请查封的情况比比皆是。

怎么办？大家都盼着钢材价格赶紧涨起来。“让一切都好起来吧！”不过，以后几年，钢材价格都很低迷，钢铁业的苦日子还很长。折腾不但不免费，还很昂贵。当初折腾得越凶，以后付出的代价就越大。

过山车虽然惊险，但总有停下来的时候。商业上的过山车，可就不那么尽如人意了。钢铁行业的过山车之旅给整个行业造成的沉重打击，需要这个行业在未来很长时间慢慢消化。喝醉之后，头痛是免不了的。而如果一个人一再喝醉，甚至沉溺酒杯酗酒不已，他的健康实在堪忧。

汽车限购与市场搬迁

2014 年 3 月 25 日，杭州市市政府突然宣布当天夜里开始实行汽车限购政策。到此为止，国内已有上海、北京、广州、天津、贵阳、杭州六个限购汽车的城市。汽车限购不是一个好政策，不但达不到解决交通拥堵的目的，还会给市民生活带来许多不便，并人为抑制相关产业的发展。因此直接间接利益受损的人，无法计数。要问的是：为什么地方政府会积极推行汽车限购这样的反市场政策呢？按照现在大家热衷的凯恩斯经济学，消费是求之不得的好事啊。“保增长、扩内需”一直是政府的经济总方针。地方政府为什么要压制汽车消费呢？难道真的是为了解决交通问题吗？

分析政府的行为，和分析其他人的行为一样，要从他们面临的真实的成本收益入手。如此一来，就发现了汽车限购政策的原因所在——税收。

关于家用汽车的税收，主要有购置税、车船税、消费税、燃油税这几项。请注意，这几项税收中，只有车船税归地方政府，其他几项都是归中央政府的。城市道路建设的投资主要由地方政府承担，可汽车购置税却被中央拿走了。消费税是用来调节消费的，但由于归中央，全国税率一致，也谈不上各地区根据自己的情况对消费进行什么“调节”。燃油税的目的是调节汽车出行量，但同样由于全国统一税率而效果大打折扣。也就是说，关于汽车的税收，大部分都被中央政府拿走了，而人们使用汽车所需要的公共财政开支，却留给了地方政府。收益归中央，麻烦留给地方。再加上交通拥堵带来的舆论压力，城市地方政府对汽车消费不太积极，也就是人之常情了。

无独有偶。另一件事情其实也和政府税收有关。北京著名的动物园服装批发市场在经营多年以后，被北京市市政府命令外迁到河北。

开始听到这个消息时，我颇为不解。这么大一个市场，一年要给政府缴不少税啊。政府怎么会舍得放弃这一大笔财政收入呢？尤其是北京市市政府，近年来财政并不富裕，何以还会如此自断财源呢？后来看到详细的报道，才知道，原来动物园服装批发市场的商户们缴纳的税收并不多。这里共有 2 万多个服装批发商，年营业额 200 多亿，但每年缴纳的税收却只有 6000 多万。可是，为了管理这里的交通、环境等事务，政府每年直接投入的资金就超过一亿。从政府的角度来看，这个市场，咋算咋不合算。

一般人以为，淘宝等网店相比实体店有免税的优势。现在看来，相当一批实体店在税务方面的劣势并不是那么大。名义上的税收的确很高，但实际中往往有各种权宜变通之计，“各村有各村的高招”。政府并非都要穷追不舍。这可能是中国经济高速发展的一个水面下的原因。

当然，不管缴税多少，市场必定给商家、消费者、房产主等创造出巨大收益，但是，如果不体现为税收，对政府来说这个巨大收益等于没有。他们为此承担的各项管理成本却是实实在在的。也就是说，动物园服装批发市场，虽然生意红红火火，但实际上却是当地政府的财政负担。收益小成本大的事情，谁也不愿意长久地做。政府也不例外。不仅动物园批发市场，早些时候，经营多年的东郊日用品批发市场也因为同样原因被搬迁。政府宁可把那块地方腾出来做绿地，也不愿意让市场继续在那里经营。

话说到这里，想必已经有人冲出来表演“爱自由恨政府”了。“难道你不希望政府税收少吗？”“你是国家主义者！”“你要主张加税吗？”

我当然愿意看到低税收。可问题在于，对商家来说，如果要在低税收但随时被人赶走，税收高一些但可长期稳定经营这两个局面中选一个，他们会选哪一个呢？如果是我，一定选后者。可持续经营发展的情况下，低税收才是有意义的。真正的问题不是怎样让税收更低，而是怎样让商家的综合成本最低。仅仅追求表面上的低税收甚至免税是没有意义的。一旦出现限购或市场搬迁这样的大动荡，商家会遭受更大的损失。成熟理性的态度是未雨绸缪，合理协调各方面的利益，把自己的经营建立在别人也受益的基础上，而不是得过且过、到时候再说。

市场搬家，与其说反映出政府的问题，不如说表现出了中国商界自治能力的严重缺乏。以动物园服装批发市场来说，现状是：该地区公共秩序的维护，几乎完全由政府承担。经营商户不但缴税不多，在维护本地区公共秩序方面的花销更少。既然这些开支都由政府承担，政府也就拥有了主人一样的规划权力。天下没有免费的午餐，天下也没有免费的治理。维护秩序的开支是一定要有人承担的。既然如此，对商家来说，最好的办法是自己组织起来，掏钱办理这些事务。这样的好处有三：一、避免了政府管理的低效浪费，减少了政府对市场的行政指挥；二、自治的效率要比被治高得多，且商人的管理能力一般都强于官员，自我管理可以确保市场的经营环境，减少对城市整体环境的影响；三、市场自治，可以减少政府的财政支出，避免市场成为政府的财政负担。记住，成了政府的财政负担，可不是什么好事。

想象一下，该地区在商家自治之下，秩序井然、商业繁荣，并且给政府创造了可观的税收，在这种情况下，政府还会一定要把市场搬走吗？情况很可能相反。即使市场想搬走，政府也要千方百计地挽留。动物园批发市场所在的北京西城区，主要税收来自金融街。你认为西城区政府会把金融街的那些银行总部都迁到河北去吗？即使其中有银行总部想搬迁，比如搬到朝阳区 CBD，西城区政府会坐视不管吗？

就算出现了最坏的情况，必须搬迁，有效的商家自治组织，还可以和政府进行协商，争取最有利的条件，而不是现在这样几乎是听天由命任人安排。

经济学家说，让别人赚钱的生意才最长久最可靠。这个道理面对政府时也同样适用。让政府有足够收益，你的经营才能稳固和持续发展。对商业来说，和政府之间最好的状态就是两不相扰各忙各的。不要指望着长期占政府的便宜。那种公共开支靠政府，然后又要少缴税甚至不缴税的想法，断无可行之道。

盐之事

印度某地曾经发生严重宗教冲突，死伤众多。大量难民逃进神庙，虽然暂无性命之忧，但缺吃少穿，急须外界救助。政府无法直接派军队或官员进入冲突地区，那样很有可能激化矛盾。可难民急需援助物资，政府委托当地的商人代为运送、发放救济物资，并承诺事后政府报销商人所有的花费。在复杂的局面下，委托商人，而不是直接派军队、官员去办，是个好主意。市场的力量更灵活有效，且不会引起冲突和各方猜忌。难民的生活问题被解决了。

过了一段时间，宗教冲突总算平息了。逃入神庙的难民先后返家。事情过后，大家该算算账了。商人们把各项援助物资的账单上报政府，等着政府报销给钱。不问可知，这个账单的水分一定很大。印度政府不想当冤大头多花钱，可商人毕竟帮了政府大忙，如果没有可靠证据就压缩开支，也说不过去。

如何挤掉账单上的水分？印度政府把这个问题交给了一个专家。专家知道，他不可能靠实地调查核实来挤掉水分。冲突期间，一片混乱。冲突过后，人们都已经离开，就连难民的大致数量也没人能说清。专家能做的，只有仔细研究商人报上来的账单。专家也正是通过研究账单最终解决了问题，而且，解决得各方都能接受，无话可说。

为了救助难民，商人送去了多种物资：食品、服装、药品、日用品……各种各样的账单一大堆。专家看来看去，找到了一种东西，可以作为核实商人真实花费的依据。这个东西就是盐。盐价格不高，总量不大，商人夸大虚报的动机不强烈，报上来的应该是真实用量。有了用盐的真实用量，就可以反推出精确度很高的难民数量。盐人人必用，但用量却又少又稳定，人均每日若干克而已，不会大幅增加或减少。知道了难民数量，再来评估食品服装这些必定会被夸大虚报的物资数量，就容易多了。而且，盐的数量是商人自己报上来的，他们只能认账。这个专家很厉害，水平很高。

在核查账目中，盐之所以能发挥重要作用，正是由于盐的特点——人人都要用，但用量很小且固定。再有，价格很便宜。不过，盐的价格并不是一直都很便宜的，历史上很多时期盐的价格很贵。之所以贵，是因为其中包含了政府的税收。盐税可能是最古老的税种。实际上，一直到 20 世纪 50 年代，盐税依然是中国政府的重要税收之一。伴随着盐税，私盐贩子在历史上也一直连绵不绝，源远流长。

中国的税制，历史上发生过好几次大变化，但盐税长期不变。为什么盐税能持续这么长时间？上面说的印度的那件事说明了一个道理：通过盐的消费量可以很准确地得知人口数量。历代政府显然也看到并利用了这个关联。盐税成了某种人头税。人头税按人征收，有一个人，收一份税。但国家里到底有多少人，这个数字实在不好统计。在汽车飞机计算机的今天，人口统计都有很大误差。在步行骑马打算盘的古代，人口数字从来都只是大概。而且人们会为了避税隐匿人口。按统计人数征收人头税，漏报少收必然很多。盐税则是不那么容易逃避的人头税。表面上看，盐税是从盐商那里征集而来，但每个人最终都要为吃盐付费，所以，盐税必然由所有社会成员承担，谁也跑不了。即使是那些隐姓埋名的世外高人或逃犯，只要他吃饭，就得缴纳盐税。

盐税的这种作用，还来自于盐的另一个重要特点：在产盐区以外，人们不可能生产出盐。

粮食人人要吃，水人人要喝，衣服人人要穿。为什么粮食、水、布料不能像盐那样成为征税根据呢？这就是因为人们自己也能生产粮食、水、布料。如果政府在这些物资上征重税，人们就不从市场上买了，转而自己生产。你种田来我织布，屋里打井房顶开门，万事不求人。如此一来，政府收税可就麻烦多了。但盐可不一样。古代的技术条件下，除非身处产盐区，否则你连一粒盐也生产不出来。产盐区是高度集中的，除了海边就是内地少数几个地方。政府把产盐区控制住，就实现了垄断和专卖。要知道，政府垄断，也会挑容易的来。垄断盐的生产，可以做到；垄断玉米生产，那不是自找别扭吗？

这就是盐税在历史上长期存在的原因。即使在正式人头税废除以后，盐税也依然长期存在。历史上，盐税占税收比重最高曾达到 80% ~ 90%，也因此，盐商往往受到政府的特别保护。盐商的角色实际上是包税人。完成了政府要求的纳税任务以后，多余的税收都归包税人。包税人基本都会发大财。盐商果然往往富甲一方。一直到现代，其他税种——工商税、企业所得税、土地房产税等大幅增加以后，盐税才变得不再重要。2006 年，中国盐税只占税收总额的 0.04%。盐税已经高度边缘化，都快被人忘了。虽然如此，政府的食盐垄断专卖倒是延续下来了。这是为什么呢？原因还在于盐的那些特点。

由于生产和运输的进步，加之政府不再通过盐征收重税了，现在，盐的价格非常便宜。一袋盐，不过两三元钱而已，足够一家人吃上个把月。即使是低收入阶层也无须为吃盐担心。实际上，当代社会中，大家要注意的，反倒是要少吃盐，免得患上高血压。

盐这么便宜，供应又一直很充分，随时随地都可以买到，于是，大家就懒得关注什么垄断不垄断了。政府爱垄断就垄断去吧。谁在乎呢？不仅是盐，很多政府项目都是如此。利益集团想个法子，从每个消费者、纳税人那里拿走一点点钱，但凑起来可就是一笔巨款。消费者人人都有自己的工作生活，不可能事无巨细地都“要个说法”，而利益集团有机会得到巨款，当然有强烈激励尽量维持特权。这就是所谓的“收益集中而成本分散”。美国的乙醇项目也是如此，联邦政府每年补贴某乙醇企业 2 亿美元，平均每个美国人要掏出 1 美元。想想看，为避免每年 1 元的损失，你愿意做什么呢？那家乙醇企业为一年挣 2 亿元，又愿意做什么呢？

发达国家，美国、欧洲、日本，都有补贴农业的政策。在这些国家中，农民人数往往只占百分之几，补贴农业实际上就是绝大多数消费者补贴少数农民。消费者没多大兴趣省去这笔不大的开支，但农民强烈要求维持农业补贴。需要的话，示威、游行、堵塞交通、向议员施加压力，什么都可以做。

中国的盐业集团正是这样一个人数少、独享收益、行动能力强的利益集团。盐业垄断也就因此长期维持。消费者的损失很小，小到完全不值得理睬。但加在一起的总数却很大，大到值得利益集团竭力捍卫。你无所谓，他拼老命。结果自然是他胜出。果然，几次呼之欲出的改革，都在盐业集团的竭力阻挠之下无疾而终。

那么，盐业垄断的局面有多大危害呢？实话实说，没多大。

当然，如果深入分析的话，确实能找出一些危害。盐业垄断造成了全国消费者吃盐风险的集中。风险集中的后果是，不出事则已，一出就是大事。比如大范围地区碘的摄入量出现问题。自由竞争之下，也会出现问题，但由于风险分散，市场的纠错能力会让问题在局部出现以后就得到解决，而不会一直拖到大范围才爆发。虽然如此，但人们在盐上面临的风险并不多。盐毕竟是一种成分简单的产品，垄断企业的懈怠，纵使耽误一些事，也耽误不了太多。而且，盐业集团并非死不悔改。信息披露出来以后，他们稍作调整——或许不那么及时不那么到位——就已经足以解决绝大部分问题。有人说，盐业垄断集团人为大幅提高盐价，牟取暴利。可是，即使他们真的大幅提价了，但消费市场上的盐价仍然只是两三块钱一袋而已。垄断的性质恶劣，但说盐业垄断对消费者的危害有多大，也谈不上。

想来想去，盐业垄断最大的受害者其实恰恰是垄断集团自身。

盐业并不是一个可以持续扩大规模的行业。人对盐的消费量就那么多，少了不行，多了也吃不下。就算你大量开发和盐有关的新产品，研发八十八种腌萝卜干，把火腿的产量提高十倍，盐的市场规模也还是那么大。多放了酱油，就必然少撒盐。人摄入盐的方式固然会越来越多越来越丰富，但背着抱着一样沉，盐的总消费量不会持续增加。

规模基本固定，提升产品档次以提高利润的空间也很有限，而盐的生产效率却在大幅提高。这个市场显然无法养活太多的从业者。现代生产条件下，只要很少一些人和企业生产盐，就足够了。如果盐业是自由竞争的，那么，其中大部分人必然早已离开这个行业，去别的地方另谋生路了。很多由于社会变迁逐渐丧失发展空间的行业都是这样调整的。行业的停滞甚至消亡，并不必然让从业者一起失败，除非他们固执地留在原地不肯离开。可是，盐业是垄断的，就让许多从业者舍不得扔掉这个“铁饭碗”。垄断提高了他们另谋他路的机会成本，诱使他们“固执地留在原地不肯离开”。看上去他们被垄断保护，实际上他们是被垄断“套住”了，自己主动放弃了更好的选择。

政府的垄断保护，可以帮助他们独占行业，但却无法让人们吃下更多的盐，无法让行业规模持续扩大。如果从业者的人数不减少，那么人均收入必定停滞不前，甚至逐渐减少。再加上垄断企业常见的世代继承、裙带关系、内部人牟利、低效浪费等现象，无须调查我就能猜到，盐业集团中，除了少数上层管理者，大多数员工的收入低于社会平均水平。这种悲催的现实可能会让从业者有悲壮感：“我为祖国盐业献青春，献了青春献子孙。”也会成为他们维持垄断局面的筹码：“收入这么低，哪里是垄断？我们完全是为人民服务啊！”“如果放开市场，谁会接受我们这种低收入？盐一定会大涨价的。”

对这种煽情和哭诉，识者只会一笑置之。是的，刻薄地说，这是残缺人格的表现。而这种残缺人格正是多年垄断保护的结果。不要低估垄断国企对人们意志的消磨能力。多年消磨之下，人会变得自怨自艾、自欺欺人、高度依赖、畏惧变革。他们终日所忙碌的，就是为自己的现状寻找理由和安慰。他们一定会找到的，只是要以整个人生的失败为代价。

小时工的福利生活

普通的家务小时工，差不多是每小时 20 元。干得多，多挣；干得少，少挣。雇人的、挣钱的，各得其所。忽然，有人说，小时工也有休息的权利。于是，政府规定，小时工每干 2 个小时，就有半小时的带薪休息时间，这叫“带薪休假制度”。劳资双方，必须遵守，否则法办。

你以为此规定一出，小时工就比以前多挣钱了吗？太幼稚！

之前是每小时 20 元，2 个小时 40 元，现在政府规定，小时工干 2 个小时，要按照 2.5 小时计算工资，可以挣到 50 元。可是这样一来，同样多的活，雇主就要掏更多的钱。雇主的钱，是大风刮来的吗？大风当然刮不来钱，所以大家都会算账。应对之策就是从每小时 20 元，改为每小时 15 元。结果，过去小时工每天在雇主家里干 3 个小时，挣 60 元。现在，同样花费 3 个小时，按 3.75 小时计算，却只能挣到 56.25 元。差的那几元钱，雇主算作奖金，也会给。

原来约定的工资一部分变成弹性的奖金，小时工总觉得不踏实，去和雇主商量：咱别理那个法律了，有什么可休息的啊，您看我休息了吗？咱们还照过去那样结账，行不行啊？雇主说：现在的行情就是这样，大家都是这个价，不是我故意为难你。如果还按原来的价格算，我就不踏实了。你现在说得挺好，但人心隔肚皮，谁知道你会不会出门翻脸去告我让我多付钱。我可是守法公民，咱还是按法律办吧。

街上的破落文人听说小时工的工钱降了，很气愤，给报社写了篇稿子。寄出时，找了家稿费给得最多的。稿子见报后，舆论大哗。大家纷纷谴责雇主吝啬，居然架空了政府给小时工的福利政策，强烈呼吁政府赶紧想办法解决。

官员一听，这好办啊，现成的国际惯例啊，最低工资制。兄弟我在伦敦的时候，专门研究过这个。要说这个最低工资制啊，可是忒好咧。于是，政府规定，小时工的最低工资每小时 20 元，任何人不得降低，违反者，法办。

最低工资制颁布以后，小时工来到雇主家干活。雇主说，朋友，先等等，我有话说。我倒不是心疼钱，但干 3 个小时活，过去加上奖金是 60 元，现在成了 75 元，涨幅不小。你看这样好不好，从今以后，你每天就干 2 个小时，咱按照政府最低工资制，加上半小时法定休息时间，一共 50 元。干不完的活儿，我自己来吧。小时工说，老大，合着我一天少挣 10 元？雇主说，可别这么说。政府让您休息，谁敢违反啊。人心似铁，官法如炉。我可不敢违法。小时工说，我休息他大爷！我儿子还等着结婚用钱哪。不行，我得多找几家。

过了一阵子，小时工多找几家，照样一天忙到晚的消息被破落文人听说了。破落文人的酒钱花完了，正想挣稿费找不到题材哪。闻之大喜，键盘一敲，又是一篇，找个稿费高的报社投了，名为《正走向过劳死的小时工》。报道一出，又是舆论大哗。政府赶紧组织专家开会，要求专家根据小时工工作分散的特点，制定出针对性的办法，切实保障小时工的合法权利。

专家们在酒店闭门商议了好几天，终于制定出对策——《家务劳动新合同法》，简称新法。此法规定，凡在某家曾经从事家务劳动超过一个月的，必须签订固定劳务合同；超过六个月的，必须签订无限期劳务合同。法律规定，合同必须规定每日劳动时间,其中包括带薪休息时间——每两小时休息半小时。为确保小时工得到休息，休息时间内，不得离开该雇主家，也不得继续劳动，必须休息。雇主应提供必要的休息条件。如有特殊情况必须持续劳动的，雇主须支付三倍工资。法律还再次重申了最低工资制，严令禁止违法雇佣。

公布新法的通报会上，专家建议税务部门密切关注普遍存在的小时工偷税漏税现象。电视评论员为此喝彩——平等纳税的时代离我们更近了。过去，小时工凭借现金交易长期偷税，这对其他人来说太不公平了。政府终于“该出手时就出手了”。评论员指出，这是我国完善现代市场经济制度的重大举措。一个字：好!

几天以后，小时工来到雇主家签订合同。气氛有点压抑。雇主拿出计算器，开始算了起来。

最早的时候——唉，其实那时候挺好的，是吧——您在我这儿一周干 3 天，每天 3 个小时。一个月一共是 36 个小时，每小时 20 元，我给您 720 元。后来，您也知道，有了法定休息制和最低工资制，您在我这儿一周干 3 天，每天 2 个小时，按 2.5 小时算，一个月是 600 元。您在我这儿都干了一年多了，必须签无限期合同了。您看咱这合同怎么签呢?

小时工说，我还想像最早那样，一周 3 天，一天 3 个小时，一个月 720 元。雇主说，您忘了，按新法规定，签合同以后，您干完 3 小时以后不能走，得在我家再休息 45 分钟。可我这儿每天只能给您腾出 3 小时，没法给您提供休息条件。您也知道，过了 3 小时，我家大人孩子就都回来了。我这房子也不大，政府限购，我又没资格买房。家里那么多人，乱哄哄的，没法弄啊。所以，您不能干满 3 个小时，您顶多能干上 2 个小时，然后在我家休息半小时。这半小时，我干您没干完的活儿。我干活的时候，您费心多指点。

小时工也叹口气，也只能这样了。原来720，变成600了。还得退掉其他地方两家的活儿，因为我得在您这儿休息。一个月下来，挣钱比过去少一大块。这一天要有36小时就好了。在哪儿签字？我他妈的招谁惹谁了？我儿子还等着钱结婚哪……

小时工收入实际上降低的消息又传到了破落文人耳朵里。键盘一敲……政府很快做出反应，提高最低工资，从原来的每小时20元提到30元。

小时工高兴地拿着报纸来到雇主家，老大，政府真好，这下我又可以挣到720元了！雇主说，朋友，我正想找您哪。这价钱这工作时间，我雇不起了。再加上这一阵子我自己动手干，发现家务活挺有乐趣的。我们不打算继续雇人了。小时工说，这不行啊，咱们有合同。雇主说，这我知道，但其中有特殊条款，如果雇主确实经济上无力负担，在证据充分的情况下，可提前终止合同。我昨天去了趟政府办公室，找朋友开了证明，手续都全。小时工说，您不是说自己是守法公民嘛，怎么弄虚作假啊？雇主说，这年头儿，谁他妈守法谁是后娘养的——

小时工的另外几个雇主的情况也差不多，只有一两户还继续雇人，但也都减少了时间。小时工掰手指头一算，一个月挣的钱不够付房租的。找几个也是做小时工的朋友一问，都正骂街哪。咋办？一个人说，找政府啊。对，找政府去！一帮子小时工浩浩荡荡来到政府办公室，要求政府给找工作。没有工作就不走了，吃住全在政府办公室。来了几个记者，连拍照带摄像。一个小时工能说会道，在镜头前侃侃而谈，表现得很理智很成熟。采访的年轻女记者眼里泛出了泪花：你们太不容易了！社会欠你们的，太多了！

办公室工作人员给搞得焦头烂额，找领导诉苦。领导说，我有什么办法？赶紧找辙把人劝走。工作人员两头跑，谁也得罪不起。小时工们已经在政府办公室住了好几天了。食堂也吃熟了，都知道哪天有大饼酱肉哪天有炸鸡腿了。

最后实在没办法，领导给劳动局局长打个电话，让他来解决。劳动局局长说我怎么解决？领导说我不管，反正解决不了，你那个出国考察的事儿就算了，别去了。劳动局局长无奈地说，领导，那只好如此这般这般了。您看行吗？领导说，好主意，抓紧办，这事儿你负全责啊。

劳动局局长的办法就是，把这些小时工全招收到环卫局清洁队去。他和环卫局局长很熟，知道那里长期缺人。于是，劳动局局长通知食堂准备了大饼酱肉，然后对待在办公室里的小时工们说，告诉大家一个好消息。大家的事儿，领导很重视，专门做了批示，大家的工作问题已经妥善解决了。现在，先跟我上食堂吃饭去，大饼酱肉，管饱。吃完饭，我们去报到上班。小时工们很高兴，跟着去吃大饼酱肉。吃完饭，环卫局的卡车已经在门口等着了。大家呼呼啦啦地上了车，到了环卫局，领了三轮车、大扫把和土簸箕，从此开始了幸福充实的劳动生活。

这一天，原来在那家挣720元的小时工扫街时和那个雇主在街上不期而遇。两人寒暄几句，都说自己的情况比过去要好。雇主说，现在天天忙家务，都会和面蒸包子了，夫妻感情密切多了。小时工说，原来是自己劳动，虽然挣得多，但其实孤单得很，现在加入了大集体，生活特别充实。

——对了，您儿子结婚了吗？

——咳，让您惦记了，还没呢。这不，最近也失业了，非要考公务员，天天在家待着。我看着也起急闹心。要不，让他上您家去做小时工吧，工钱好商量……

TPP 和美式自由贸易

TPP，全称是跨太平洋伙伴关系协议（Trans –Pacific Partnership Agreement），简单来说就是美国当头儿，拉着环太平洋的一些国家签订一个贸易协定。虽然没有明说，但 TPP 主要用意就是排斥中国，因为协定中刻意加入一些中国目前无法满足的条件，主要是在政治、劳工和环保方面。

美国方面的说法是，TPP 倡导的贸易原则是“黄金标准”，即完全符合自由贸易的原则，比如关税降为零，也就是彻底取消关税。美国要用这种黄金原则战胜中国那种有很多缺陷的贸易原则。可是，TPP 的谈判进展并不顺利。“黄金标准”接受起来确实有难度。美国的一些坚定盟友，比如日本，都为之挠头。后来谈判取得了进展。消息传来，中国国内很多人以为大难临头，认为中国马上就要被世界经济排除在外。更有一些妄自菲薄不解内情的人，认为“黄金标准”才是彻底的自由贸易，他们为这种高标准贸易取代中国缺陷多多的对外贸易大声叫好。

先把结论说出来让大家安心。首先，只要中国自己坚持对外开放，TPP

不会对中国经济有多少负面影响。实际上，TPP 能否真正实行，要画一个很大的问号。其次，如果为了对抗 TPP，中国扩大对外开放的深度广度，中国经济会持续发展，更上一层楼。总之，对 TPP，要研究分析，要积极吸收借鉴其中有益的部分，但不用太担心。

很可能正是为了对抗 TPP，中国先下手为强，已经和环太平洋国家中的韩国、澳大利亚、新西兰、智利等签订了自由贸易协定。比较这些自贸协定和 TPP 的"黄金标准"，虽然这些自贸协定没有实现全面零关税，但还是不得不说，"黄金标准"离自由贸易更远一些。

全面零关税难道还不是彻底的自由贸易吗？当然有可能不是。妨碍自由贸易的除了关税，还有非关税壁垒。TPP 表面上是彻底的自由贸易，但美国用种种非关税壁垒严重妨碍了自由贸易。那些贫穷的发展中国家如果严格遵守"黄金标准"，将事实上被驱逐于世界市场之外。比如在劳工方面，美国主张采用国际劳工组织的五大标准：允许劳工自由集会结社以及集体谈判，取消一切形式的强迫或强制劳动，废除童工，消除就业和职业歧视，不得以减损或降低劳工权利影响贸易和投资。而且，美国人强调指出，美国国会将不接受一个没有强有力的劳工措施的 TPP。明眼人不难看出，这些关于劳工的标准，正是拖累欧美国家经济发展的重大因素。以禁止职业歧视为例，现实中已经发展到企业无权自由挑选雇员的地步。所谓不得减损或降低劳工权利，现实中则变成不论企业多么困难也不能降低员工收入。拜这些条文所赐，不少欧洲国家的经济陷入停滞，失业率居高不下，企业几乎已经不敢雇人了。欧美毕竟富裕发达，自己玩自己，还能扛上一阵子。可如果越南这样的穷国也大玩"劳工权利"，固化劳动力市场，企业稍大就弄个工会天天谈判，只许雇人不许解雇，工人工资只能涨不能降，儿童没饭吃也不能去工厂干活赚钱，再懒再笨的应聘者，企业也不能"歧视"……做不到这些，就不能和美国做生意，这算什么自由贸易呢？

这不是阔佬拿穷人当猴儿耍寻开心吗？

说到这里，就看出了所谓“美式自由贸易”的特点。

自由贸易起源于英国。后来英国经过一战二战逐渐衰落，美国成为世界经济的领导国家。表面上看，美国继承了英国的自由贸易，可实际上，美式自由贸易和英式自由贸易差别很大。

19世纪时的英国人正确认识到，自由贸易首先有利于自己，同时也有利于他人。因此，即使对方妨碍自由贸易，比如设立高关税，自己也应该坚持实行自由贸易。就好像即使周围的人都很懒惰，不求上进，你也应该勤奋刻苦力争上游。这样做才有利于你自己。所以，在19世纪被重商主义、高关税包围的情况下，英国率先实现单方面自由贸易——不管你们怎么样，我单方面大幅降低甚至取消关税。当年英国及其殖民地——比如香港，都大大受益于这种自由贸易政策。美国人则认为，自由贸易是对他人的让步，如果不能换来对方同样的让步，就无异于吃亏。美国、中国之间曾经多年围绕“最惠国待遇”争吵不休，就源于此。

美式自由贸易的成因在于，美国经济超级发达，国内市场足够大，不像英国那样特别重视贸易，而且别国往往有求于美国，很想和美国做生意，于是不得不接受美国在贸易谈判中提出的种种条件。

美式自由贸易当然比自我封闭、重商主义强多了。但这种贸易原则毕竟偏离了自由贸易的本意，存在严重缺陷。本来仅仅是经济事务的国际贸易，被塞入了各种各样的非经济条件。当美国经济实力相对下降时，这些缺陷就开始暴露了。美国的对外贸易成了其国内各种利益集团争相利用的工具。这在TPP中有典型表现。实际上，劳工条款不是为了保护其他国家劳工的利益，而是要用高标准阻止他们和美国工人自由竞争。这背后的利益集团是美国工会。议员想要得到工会控制的大量选票，就必须帮助工会压制竞争，即使明知这样会损害消费者利益也在所不惜。所以，美国人才会强调指出：美国国会将不接受一个没有强有力的劳工措施的 TPP。这里所说的“美国国会”，完整表述出来其实是“因为选票原因，必然接受利益集团指挥的美国国会议员们”。

假如美国消费者也能结成强有力的利益集团，国会议员们就会转而支持英式自由贸易，关税壁垒、非关税壁垒全无的国际贸易就会成为现实。但消费者太分散，无法结合在一起，更不可能控制选票，工会、环保组织等利益集团却专精此道。于是，美式自由贸易大行于世。想要和我们做生意吗？好啊，不过条件是不能冒犯我们那些有选票的利益集团。

当然，TPP 的条文不会都是这些，一定会有很多符合自由市场原则的内容，但美式自由贸易的根本特征决定了，在这种贸易格局下，政治永远和经济纠缠在一起。美国国内的政治变化，利益集团的此起彼伏，随时会影响到国际贸易格局。这必然增加国际经济的风险和不确定性。比如，为了惩罚新西兰没有参与伊拉克战争，美国和参战的澳大利亚签订自贸协定，但却拒绝和新西兰签订。要知道，新西兰可是英语白人国家，是美国盟国中核心圈的成员。这样一个核心盟国，仅仅因为政策分歧，就被美国驱出自由贸易之外。美国企业和消费者莫名其妙地蒙受了来自美国中东外交政策的损失。富有讽刺意义的是，虽然语言、文化、社会制度、意识形态都格格不入，中国倒是顺利地和新西兰签订了自贸协定。

中国的经济体制和对外贸易当然有很多问题，有很多需要改进之处。改革开放远远没有达到应有的程度。这些都必须承认，但重要之处在于，中国政府不需要美国人的选票，因此对迎合美国的利益集团——比如美国工会——没什么兴趣。中国沿海的外贸企业主要听从的也是美国消费者的需求，而不是美国利益集团的游说。说实话，中国政府和企业还远远没有掌握迎合美国国内种种利益集团、操纵美国贸易政策的技巧和经验。结果，有意思的是，曾经长期自我封闭的中国，现在却成了自由贸易强有力的支持者。中国领导人出访其他国家时，经常发表促进贸易的讲话。并且，因为国力有限，因为更需要国际贸易，中国反倒不会像美国那样对贸易对象提出种种非经济要求。在贸易谈判中，中国频繁地做出大量让步。换句话说，尽管出发点不同，但中国的对外贸易反而更接近英式古典自由贸易。

这个现象可谓意味深长。计划经济时期闭关锁国的中国，对国际贸易、国际投资百般贬低甚至诋毁，认为这些都是帝国主义和平演变的工具，而自由贸易云云，只是帝国主义剥削广大发展中国家的阴谋诡计。在意识形态上，中国并没有对上述谬论进行彻底清理。不少地方的政治考试中，可怜的学生们还要背诵帝国主义阴谋之类的陈词滥调。但改革开放带来的巨大收益，让中国人早就放弃了对国际贸易的抵触和反对。随着中国经济和世界经济融合程度的不断深化，中国甚至开始公然倡导自由贸易。这堪称自由贸易改造世界、维护和平、扭转观念的最佳案例。英式古典自由贸易虽然执着于经济收益，不和政治直接挂钩，但却能在最深刻的意义上影响甚至改变政治。

比较而言，美式自由贸易在改变世界、推广文明方面的效果就差多了。不仅如此，由于给各利益集团创造出你争我夺的机会，美式自由贸易还严重败坏了美国国内的政治环境。原则政治越来越多地被分赃政治取代。

自由贸易不仅不可逆地改变了中国的政治，由于中国经济体量的巨大，也威胁着美国利益集团精心搭建的政治分赃结构。不堪忍受利益集团利用大政府权力蚕食鲸吞的美国企业家，可以通过国际贸易、国际投资在中国重新找到发展机会。美国消费者可以购买到来自中国的大量商品，价格中并不包含必须支付给“工会”“地球母亲”“弱势群体”的保护费。这种局面当然让那些寄生性利益集团越来越不满。可以说，TPP 就是他们的对策。他们搭建的那些非关税壁垒比高关税更难以克服。

虽然对付起来颇为棘手，但由于破坏了社会生产，利益集团的本质特征其实是虚弱。战胜那些贪婪的利益集团要具备两个条件：原则和实力。有原则无实力，只会成为他们眼中的可怜虫。兴之所至，他们可能会向你点头称赞，甚至发点援助，但想要他们改变行为，根本没戏。有实力无原则，则早晚会同流合污，有样学样，也构建起侵蚀社会以自肥的利益结构。

中国经济的体量足够大，也就是拥有了相当的实力。如果中国能弥补自身的各种缺陷，同时坚持真正意义上的自由贸易原则，那么，被美式自由贸易压制很久的英式古典自由贸易很有机会重返人间。中国的软肋在于理论上的缺失。理论没有直接的力量，但内在的力量巨大无比。资本主义不是亚当·斯密创造出来的，但没有亚当·斯密的理论，资本主义只会被人们看作是原有社会的堕落形态——人们都越来越爱钱了，越来越没有人情味了。在这个意义上，可以说亚当·斯密发现了资本主义。中国还没有自己的亚当·斯密及其理论。虽然成就空前惊人，但中国的发展被广泛认为是“不伦不类”，是正统发展模式的“堕落版”。这不仅是中国的遗憾，也是所有发展中国家的损失——很多宝贵的发展经验因此无缘被坚持和推广。

TPP 对中国的排斥并不全是坏事。首先，这种排斥必定难以执行。人们永远都乐于购买质优价廉的商品。而且，美国毕竟不是苏式商业，美国依然是自由经济的捍卫者。他们能使用的干涉贸易的手段很有限，也不粗暴。所谓中国被 TPP 排挤出世界经济之外，完全是杞人忧天。其次，中国对抗 TPP 的最佳手段，其实恰恰是不直接对抗，而是埋头拓展和其他国家之间的自由贸易。这是对中国最有利的局面。如果没有外力对抗，中国对外开放说不定还会因为这样那样的原因放缓，现在有了 TPP 这样的外部压力，中国反倒在对外开放上不敢懈怠。

因此，我倒认为中国不必积极寻求加入 TPP。对所谓“黄金条款”中不合理的部分，如果照单全收，反而会成为中国未来发展的重大隐患。以中国的经济体量和融入世界经济的密切程度，中国完全有能力、有机会主导一个国际贸易体系，让世界再次享有自由贸易带来的财富增加和文明扩展。在实力相当的竞争中，美式自由贸易其实并非英式古典自由贸易的对手。从另一个角度来说，建立健全更自由、更开放、更稳定的国际贸易格局，在美国坚持其美式自由贸易的情况下，不指望世界第一贸易大国中国，还能指望谁呢？

历史上的大国很多，但伟大国家很少。区别在于，伟大的国家不仅能开疆拓土，创造财富，还能凭借自身实力给世界带来巨大的观念进步。现在谈论中国成为伟大国家，会被人耻笑为妄想。但几十年前说中国会成为世界数一数二的经济体，不也同样无人相信吗？

难民是福还是祸?

涌向欧洲的难民潮占据了各家媒体、社交网站的版面。对因为难民涌来而头痛不已的欧洲各国，我颇为幸灾乐祸，冷嘲热讽了一番。有人对我的态度十分不解：你们主张自由市场制度的人，难道不是应该支持开放国界接受难民吗？你过去说过难民是宝贵的人力资源。难道你的观点变了？

确实，和大多数认为难民意味着麻烦和灾难的观点不同，我认为难民是宝贵的人力资源。我反对社会对外来人口的封闭政策。历史上的不少例子证明，大量难民的到来不但没有像预期的那样引发社会灾难，反而有力地促进了当地的经济社会发展，有的甚至造就了经济繁荣。

中东巴勒斯坦难民问题众所周知，但很多人忽略了曾经的犹太人难民问题。二战期间，为躲避纳粹迫害，大约 20 万欧洲犹太人逃往巴勒斯坦地区。二战以后的 1948 年，第一次中东战争爆发。犹太人和阿拉伯人各自逃离对方控制区，投奔本方控制区。联合国统计约有 70 万阿拉伯难民，这些难民造成了至今没有解决的巴勒斯坦难民问题。可同时产生的犹太难民有 85 万。25 万去往欧洲、美国，其余60万无力前往海外的犹太人涌进了小小的以色列。以色列人口暴增两倍。和阿拉伯难民的区别在于，以色列用几个月的时间就解决了犹太人难民问题。从阿拉伯地区逃来的犹太难民被妥善安置，融入了以色列社会。当然，这个过程绝不轻松，而是充满了痛苦、艰辛和奋斗。以色列作家奥兹的长篇小说《爱与黑暗的故事》中，对相关历史过程有生动、深沉的描述。重要的是，后来的事实表明，这些难民不但不是以色列国家的负担，反而成为以色列的立国之本。如果没有这些数量的人口，以色列根本不可能在强敌环伺的阿拉伯世界中生存。

二战刚结束时，苏联在东德地区大量掠夺、拆卸工厂机器设备，作为战争赔偿运回国内。工厂被拆光，德国工人当然也就彻底失业。德国人因此对苏联极为厌恶。大量东德工人前往西德找工作，先后有1000万左右的东德人来到西德。这些人两手空空，只带来贫困和沮丧。战后的西德，一片废墟，满目疮痍，食品和各种生活用品高度紧缺。人们都担心，大量东德难民涌来，西德将无法承受，陷入更大的混乱。但实际上，这些东德来的工人成为西德战后经济发展的重要力量。西德虽然战败，但仍然拥有欧洲最庞大最优秀的产业工人队伍，并因此很快再次成为欧洲经济发展的火车头。大量东德人的流失引起苏联人的极大恐慌。为了阻止人们继续逃往西德，他们不得不修建起臭名昭著的柏林墙。如果难民不是宝贵的资源，而是沉重的负担，苏联人又何必筑起高墙阻挡“负担”自行跑到西德呢？

列举难民成为宝贵资源的例子，当然不能忘了香港。从20世纪50年代到80年代，先后总共有大约100万内地居民通过各种方式逃到香港，这被称为“大逃港”。60年代，“大逃港”一度进入高潮，引发了无数人间悲喜剧。如果港英政府是今天这样连奶粉生意都要立法阻挠的“爱民”政府，一定会严厉阻止内地人的逃港行为，漏网上岸的也必然遣返。可是港英政府由英国人领导。

傲慢的英国人不那么关心爱护香港人，对逃港来的内地人港英当局也有阻拦，但漫不经心，并不十分严格。据说，当时默认的规则是，逃港者只要双脚踏上香港海岸，就算是留下了，不会被遣返。这些大量涌入的“内地表叔”，既没钱又没技术，一穷二白，基本都是社会最底层。很多人预言他们必将拖累香港。可港英政府漠然置之，大家也只能一声长叹，香港危矣。让人没想到的是，香港不但没有被逃港者拖累，反而因此一飞冲天，迅速发展成繁荣发达的国际大都市。

20 世纪 90 年代，有人做过一个统计，发现当时香港前 100 名富人中，将近一半出身于内地逃港者。那些上岸时狼狈不堪、前途渺茫的难民，日后却成为成功的企业家。不但自己的生活翻天覆地，而且共同把香港变成了繁荣富裕之乡。二战以前，香港不过是个普通的中国城市，地位都比不上广州。至于十里洋场的大上海，香港更是没法比。1949 年前后，不少上海人避往香港，到达以后会慨叹：“这下可到了乡下了！”可经过六七十年代，到了香港最辉煌的 80 年代，香港和上海的地位几乎对调。那时的香港对上海，有的恐怕只是高高在上的俯视和怜悯。当然，进入 21 世纪之后，香港的情况又发生了变化。这个话题，以后有机会再说吧。

有人会说，你举的这些难民是福的例子都是同文同种。可这次欧洲难民潮大不一样，来的是宗教、历史、文化、语言都格格不入的外人。这种难民恐怕成不了你所说的人力资源吧。那么，就请看看美国迈阿密。

一直到 1960 年，迈阿密只是一个普普通通的小地方。1959 年，古巴革命爆发，大量古巴难民渡海逃往美国迈阿密。仅 1965 年一年就有 10 万古巴难民从哈瓦那来到迈阿密。革命暴风骤雨，反动派能保住命逃出来就不错了。大部分古巴难民差不多是身无分文地来到美国——他们甚至都不会说英语。整个六七十年代，古巴人持续涌入迈阿密。迈阿密沿海地区已经被称为“小哈瓦那”。

这里通行的语言不再是英语，而是西班牙语。2004 年，联合国开发计划署根据城市中出生在国外的居民占该市总人口的百分比排列世界主要城市，迈阿密以 59% 排在第一位。

由于美国对古巴限制移民外出的政策一直持批评态度，卡斯特罗决定给美国人点儿厉害尝尝。1980 年，古巴政府突然放开对港口的控制。15 万古巴人一次性渡海到达迈阿密。这是历史上最大的一次非军事渡海行动。这批难民不但更穷，而且其中有很多囚犯、精神病患者和妓女。卡斯特罗借这个机会清理了古巴国内的大量罪犯和精神病患者。那些逃到迈阿密的难民，如果留在古巴，只是无能之辈和他人怜悯的对象，但在迈阿密，在得到了自由发展的机会以后，他们创造出了传奇。迈阿密从一个默默无闻的小地方变成了超级大都市，还是整个拉美地区的经济枢纽。

这几个历史上的例子分别都有各自特殊的难题。以色列地域狭小，人口却突然翻倍增长。西德刚刚战败，一片废墟，百废待兴。香港接受的内地逃港难民怎么看也算不上高素质移民。迈阿密困难最大，语言不通、宗教不同、来自敌对意识形态国家。这些难民的共同特点是确实都很“难”，但他们也都创造出了繁荣和奇迹。难民确实是宝贵的人力资源，甚至是不可多得的那种人力资源。他们两手空空，一条烂命，再没什么可失去的了，只能放开手脚去努力拼搏，因此往往拥有正常居民所没有的开拓冒险精神。这是难民会造就前所未有的经济繁荣的关键所在。承平日久富裕文明的社会经常会陷入停滞和自满。这时，一大批只能靠奋斗求翻身的人闯进来，会打破社会的平静，再造发展的动力。实话说，这种幸运条件也不是谁想要就能有的。

但是——到了说“但是”的时候了，难民到底是福还是祸，其实一小部分取决于难民自身，大部分都取决于难民去往的那个社会。

我之所以对欧洲各国幸灾乐祸、冷嘲热讽，是因为当代欧洲社会实在不具备把难民转化为人力资源的能力。无论来自哪里的难民，对他们来说，恐怕都将成为麻烦和棘手的长期社会问题。假以时日，导致社会解体也并非没有可能。而要为这一切负责的不是难民，而是欧洲各国自己。

对这次欧洲难民潮，很多人强调难民是穆斯林，和恐怖主义有千丝万缕的关系，所以一定会带来灾难。但看看历史就会发现，很多难民、移民都曾经被认为是劣等人，根本不可救药。可后来的现实都证明了，人和人之间的差别没有那么大。一直到 20 世纪前半叶，在西方人眼里，爱尔兰人都是劣等种族的代名词，懒惰、暴力、酗酒、粗野、左倾……即使到了美国，人们也不相信爱尔兰人有什么前途。但现在还有人认为爱尔兰人是劣等种族吗？肯尼迪家族可就是爱尔兰人。

中国人耿耿于怀被西方人称为“东亚病夫”，其实，意大利人也郁闷于被称为“欧洲病夫”。美国早期的意大利移民看上去都是黑手党。意大利人讨厌学校教育，他们宁可让孩子没文化，也不愿意让他们接受学校教育。这种人不是会愚昧到底吗？可事实是，经过几代人的奋斗，现在，意裔美国人和其他美国人已经毫无差异。东欧人更不用说了。斯拉夫人这个词的词根就是“奴隶”，奴隶的后代有什么价值？早期移民北美的德国犹太人，曾经很担心后期从东欧来的犹太人败坏他们种族的名声。哦，对了，还有日本人。珍珠港事件后，美国人看日裔应该和看蟑螂差不多吧。

这么多曾经被认为无可救药、注定劣等的人群，后来都成功融入美国社会，其中不乏大量出色人才。看到这些历史，今天人们对中东北非穆斯林的判定，应该也不那么坚定了吧。还是那句话，难民本身的特质，远远没有接受难民的社会的特质重要。那些成功把难民转化为人力资源的社会，共同特点是有强有力的同化能力。首先，其本土文化必须足够优秀。其次，有足够的意志力和行动力把外来的难民、移民同化。美国在这方面的表现最为出色。

因此，美国被称为“种族大熔炉”。注意，一定是火字旁的“熔”，也就是说，经过烈火锻造，各个种族就像各种金属，在熔炉中被打造成性能格外优异的新合金。

与“种族大熔炉”相反的是“种族大拼盘”，这方面典型的例子是巴尔干半岛。其实，塞尔维亚人、克罗地亚人、马其顿人、波黑人等彼此之间差异很小，比白人、黑人、拉美人、亚裔之间的差异小多了。外人甚至难以分辨。但是，巴尔干国家没有“美式大熔炉”的火力。众多民族、种族只是混居在一起，没有熔合，更没有形成新的共同体。就像一个水果拼盘，苹果是苹果，香蕉是香蕉，橘子是橘子，只是摆在一起而已。一旦有变，立刻分崩离析，甚至陷入互相屠杀。

“巴尔干化”一直是其他欧洲国家的梦魇，也是他们今天对难民深感忧虑的原因。欧洲人知道，他们同样不具备“美式大熔炉”的火力。如果外人来得太多，他们多半避免不了“巴尔干化”。他们只能盼望外人别来，他们只想关起门来过日子。我尊重你们，不去惹你们，拜托，你们也别来打扰我。可惜，这是全球化的时代。任何大块陆地：北美、南美、欧洲、东亚、印度次大陆、非洲……早晚都会种族多元化。对各个大陆来说，区别仅在于后果是“种族大熔炉”还是“种族大拼盘”。

那么，欧洲为什么不具备美式种族大熔炉的火力呢？为什么他们没有把难民转化为人力资源的能力呢？问题就出在欧洲人放弃了其实是源自欧洲的资本主义进取精神。欧洲人曾经到世界各地去开拓、去殖民、去征服。那时的欧洲，从不担心外人的打扰。实际上，是他们到全世界各地去打扰别人的生活。这种打扰其实就是文明的交流和进步。欧洲人把自身的宗教、语言、科技、法律、生活方式传播到全世界。以优胜劣，淘汰了那些落后的文明和制度。对于被淘汰者来说，这个过程颇为苦楚，甚至绝望，但现代文明正诞生于此。

怪异的是，资本主义的巨大成功反倒成了它最大的反对力量。在错误观念的指引下，欧洲人渐渐放弃了对外开拓，将其视为罪恶和反动。殖民主义已经被永远打上了邪恶的标签。不再致力于对外开拓的欧洲，出现了明显的“内卷化”。他们一厢情愿地以为，在全球化的时代，他们仍然有机会挡住外人到来，过自己一亩三分地的小日子。过去积累的财富确实让他们有机会把日子弄得富裕而轻松。对福利制度的热衷就是这种心态的外在表现，“从摇篮到坟墓”式的福利制度被认为是欧洲文明的精华所在。这种制度不再致力于冒险和开拓，不再想面对失败和痛苦，相反，孜孜以求让人们卸掉生活的种种压力，让人生更加轻松和惬意。据说，这才是文明的目的。

其实，没人能改变生活就是永恒的奋斗这个基本事实。试图卸掉生活的压力，得到的只是丧失了奋斗的激励。烈火熊熊的大熔炉，正来自于强烈的奋斗意志和无穷的开拓精神。丧失了这些，那就只能得到大拼盘。欧洲人自得于这种温柔的生活方式，认为这才是文明，那么，外来移民、难民，自然也有天赋的权利享受这种“文明”。可惜，实际承担财务负担的，是欧洲的纳税人。如果你愿意花钱养活别人，那么，愿意被你养活的人，敞开供应，要多少有多少。

如果社会以奋斗、冒险、开拓为文明，崇尚强者，追求胜利，那么，即使是逃难，敢于来到此地的，也必是决心奋斗终生、探索拼搏的勇士。就算原来不是，也会在这里被大熔炉锻造成坚硬的合金。如果社会以寄生、均分、平安无事为文明，那么趋之若鹜、不请自来的会是什么人呢？还用问吗？好逸恶劳、强词夺理、寡廉鲜耻之辈会蜂拥而至。对，欧洲人现在还能用边界、用审查阻挡住大部分外人，但别急，那些人等得起，时间在他们这一边。他们是这种新式欧洲“文明”的忠实拥趸。用不了太久，他们就会来到并占据欧洲，把这种“文明”发扬光大。唯一遗憾就是同时很可能发生社会解体甚至毁灭。

一个曾经强硬、积极、进取的文明，现在日益阴柔、消极、被动，并且，他们不但不警醒，反而以耻为荣，到处宣扬这套“新文明”，甚至将源自他们却被他们丢弃的奋斗、开拓精神斥为罪恶与野蛮。看到这个人群大口喝下他们自己酿造的苦酒，我确实忍不住要幸灾乐祸和冷嘲热讽一番。

其实，这次被欧洲人惊呼的所谓“前所未有的大规模难民潮”，难民人数非常有限。以德国或者欧洲的经济实力，接受这些难民，根本算不上难事。想想二战后涌向西德的1000万难民，想想以色列一夜之间的人口翻倍，想想小小的香港忽然充斥几十上百万的难民。欧洲人面临的难民问题实在没有多严重，但欧洲人的忧虑确实很严重。原因不在于难民人数，而在于欧洲人内心深处也意识到，难民虽然人数有限，但这很可能只是个开始。要命的是，他们无力扭转或者改变这个趋势，他们只能眼睁睁地看着局势一步步恶化。他们不但面临着“种族大拼盘”的前景，而且，他们自己恐怕还是拼盘中势力弱小的那部分。“巴尔干化”和随之而来的社会解体和冲突，很可能比他们预想的要快得多、猛烈得多。

欧洲社会的积弊，来源既久，且成因复杂，不是哪个政治家或政府所能单独解决的。既然如此，可以预料，难民问题、经济发展停滞问题必将长期困扰欧洲，没有什么便捷的解决方法。或许，只有一场深刻的危机才能让欧洲人惊醒，意识到问题所在，但也可能，无论怎样也没用。谁知道呢？

接纳难民的正确方法

对于解决难民问题来说，难民本身的特质，远远没有他们所去的社会的特质重要。那么，社会想要顺利接纳难民，成功实现同化融合，把难民转化为人力资源，到底应该怎么做呢？

大致可以归纳出以下原则和做法：

一、封闭边界、阻止进入不是好办法

难民确有值得同情之处。对人类的苦难，作为同类，其他人不应完全漠视。对身处灾难中的人们，其他人在力所能及的情况下施以援手，并非过分的要求。所谓把难民转化为人力资源，当然前提是接纳他们。如果把难民拒之于国门之外，当然也就彻底杜绝了利用此种资源的可能。况且，由于长期的低生育率，欧洲很多国家都缺乏劳动力。成功接纳这些难民，有助于欧洲国家解决劳动力不足问题。

而且，封闭边界既不人道且成本高昂。欧盟内部已经实现一体化，各国之间的边界意义已经不大。这是欧盟的一大优势，非常有利于人员、物资的自由流动。如果因为难民问题，各国再次把边界封闭起来，重新实行出入境检查、海关监管、护照签证等一大堆制度，无异于作茧自缚，自找麻烦。固然能暂时控制住难民流动，但也会给正常的人员往来增加很多障碍和成本。对正深陷经济衰退的欧洲各国，这可不是什么好消息。

二、停发所有政府现金补贴

很多欧洲国家都对难民按人头发放现金补贴。数额多少不等，但至少每人每月也有几百欧元。这个收入水平恐怕已经超过很多发展中国家普通劳动者的正常收入。这种官方现金补贴应该尽快停止。

难民确有很多生活上的燃眉之急，怎么办呢？限量发放实物生活必需品，并且从一开始就明确发放期限，不能无限期一直发放下去。对没有严重残疾、疾病的难民，几个月以后就应停止发放所有援助。欧洲各国都是经济发达国家，生活条件相当高。在这些国家，想过上食不果腹、冻饿交加的生活，也难。但凡身体基本健康、愿意劳动的人，都不难找个活儿干。而找到了活儿，就绝无饿死冻死的可能；养活几个家人，当然不容易，但也难不到哪里去。在德国这样的国家，垃圾桶里人们扔掉的食品就不知道有多少。说没有官方援助难民就会饿死的，都是胡搅蛮缠。

当然，非政府的民间慈善，多多益善。现金也好，实物也罢，愿意发多少就发多少，愿意怎么发就怎么发。

为何要厚此薄彼，只停止官方现金补贴呢？这是因为，官方救助来自国家财政，按人头发放，见者有份。于是，受助者对发放者并无感激之情。“这是政府的钱，又不是你的。你别废话，老老实实给老子拿过来。”来自民间慈善的援助则不同。表面上看来无条件的慈善，其实必然包含着各种各样的条件。你给一个穷人施舍，但那个人无原因地就是不去工作，就要白白吃你的施舍，你还会坚持长期给他钱吗？来自教会的慈善更加厉害，往往要伴之以传教和道德宣扬。拿人手短、吃人嘴软。拿了人家的钱，至少不会还对慈善者横眉立目、恶语相向吧。一个人在渴求帮助的时候，往往是最虚弱的时候，也是最有可能被他人影响的时候。

因此，民间慈善往往会成为同化、融化的第一步。很多难民、移民就因为在最困难的时候得到了来自他人的帮助，因此潜移默化而又深刻地认同了迁入社会的主流价值观。这其中的关键就在于表面上无条件的民间慈善其实必然包含种种条件。而在这种种条件中，社会的主流价值观会以这种那种的方式体现出来。

官方救助则几乎完全没有这种同化效果。官方救助所需的资金虽然也来自社会各界，但却因为官方而模糊了具体的施救者的形象。难民得到了现金，却不必因此感激任何人，更谈不上在感激基础上形成的对社会价值观的认可。

三、坚持双向宗教自由

欧洲很多国家历史上都曾有残酷的宗教斗争。或许是因为矫枉过正，当代欧洲人的宗教观念反倒比较淡漠。政府更是因为政治正确而避免插手任何宗教事务。当面对宗教观念强烈的外人时，这种局面就会形成事实上的单向宗教自由。他们可以在你这里传教，你却不可以对他们传教。他们中的人，也只有信教自由，没有不信教的自由。

政教分离、宗教自由是人类文明的宝贵成果。应该坚持这个成果，但坚持的方式绝不能变成单向宗教自由，那无异于另一种宗教压迫——享有单向自由的宗教可以利用政府力量压制宗教上的竞争对手。

很多人都在强调此次欧洲难民的宗教属性，认为这种强势宗教让所有同化、融合成为不可能。但实际上，人们并没有看到真正的宗教竞争，而只看到政治正确下的单向宗教自由。如果享有单向自由的特权，许多宗教都可能蜕变成危害社会、破坏和平的工具。这其中的原因不在于宗教，不在于已经流传了千百年的经书，而在于现实的政治政策。

只有坚持双向宗教自由，并同时坚持世俗化、政教分离的政策，才能最大限度减少宗教的危害，发扬宗教在弘扬道德、凝聚社会方面的功能。具体来说，不允许任何宗教建立排他性的封闭社区。所有宗教都可以自由传播，坚决保护人们改变宗教信仰的自由——在这方面，要敢于使用武力。否则，欧洲人千百年来因为宗教冲突而流的血就白流了,因为宗教斗争的教训而增长的智慧，也都成了废物。

在宗教自由的情况下，如果某宗教最终胜出，赢得了最多人的信仰，那么，政治无权干涉。但在单向宗教自由的情况下，享有特权的宗教获得了远超其他宗教的发展空间，这时，去宗教那里找原因，要几百年前的人为此负责，不是缘木求鱼吗？我相信，在宗教自由竞争的情况下，最终胜出的一定是那种更符合人性、更文明、更有利于社会发展的宗教。

四、坚决推行主流文化

如果难民只是暂住，危机过后就返回祖国，那就不牵涉到推行主流文化的问题。但事实是大多数难民都希望留在经济发达的欧洲，既然如此，接纳难民的国家就应该毫不客气地坚决推行主流文化。

西方左翼鼓吹所谓多元文化论和相对主义，认为世界上的各种文明、文化之间只有不同，并无高下差别，谈不上谁先进谁落后，也更谈不上谁应向谁学习。那些落后国家的人当然乐于听到这种说法。可惜这种说法是地地道道的胡说八道。人类不同文明、不同文化之间当然有高下之别。硬说柏拉图、亚里士多德和某部落的古代巫师没什么高下之分，只是像红色、蓝色一样分属不同颜色而已，这只能令人哑然失笑。

欧洲各国虽然都有严重的社会问题，但作为文明来说，西方文明无疑在世界上遥遥领先。欧洲各国应该毫不客气地要求想要入籍的难民接受这种文明。具体措施就是，首先，必须学会所在国的语言，入籍必须经过严格的语言考试。其次，现代公民社会所需要的法制观念、公民责任、历史知识，也都要设立专门的学习和检验方法。对于不肯学习、拒绝融合的难民，取消所有救助。同时，鼓励民间慈善也把救助和推行主流文化相结合。

对难民子女的教育，如果是公办学校，要坚决实行世俗化的国民教育。鼓励教会等非政府力量兴办学校，用发放补贴的方式吸引难民子女入学，和难民们自办的宗教性学校展开竞争。以欧洲的财力和文化水平，难民自办的学校将在竞争中完败。如果做不到这一条，难民在封闭社区中自办的所谓学校，很有可能成为培养反社会激进分子的基地。

五、难民不适用现有社会福利保障体系

欧洲人热衷的福利保障体系，既是欧洲社会问题的集中表现，也是这些问题长期难以解决的原因所在。同时，也正是这套福利体系造成欧洲难以成功同化、融合难民——即使在劳动力紧缺的情况下。因此，接纳难民的正确方法中的重要一条就是不要把难民纳入现有的社保福利体系。

从企业方面来说，所有愿意雇用难民的企业，都可豁免在劳工法、社会保险等方面的所有责任和支出。企业要承担的唯一责任就是履行劳资双方协商签订的合同——如有必要，这一条也可放宽。初来的难民往往语言不通，要求他们必须签订完整的合同，往往也是多余。从难民方面来说，对他们来说唯一有效的福利证就是钞票。从政府那里，除了初期的紧急物资援助以外，他们能得到的只有机会，而不再有任何福利。

政府和民间机构可以在就业信息、技能培训、工伤救助方面帮助难民，但绝不能越俎代庖，对难民实行“从摇篮到坟墓”那一套福利。这些福利根本不是什么欧洲的文明，而是欧洲的愚蠢——愚不可及。因为愚蠢，所以这套福利在财政上根本不可持续。原有居民已经越来越难以维持，如果再对新来难民实行这一套，只会加速财政和福利体系的破产，并因此分裂社会、激化矛盾。

以上五条，差不多是历史上所有成功接纳难民、移民的社会的共同做法。当然，人们都知道，由于种种社会原因，其中许多做法已经成为欧洲现实政治的禁区，很难实行。那么，这些做法在欧洲切实实行有多难，欧洲社会成功解决难民问题也就有多难。

想好了再上市

——简评万科事件

从原初的意义上来说，入股企业的目的在于，通过出资得到分享企业盈利的机会。术业有专攻，人都有自己的专业和特长，谁也不是全能之才。有一些行业，即使市场前景很好，能赚钱，但你缺乏该行业的经营管理才能或没有足够的时间精力，卷起袖子自己直接去干，市场好你也赚不到钱。入股提供了替代办法。你不必直接参与经营管理，只要出资即可分享企业未来的盈利。

公开发售股票和合伙做生意不同。多人凑钱做买卖，这很早就有，历史和商业的历史一样久远，但股票市场却出现得很晚。最早的股票市场产生于17世纪的荷兰。股市成为经济的核心，则是在美国。

有没有公开的股票市场，大不一样。没有股票市场，也就没有向不特定公众发行股票的渠道。无论大小买卖，合伙凑钱做，只能是在少数熟人之间进行。资金不多的小投资人只能局限于投资参股身边的小买卖小字号，比如《林家铺子》里股份最终泡汤的孤儿寡母和穷老婆子。

有了公开的股票市场，人们投资的机会大大增加。现在，人们甚至可以直接给地球另一端、自己从未亲眼见过的公司投资。投资数额也可多可少。普通小散户照样有机会投资世界最大的公司。当然，公司吸收资金的机会也相应大大增加。股票市场发达的国家，公司的发展有了强大的助推器，经常会出现那种高速扩张的公司。几年之内，市场中就从无到有地出现一个新的庞然大物。

不过，凡事皆有代价。公司上市，大量吸收投资。这事，也有利有弊。

最初，人们买股票，是为了成为公司股东，参与分红。随着股票市场的发达，股票流转越来越方便。低买高卖股票代替分红，成了大多数投资人主要的获利方式。这种情况下，对投资人来说，更重要的是公司的股价，而不是公司本身的业绩。当然，股价和业绩之间有关系，但这种关系并非简单和直接。股价反映的是人们对公司未来业绩的预期，而并非当下业绩的直接折现。

A 公司，当下业绩很好，但大家不看好他们的未来；B 公司，现在赚钱很少，甚至还在赔钱，但大家一致看好他们未来的成长。A 的股价会远远低于 B。微软 2015 年纯利润 200 多亿美元，股价 54 美元；Facebook 2015年只赚到 36.9 亿美元，股价却高达 112 美元，比微软股价高出一倍还多。更有一些新兴公司，尽管在大笔赔钱，但股票价格却一路高涨。

也就是说，在股票市场发达的情况下，上市公司向社会提供的产品变成了两种：一是他们原本向消费者提供的产品或服务，二是向投资人提供的股价。这两种产品，哪种更重要，还真难说。

如果公司业务正常发展，但是由于种种原因股价低迷，则不仅公司形象不佳，还会有被人收购的可能。假如再加上管理层持股比例不高，就会出现“我家大门常打开，野蛮人随时会进来”的危险局面。因此，虽然上市可以募集到巨额资金，但很多企业并不热衷于上市。比尔 · 盖茨 1975 年创办微软。1980 年，微软开始为 IBM 提供 DOS 操作系统。到 1984 年，微软销售额已经超过一亿美元。但比尔 · 盖茨并不愿意微软公开上市。他说：我可不想看到有股票或期权的程序员们上班时盯着屏幕看公司股价。一直到 1986 年，微软的股票才公开上市。比尔·盖茨很快就尝到了股市的巨大好处。1987 年，手握微软 45% 股份的他成了 IT 产业中第一个亿万富翁；到了 20 世纪 90 年代更是成了世界首富。

不过，受累于股市的企业也不少。万达院线在 A 股上市以后，股价快速上升，从 21.35 元最高涨到 248.4 元。王健林也因此成为中国大陆首富。但同样是业务高速扩张在 H 股上市的万达商业却表现不佳，发行价 48 港元，上市以后，股价半数以上时间低于发行价。投资人和万达公司自己都很不满。万达打算按当初的发行价回购股票，从港股退市。

万科同样受累于此。从房地产本业来说，万科公司做得很好。公司成了世界上最大的房地产公司，各地的万科项目口碑也都不错，万科内部的管理文化也颇有可取之处。但万科管理层的失误就在于没有把股价搞好。购买万科股票的人并不因为万科的产品好就不在乎股价低迷。实际上，他们对万科很不满，甚至怨声连连。相反，大举收购万科股票的“野蛮人”宝能，由于其收购行为拉高了股价，反倒受到投资人的欢迎。投资人用钱投票选择了宝能，而不是现有的万科管理层。这是万科管理层的困境所在。

也就是说，对上市公司来说，上市让经营管理者的工作变得更加困难了。他们必须同时兼顾业务和股市两方面的表现。一方面要把公司的业务做好，提高质量，降低成本，完善服务，确保利润。另一方面即使这些都做到了，也不等于股价就会上升或稳定。决定股价的因素有很多。公司管理中不可控的因素增加了很多。

上市之后的信息披露制度也让公司的经营管理变得更困难更复杂。上市就等于“出来卖了”，很多事情就由不得企业自己了。上市企业必须按照股市管理当局的规定，详细披露各种内部信息。在业务平稳发展时，这种信息披露制度问题不大，但在市场环境变化，企业需要做出重大业务调整时，往往成为对企业家的重大困扰。

需要做出重大业务调整的企业，往往要改变原有的经营方式和商业模式，在不确定的方向做出大笔投资，同时也就迎来重大风险，当期利润不免受到影响。这时的财务报表往往很难看。这些信息如果不对外披露，企业就有条件有空间韬光养晦，积蓄力量，最终通过更优质、更符合消费者需要的产品打开市场，赢得未来。如果必须实时公布这些难看的财务报表，让企业正在承担的风险公诸于众，结果就很难预料。投资人对风险的判断各不相同。不认同企业调整方向的投资人就会抛售股票。抛售的人多了，股价势必下跌，而这又会进一步加剧紧张局面，让公司内外都人心惶惶。因此，那些必须要进行重大调整的企业，有的会选择退出股市，实行私有化。

私有化这个词在股市中有特定含义，是指公开上市的企业回购股票，退出股市，从不特定的多数投资人拥有的“公有”企业，转变为少数特定投资人，甚至是管理者一人拥有的“私有”企业。私有化以后的企业，不必再实时向外界公布企业内部信息。企业家只需得到少数合伙投资人的认可，就可以不在乎短期财务表现，放手一搏，大胆进行业务调整。如果企业的所有权归于企业家个人，他更是可以只根据自己的判断行事。

2013 年年底，戴尔公司完成了私有化，成为全球最大的公开退市公司。这显然是 PC 市场的大变化造成的。面对市场的根本性变化，主营 PC 的戴尔必须做出重大调整。在这种情况下，如果继续留在股市中，股价很有可能低迷，而因此产生的来自股市的压力和分析师的种种品头论足，会让公司管理者顾此失彼、焦头烂额，难以专心进行意在长远、面向未来的业务调整。所以，戴尔果断选择了退市。

公司日常平稳经营时，其实不太需要企业家的才能。职业经理人足以应付，还会因其规范性、程序化而表现不错。但在重大转折期，企业家那种特有的面对市场风险做出正确选择的能力就成为企业的“刚需”了。这时，为了发挥企业家不可替代的能力，企业只好退市，放弃上市融资的好处。

世界最大的私人公司之一科氏工业集团（Koch Industries）知名度不高，但年销售额超过千亿美元，拥有者是科赫兄弟。两兄弟的资产分别是 175 亿美元和 140 亿美元，加起来仅次于首富比尔·盖茨和股神巴菲特。两兄弟中的查尔斯·科赫（Charles Koch）明确反对公司上市。他曾扬言说：“公司要想上市，除非我死了。”并非巧合的是，查尔斯·科赫是奥地利经济学派的热烈拥护者。和其他经济学派不同，奥地利经济学派格外强调企业家的作用。科赫拒绝公司上市，正是由于他认识到了公开上市和企业家精神之间的内在冲突。企业上市以后，必然面临维持和提升股价的压力，管理者会更重视企业短期的财务表现，回避风险重大、但同样也是机会重大的决策。这样的管理者，显然更符合职业经理人的定义，而不是真正意义上的企业家。

从更深的层次来说，企业上市以后，所有权势必分散。当股权分散的程度很高时，就会成为类似于国有企业的“无所有人”状态。仅仅握有少量股份、随时可以抛售股票甩手走开的人，不会像完全拥有者那样关心企业的长远未来，不会愿意为企业发展承受巨大的风险和压力。只拥有少量股票的管理层，虽然也会正常完成对企业的管理，但他们不可避免地会更关心自己在企业中的个人收益，比如薪金、职务收入、各种非货币待遇，以及如何利用企业的影响力提升个人的社会地位，而不会愿意为了企业的发展冒过大的个人风险。他们更乐于做一个规规矩矩的守成者，而不是承担风险的开拓者。

事实上，在许多上市的国际大公司那里已经可以明显看出股权高度分散的不良影响。内部管理日益官僚化，只知道固守原有的业务领域，对市场变化缺乏敏感和应对。面对快速变化的市场，他们越来越力不从心。他们的笨拙和麻木，不是因为大，而是因为企业家精神的缺位。那些在财务上真正拥有企业的人，他们的个人利益和企业利益高度一致，无须协调这两者之间的对立和冲突。他们的每一项努力都是既为自己，也为公司；他们为公司的未来承担风险，就是为自己的未来承担风险；公司受害，就是他们个人受害；公司受益，也是他们个人受益，且幅度一致。只有这样的管理者才是真正意义上的企业家。企业家精神，也只能产生和光大于这种压力环境中。

当然，股市在募集资金上有独特的作用，但对优秀的企业家来说，资金从来都不是问题。科赫集团完全没有股市融资，照样从小到大迅速成长，并且，在发展中多次大笔收购其他公司，让公司规模一路做大，业务遍及多个领域。那些仅仅为了资金而热衷于上市的公司，实际上是对自身的企业家能力没有足够自信。他们想通过拥有大笔资金来取得和保持市场优势。但对企业来说，最重要的永远是人不是钱。

我这样说，并非反对或贬低企业上市，而是提醒人们应该对企业和股市的规律有更充分的认识。多年来，由于股市的严格管制，中国企业的上市道路格外艰难。甚至“壳”都成为宝贵资源，可以卖个大价钱。这种扭曲的局面妨碍了人们对股市的全面认识，仿佛企业只要上市就是成功，上市的目标压倒一切。

现在，政府已经提出了股市注册制的改革方向，虽然不会很快落实，但中国的企业家是时候对股市做出更多分析和思考了——想好了再上市。企业家精神的概念对中国社会来说不陌生，但对企业家精神赖以生存发展的环境，人们还需要更深入的认识。

行政垄断的背后

关于行政垄断的争论一直很激烈。一方认为，行政垄断应该尽快废除，垄断央企既效率低下，又妨碍中国经济、社会发展。主要是电信业内人士的另一方则认为，从电信央企的实际表现来看，资费服务网络水平都达到了国际先进水平。电信企业已经用实际成绩驳倒了“垄断必低效”的片面认识。行政垄断利远大于弊。这些自然垄断的行业更适用行政垄断而不是市场化的自由竞争。盲目在这些行业推行自由竞争，会比现状差得多。

看起来，在争论的两方之间，人们只能做出非此即彼的选择。但实际上，这两方的意见都有偏颇之处。本文观点不属于两方的任何一方，试图从一个不同角度对中国的行政垄断进行分析。

相比农村土地承包制的巨大成功和立竿见影的效果，国企改革从一开始就困难重重。人民公社很快就退出了历史舞台，国有企业却恋栈不去，一直留在市场中。随着经济发展，行政垄断央企还一路做大。当然，国企改革也从来没有停止过。承包制、股份制、“抓大放小”、现代公司治理、境内外上市等等措施，都推动着国企向市场化的方向转变。时至今日，大多数行业已经被民营、外资企业主导。垄断性国企主要存在于少数所谓“关系国计民生”的全国性基础行业中，由于中国经济体量很大，这些垄断国企也就成为巨型央企，如能源、金融、通信、交通、市政建设等等。

那么，接下来要如何深化国企改革呢？或者说，应该怎样处置这些垄断央企呢？

很多支持市场经济的人认为，解决这个问题很简单，全面推行国企私有化即可。并且，私有化的具体方式不重要，卖也好，送也罢，只要从国有转变为私人所有，接下来市场竞争就会优化资源配置，让最能干的人得到这些企业的管理权，并在消费者钞票的驱使下努力生产，造福社会。这些意见从理论上来说是正确的，但正确理论并不能自动发挥作用、解决问题。理论要由人去运用。人们在现实中运用理论时，必须仔细考虑各种现实约束条件。如果忽略了重要的约束条件，正确理论照样会发挥作用，但实际结果会和预想的大不一样。大楼拔地而起和大楼倒塌都符合牛顿力学。倒塌并不是因为牛顿力学有错误，错误在于建筑师的蹩脚设计。

垄断国企的改革，绝不是全面推行私有化那么简单。实际上，这个问题异常复杂。决策者、操作者面临着类似走钢丝的紧张局面。并且，国企改革也不可能一蹴而就，其中的许多难题只能靠时间来解决。我们必须有耐心。全面私有化的“休克式疗法”很难达到预想的市场化目标，甚至有可能造成重大社会问题，原因正在于这种主张忽略了中国社会重要的约束条件。那么，这个中国社会的现实约束条件是什么呢？

说起来，这个约束条件也不是中国特色。事实上，除了少数个人自由传统深厚、国家权力受到系统制约的国家——比如美国，其他大多数国家都或多或少地存在这种负面的约束条件。其实美国也有，但相对来说少得多。这个约束条件就是，某些行业——主要是基础性行业很难摆脱政府的影响甚至控制。改变法律条文容易，改变这些行业容易被政府影响、控制这个事实，非常难。这个约束条件不同于常见的为垄断辩护的外部性、“搭便车”等经济理由，事实上，即使诸如外部性、“搭便车”等经济原因都不存在，人们仍然很难避免行政性垄断。行政垄断最大的成因不是物，而是人。

国家，作为一种人类社会的组织方式，从一开始就和土地、空间、不动产、货币、武装等密不可分。脱离土地和空间，谈什么国家呢？不动产是许多国家官民关系的重点乃至核心。从古至今，很多货币把皇帝、国王、总统的头像或年号铭刻印制其上。几乎所有国家都把银行看作特殊行业，实施牌照管理和其他各种管制。即使是公民有持枪权的国家，政府也决不允许民间掌握重型武器。这些领域和政府职能有很多重叠。政府官员很容易实施干预、控制，并且，正当的政府管理和越权的干预市场，二者之间很难区分。因此，这些领域及相关行业的生意，很难摆脱政府的控制和影响。即使在政府权力不及之处，这些领域也会被同样以“地盘”为基础的类政府力量控制。比如，很多国家的黑社会都深深插手房地产业、建筑业。走私军火是黑社会的主要经营项目之一。

2011年，世界上发达国家共同参与的G20峰会，开列出一个29家所谓“大到不能倒”的银行名单。这些银行很多都属私营。既然被认为已经是“大到不能倒”，显然政府要对他们施加特殊管制。当然，必要时也会进行资金救助。这样的企业，就算产权的意义上属于私人，还能算是私人企业吗？相比而言，其他一些行业——餐饮业、食品加工业、服装业、轻工业、机电行业、家具业、美术设计业、装修业等，这方面的问题就少得多。除了苏式极端计划经济以外，政府没多大兴趣插手这些行业，只要正常收税即可。虽然比那些银行更深入广大社会公众的生活，一旦倒闭对公众生活影响巨大，但G20断不会把麦当劳、沃尔玛列入“大到不能倒”的名单。同样，黑社会也没什么兴趣独占某地的婴童服装业。街边炸油条的，虽然“关系民生”，但白道黑道都无意扎上围裙参与其中。

传统的垄断分析根据外部性等经济原因把各个行业划分为一端是自然垄断，另一端是高度自由竞争的光谱。实际上，更有意义的分类法应该是根据政府干预行业的难易度，把各个行业划分为从一端“很容易被政府控制管理”到另一端“政府很难插手管理”的光谱。这种分类法还没有正式的概念和名词，我只好暂时称之为“政府性”。不同的行业，有着不同浓淡程度的“政府性”。

说到这里，核心问题就浮现出来了。那些带有浓厚“政府性”的行业中的国企，如果实行“休克式疗法”的私有化，破除垄断，开放市场，在政府权力没有被有效控制，在官员仍然有权到处插手的情况下，社会实际得到的，是服从市场纪律、愿意参与自由竞争的真正意义上的私人企业，还是官商勾结、利用政府权力掠夺社会的政商利益集团？

看看大多数发展中国家和转轨国家的现实就会意识到，对这些行业来说，“休克式疗法”那短短的时间，只够用来打印私有产权证，根本不可能消除那些行业浓浓的“政府性”。这些行业中的国企的所谓私有化，无异于自欺欺人，只会造就形形色色的政商利益集团。这些从国企转变而来的“私人企业”，没兴趣也没能力参与市场竞争。他们精通的老本行是整人，只不过从原来的整治官场对手改为整治市场中的国内外竞争者。民众依然遭受盘剥，只不过现在改名为消费者了。

苏联解体后俄罗斯的私有化改革差不多就是这样。苏联的那些巨型国企迅速被私人接收，但接下来并没有出现人们期望的市场秩序和自由竞争，相反，各种利益集团牢牢把持着市场，进而控制了政府。许多这种利益集团名义上是私人企业，企业主往往就是昔日的高官。这些企业的“核心竞争力”其实是借助巨大规模和基础性地位勾结政治权力，通过权力变现或掠夺资源而获利。俄罗斯经济严重依赖石油天然气，同时全面去工业化，原因就在于此。要知道，依赖政治权力的利益集团是高度反生产的。他们能做的，只是花样翻新地瓜分现有财富。

有人会说，半吊子的、官商勾结的私有化固然不好，可全官僚的行政垄断企业不是更差吗？不完整的、有缺陷的改革，也总比不改革维持国有垄断要好吧。

这种说法忽略了利益集团对政府的影响。政治权力插手利益集团获利的同时，利益集团也会反过来影响政府。如果政府本身力量不足，比如财政紧张，甚至会出现利益集团、私人寡头控制政府、把持国家的恶劣局面。事实上，政府被利益集团所控制，并因此丧失中性地位，这是发展中国家广泛存在的现象。在这些国家，政府成为利益集团的工具。对整体国家再有利的政策，只要损害了利益集团的利益，就无法实施。利益集团的思维方式是：只要我能挣到100元钱，社会因此损失1万元，我也不在乎。一旦陷入这种被锁定的糟糕局面，再想摆脱，可就难了。用经济学家奥尔森的话来说，这种利益集团控制下的国家是“不可治理”的。不少国家因此陷入长期的政治衰败和经济停滞。

反观中国，虽然有不少行政垄断的巨型央企，虽然这些企业规模巨大收入丰厚，但不带偏见的人应该承认，迄今为止，中国政府保持了中性地位，没有被任何利益集团所控制。在制定政策时，中国政府根据的是社会整体长远的利益，而不是利益集团的好恶。虽然会犯错，但政府毕竟没有沦为利益集团的工具。在这方面，中国政府做到了很多发展中国家没有做到的事情。这是中国经济持续高速发展的秘籍之一。

中国政府是如何保持中性地位的呢？原因很多。面对企业时，主要依靠两个办法。

第一就是保持基础行业的国有状态。既然这些行业的“政府性”很浓，不如干脆让它们保持国有状态，这样，能保证政府拥有对这些企业的重大决策权和人事任免权。如果是私人企业，即使实际上是政商勾结组织，政府能随便撤换私人企业的董事长吗？

至于行政垄断，则是因为，那些有着浓浓“政府性”的行业，如果放开了，在中国的现实条件下，新加入的企业必然要和政府官员建立起这样那样的关系，继而发展成为政商勾结。在城市中修建一条自来水管线，你不和政府打交道，有可能吗？投资建高铁，不靠地方政府，你能完成拆迁吗？私人开办移动电话公司，光修建信号塔这一项，只靠商业力量，不知道要和那些害怕电磁波的居民纠缠多少年。把兵器工业集团私有化，傻子才会相信那是一个独立民营公司。

企业家是市场经济的核心，这没错，但不应因此神化企业家个人。如果有机会利用政治权力减少成本或打击竞争对手，大多数企业家都不会拒绝。少数拒绝的，当然也就会因此失去竞争力，被亏损赶出市场。这样说，并不是推翻了经济学理论，认为行政垄断比自由竞争好。经济学理论仍然没错。行政垄断的效率永远都不及自由竞争。问题在于，现实约束条件决定了，对许多国家来说，真正的私营企业及自由竞争很难在这些“政府性”浓厚的基础行业中出现。既然如此，相比乱七八糟、很有可能绑架政府的政商利益集团，政府中性、规则明确、逐步改进的行政垄断，显然是更优的选择，至少可以接受。

我并不知道政府真实的决策过程是什么，但决策过程并不是最重要的，最重要的是实际结果。从实际结果看，以牺牲效率为代价，国有化和行政垄断确实阻止了政治影响力巨大的政商利益集团的出现。中国政府保持了中性地位。就这件事来说，中国政府做得很不错。为此而牺牲一些效率，我表示理解和支持。牺牲效率只是金钱上的损失，政府失去中性地位，被利益集团绑架，沦为利益集团的工具，中国才真正大事不妙。

第二个办法是中央政府拥有雄厚财力。

1994 年分税制改革以后，中央政府的收入持续增长，增速远超地方政府。

分税制以前中央在财政上经常有求于地方的局面不复存在。近年来，随着经济增长，中央政府的收入更是急速增长，年收入达到空前的数万亿。现在的中国政府，是有史以来最富裕的中央政府。

政府尤其是中央政府的税收过高，往往被认为是重大弊端，应该尽快改正。应该把更多的税收留在民间至少留在地方政府，这样才有利于经济发展。这种说法同样忽略了重要的现实条件。现实条件就是，只有中央政府拥有雄厚的财力，才能形成政府对利益集团的压倒性优势，从而在根本上杜绝各种利益集团控制政府的可能。简单说就是：老子有的是钱。你那点小钱儿，我根本看不上。想收买我，你也配！

吃人嘴短，拿人手软。如果政府财政紧张，作为纳税大户的境内大企业和可以提供借款的境外财团在政治上就非常重要。这时，他们要求政府立法打击竞争对手，修改市场规则，政府有能力拒绝吗？现在，中央税收每年数万亿。世界上没有任何一个利益集团能拿出相匹敌的钱。对中央政府来说，最合算的就是维持目前的中性地位。他们不需要也不屑于成为利益集团的工具。这样的政府或许不符合某些人的理想，但实事求是地说，对包括中国在内的几乎所有发展中国家来说，这是难得且值得珍惜的大好局面。

总之，以牺牲效率为代价，对基础性行业实行国有化和行政垄断；同时中央政府拥有雄厚的财力。这两个表面上看上去不利于经济发展的条件，事实上却很有利于打造市场经济发展所需的制度环境。由于保持了中性地位，中国政府会因为知识不足、经验不足、糊里糊涂而推出错误政策，但不会为了偏袒利益集团而公然牺牲社会整体利益。源于糊涂的错误政策，比较容易修正。基于利益格局形成的掠夺性政策，则是很难摆脱的被锁死的“局”，往往是通往动乱和革命之路。

看得到的是行政垄断、重税及其效率损失，看不到的是由此避免的政商利益集团把持政府、掠夺性政治彻底破坏市场环境的恶劣局面。正如巴斯夏说的那样，不但要看到看得见的，还要能理解看不见的。

很多人肯定会对中国政府保持中性地位这种说法嗤之以鼻。在他们看来，政府明明在偏袒那些行政垄断央企，帮它们打压竞争对手。这些行政垄断央企，就是控制政府的利益集团嘛。你怎么睁眼说瞎话呢？

肯定可以找到这方面的例子，其中某些甚至很恶劣很野蛮。政府为了封闭市场，为了保护行政垄断国企，大力压制其他人。无法否认这些事实，正像无法否认行政垄断存在一样。问题在于，这些垄断国企控制了政府吗？中央政府已经成了他们的利益工具了吗？

2G时代的中移动，是不折不扣的行业巨无霸。到了3G时代，为了平衡市场扶持联通，中国政府不但多次拆分重组电信业，而且故意把最烂的TD-CDMA硬塞给市场份额最大的中移动。联通得到的却是优越得多的WCDMA。电信得到的CDMA 2000也要好得多。中移动因此元气大伤，整个3G时代都在苦苦挣扎。熬到4G才算缓过这口气来。联通虽然没有因此形成和移动的对等实力，但脚跟已经站稳。电信市场不再是一家独大了。请问，为了平衡市场格局，为了维持行业竞争，中移动这样的巨无霸都被如此折磨，能说中国政府是垄断央企的牟利工具吗？

工农中建四大银行看上去是政府的“亲儿子”，想来肯定吃香喝辣要嘛有嘛。但实际上，在四大银行、三大电信之间，中国政府已经多次进行开玩笑一般的对换式领导人调动。头一天某银行董事长还在琢磨怎么在竞争中战胜另一家银行，第二天一纸公文下来，这个董事长就成了竞争对手的董事长。这种领导人对调，在正常的私营机构之间是不可想象的，势必严重损害企业的效率和竞争力。自家董事长带着一肚子企业机密和竞争策略，一夜之间成了竞争对手的当家人，这咋整啊？！但中国政府就是利用手中掌握的垄断央企的人事任免权，对企业领导人进行这种官员、军人式的轮岗。如果政府是垄断央企的牟利工具，怎么会如此损害其效率?

政府不知道这样做会损害企业内部管理和市场竞争力吗?当然知道。但只有这样做，才能避免某人在垄断央企长期盘踞，尾大不掉，形成难以撼动的势力，进而利用垄断央企的巨大规模和基础行业地位胁迫政府，拥有政治控制力。现在调动这些央企领导人，一纸公文即可。继任者很快就可以接手，继续工作。设想某人在巨型企业中当了几十年领导。上上下下全是他耳提面命之辈，甚至结成魏忠贤“五虎五彪十狗十孩儿四十孙”式死党，加之基础性行业的重要性和对社会的巨大影响，到那时，即使政府动手撤换，恐怕也很难改变或动摇某人对企业的控制权。摄政王把袁世凯罢官免职。回老家钓鱼的袁世凯照样稳稳控制北洋军，别人根本无法取代。

中石油中石化经常被作为垄断央企的典型拉出来示众，但油品价格改革、促进新能源车等政策上，两桶油只能服从。最近的改革已经对一批民营企业放开了原油进口权。两桶油无力阻拦。中国和多国签订自贸协定，垄断央企只能眼睁睁看着外国产品涌入中国市场。微信把固话短信生意抢走许多。政府无动于衷冷眼旁观，并没有为了维护垄断央企的利益而打压民营企业腾讯。类似的事情还有很多。面对这些事实，谁还能说中国政府被这些利益集团控制，是这些利益集团的工具呢?事实是，政府牢牢控制着这些垄断央企。企业得到的垄断权，附带一大堆苛刻条件。这些企业必须接受政府的控制、指挥。当然，国家、行业、企业必然要为政府对企业的干预付出效率代价，但如果算总账的话，收益其实巨大。

有人会说，你都快把行政垄断夸成一朵花了。既然如此，那也别弄什么国企改革了，就这么一直垄断下去好了。

为了避免更恶劣的政商利益集团把持政府的局面，中性政府管理下的行政垄断可以接受，但肯定不是值得追求的。行政垄断毕竟妨碍了自由竞争，影响了经济效率，降低了我们本来可以实现的生活水平。对“行政垄断损害效率”的说法最不能接受的，想必就是这些行业中的从业者。他们每日每时目睹亲历的是，很多垄断央企的效率和竞争力并不差，和发达国家自由竞争中的企业比起来也不落后，甚至还有领先之处。垄断国企中的人员，工作辛苦，竞争激烈，压力巨大，绝不是在轻松坐享垄断收益。

以电信服务来说。这是个典型的行政垄断行业，几大央企占据市场，政府用强制力禁止别人进入。虽然如此，中国电信服务的发展却非常惊人。尤其是近年来，资费雪崩式下降，技术标准却紧跟世界前沿，网络覆盖堪称世界第一。全国人民差不多都享受到了电信服务大发展的好处。社会上流传着很多发达国家电信服务质优价廉的说法。据说，和中国比起来，发达国家的电信资费低到不可思议，服务好到完美无缺。可是，很多去过发达国家的人却发现，这些说法并不真实，或只是局部情况。从整体上来说，即使和电信业最发达的美国相比，中国的电信服务水平也可说不相上下，很多方面还要优于美国。

既然如此，为什么还要说行政垄断损害效率，降低产出呢？都已经赶上世界最先进水平了，可见，行政垄断不但不影响，反而大大促进了经济效率啊。

说行政垄断损害效率，是和自由竞争相比的。对垄断企业，政府使用拆分重组、绩效考核等多种方式刺激竞争，加之外部整体市场环境的作用，中国有些垄断国企的表现确实不错。这是必须承认的事实。问题在于，和自由竞争比起来，行政垄断远远没有发挥出人力、技术、资源应有的潜力。看看自由竞争的行业就会发现，许多这样的行业中，中国企业的表现不是限于赶上发达国家，而是把包括美国在内的其他国家的企业远远甩在身后。甚至独孤求败，根本就不再以其他人为对手。赶超，那是别人的目标。

曾经全行业亏损的中国纺织业完成民营私有化，投入自由竞争以后，把从美国到印度所有国家的纺织业都打得落花流水。集装箱是美国人发明和推广的，但现在中国人几乎独占了全世界集装箱的生产。对于垄断国企来说，钢产量赶上甚至超过美国，足以令人骄傲不已。“家祭无忘告乃翁”。可看看市场放开、民营资本大举进入之下的中国钢铁业，产量比其他国家的产量加起来还要多！仅仅赶上美国，算什么成功呢？阿里巴巴和京东们的服务水平，远超它们的美国同行。商品种类之丰富、物流快递之高效、商家服务之周到热情、配套网络技术之强大，中国的电商消费者享受到的服务，领先其他国家的程度，是数量级的。中国手机企业开始发力以后，欧洲日本的手机厂商纷纷败下阵来。三星也抵挡不住，一败涂地。只有苹果还能对抗中国的手机“群狼”。日本的家电行业曾经被认为不可战胜。但在中国企业的凌厉攻势下，日本家电企业已经全线溃退。索尼这样的偶像级企业甚至要面临生存危机。

自由竞争激发出来的巨大进步经常超出人们最大胆最狂妄的想象。自由竞争中的人们会意外地发现，自己原来潜力如此巨大。不应该因为今天垄断国企还算不错的表现，就误以为垄断不但不损害，反而会促进效率。况且，垄断央企中，像电信这样表现不错的，固然有，但造成千百亿亏损的，也大有人在。

另一方面，行政垄断、封闭市场对效率的损害，有时是不可见的。

早在20世纪60年代，美国就从允许MCI自建微波通信线路开始，着手开放电信市场、打破垄断。当时几乎所有人都认为电信是个“自然垄断”行业，垄断者贝尔公司干得也很不错，根本不必没事找事，打破平静，但美国政府坚持了开放市场。事后看起来，美国开放电信市场，不但给全世界其他国家探索了道路，证明开放电信市场是可行的，而且促进了一系列新技术的产生。市场放开以后，后来者为了绕过贝尔公司拥有的巨大技术、网络优势，必须努力研发全新的通信技术。这就促成了信息传播领域的一系列新技术，进而又引爆了信息革命。如果美国政府没有放开电信市场，信息革命很可能要推迟很多年。

同样，中国现有的垄断行业如果能开放市场，实现自由竞争，以中国人的勤劳和对发家致富的渴望，我们会得到今天难以想象的优质商品和服务。相比这些，今天达到的还算不错的成绩，实在不值一提。因为行政垄断，因为封闭市场，本来可以出现实际上却消失于无形中的收益，大得难以想象。

棘手之处在于，由于前述“政府性”的约束条件的存在，由于要防范政商利益集团的出现和坐大，对基础行业的垄断国企，并没有“休克式”私有化那么简洁明快的解决办法。私有化的自由竞争固然好，但如何顺利到达彼岸，中途不落入政商利益集团掠夺性政治的死局，没人知道。可是，封闭市场的行政垄断毕竟不是长久之计。现在可以接受，不等于以后也可以接受。没人知道怎么改革，也得硬着头皮继续改革。这就是国企改革的困难所在。这绝不是一个是否接受市场经济、是否支持自由竞争的态度问题。这是一个需要丰富实践智慧和高度耐心的技术问题。成功的改革办法，只能来自于现实，而不可能从纸面上推导出来。基本原则是：用各种办法增加现有国企的竞争性，尽量刺激他们努力工作、增加产出；开放市场比转制更重要；增量改革，用增量部分的扩大减小存量的重要性。

耐人寻味的是，回顾中国改革开放以来的国企改革过程，虽然无人设计，走一步看一步，但差不多就是这么走过来的。那些“政府味”不浓的行业，如餐饮业、零售业、服装业等，率先实现了国企私有化，很早就对民间开放了市场。第一批“个体户”，很多就从事这些行业。到了20世纪90年代中后期，朱镕基政府利用国企经营困难的机会——经营困难的国企，官员无利可图，避之唯恐不及，没有兴趣与之勾结——大胆实行国企转制。虽然短期内造成大量工人下岗，但改革符合经济规律，促进经济增长，下岗工人再就业问题几年内基本被顺利解决。

现在，国企已经从计划经济时期遍布各行各业，收缩到只占据那些“政府性”浓厚的基础性、关键性行业。国企改革也就到了最困难、最复杂的阶段。

操之过急，做成夹生饭，弄出政商利益集团，操控政府，锁死利益格局，改革会无疾而终；操之过缓，当断不断，行政垄断、封闭市场长期阻碍创新，经济增长出现天花板，社会矛盾激化，也前景堪忧。正如本文开头所说，国企改革的决策者、操作者实际上面临着类似走钢丝的紧张局面。

虽然困难复杂，但实践中也摸索出了一些好办法。比如巨型央企虽然还是垄断，但很多都已经成为海外上市公司。上市，不仅让这些企业面临有效激励，从此不敢懈怠，积极努力工作，还可以利用股票市场做到量化、分散所有权。以后时机合适，政府就可以通过逐步抛售股票实现私有化。慢慢来，用时间换稳定的好处在于，可以随时观察是否有政商利益集团形成的苗头。发现苗头，可以暂停，继续维持国有化。没有苗头，接盘者确属民间，且自由竞争的局面正在形成，那就可以继续抛售，直到顺利完成私有化。利用互联网等新技术在事实上开放市场，也是近年来的一大发现。这方面的典型例子就是微信。电信公司因为微信而失去大量固话短信收入，但政府保持中立，不加干涉，很可能是因为政府发现，这样做恰好可以平稳地削弱电信公司的垄断性，在事实上开放通信市场。

当行业基本态势发生彻底转变，原来被垄断保护的利益已经无足轻重，这时，再顺水推舟，放开市场破除垄断，不但改革难度小，也不必担心出现利益集团。都没利益了，只有亏损，哪还会有利益集团。当然，这些都是说起来容易做起来难。对于很多困难复杂的问题来说，时间加耐心是唯一的解决之道。

更重要的是，我们必须意识到，当代中国的很多问题，不是黑白分明的简单问题，而是复杂的技术问题。靠表态、站队、三招两式不可能解决这些问题。“态度决定一切”肯定不适用于当代中国的经济、社会问题。声称锦囊妙计安天下的人，远远没有脚踏实地稳扎稳打步步为营的实干家值得信任。

经济学原理

理解了经济学的基本原理，也就理解了社会的内在发展规律。要想在社会中取得成功，深入理解社会的规律必不可少，至少可以帮助你少走很多弯路，避免很多错误。可惜的是，学校教育在这方面还是很大的空白，以至于很多人往往抱着错误的经济观念走入职场，并因此在职业生涯中错过许多机会，和成功擦肩而过。本组文章选取了若干常见的错误经济观念，做出了澄清和解释，希望能帮助读者确立正确的经济观念。在市场经济中取得成功，拥有正确的经济观念至关重要。

经济规律和市场规律

经济规律和市场规律，是两个应该被区分，却经常被混淆的概念。因为这种混淆，人们要么对市场的作用过分夸大，要么就是认识不到市场的力量所在。

这两种规律，都是人的行为规律，区别在于前提条件不同。

经济规律的前提条件有两条：一、资源是稀缺的，二、未来是不确定的。这两条是世界乃至宇宙的基本事实，无可否认和改变。人类要想在世界上生存，就必须接受而不是无视这两个基本事实。由此形成的人类行为规律就是经济规律。最基础的经济规律就是供需规律。当某行为的代价增大时，人们就会趋于减少这种行为。或者说，当某行为的收益增大时，人们就会趋于增加这种行为。这种趋势性的描述不能直接用于指导现实决策。规律的作用在于告诉人们：现实情况无论多么复杂多变，都不可能违反规律，而只是规律的不同表现方式而已。理解牛顿力学并不能让你同时掌握滑冰技巧，但学习后你会知道，滑冰运动员的动作无论多么精巧新奇，都不可能违反牛顿力学。

在供需规律的基础之上，人们又逐渐发现其他经济规律，比如边际效应、比较优势等等。以往的经济学家只在经济领域展开研究。加里·贝克尔领导的“经济学帝国主义”出现以来，经济学家大大拓展了研究范围，拓展到以往很少或根本没有涉及的领域，比如犯罪、家庭、行政组织、战争等等。经济学之所以能够如此拓展研究领域，就是因为经济规律对于所有人、所有情况都是适用的，而不是仅仅适用于人在市场中进行的经济交易。

罪犯决定是否实施犯罪和企业家决定是否进行投资，同样受到供需规律的约束。如果犯罪成本很高，比如警方的打击力度很大，犯罪行为就会减少，正如税收过高企业家就会减少投资。冲锋的士兵看到身边的战友纷纷倒下，就会放慢冲锋速度，寻找隐蔽，甚至掉头撤退——冲锋的成本急剧加大，人们就会减少冲锋。一对夫妇决定要几个孩子，和他们决定购买多少大型家用品，比如汽车，决策心理的本质没有区别。政客的行为，同样受到成本（时间、资金、人员）和政治产出（比如增加选举得票）的约束。至于边际收益递减，在婚姻生活中表现得就更明显了。

美国的司法案件，很大比例以控辩交易而不是法庭审判而告终。被告通过认罪换取较轻的处罚。看上去这似乎是在宽容犯罪，但实际上这是为了节省司法开支。被告认罪，司法当局就节省了取证、审判、陪审团等一大堆费用。如果司法资源无限，当然应该把每个案件都彻查，完整执行司法程序。但司法资源有限，这样做的成本实在太高，即使是美国这样的富裕国家也承担不起。权衡之下，让罪犯占点便宜，少受制裁，还是合算的。

上述这些都不属于经济领域，但经济规律照样发挥作用。人类的行为规律在各个领域是一致的，区别只在于外部条件不同。被“入侵”的学科学者对“经济学帝国主义”可能很不喜欢，但这种“帝国主义”大大增加了人们对社会的认识能力。人们对自身和他人的理解，比“经济学帝国主义”出现以前，丰富多了，深刻多了。

经济规律的这种广泛适用性，让很多人叹服不已。但由于混淆了经济规律和市场规律，于是他们错以为市场规律也会如此广泛适用。市场规律是人们在市场中表现出来的行为规律。它的前提条件是在市场中。市场以外的地方就不适用市场规律了。市场规律是经济规律的一部分，是其子集。经济规律的适用性要大于市场规律。

那么，什么情况下是“市场以外”呢？

市场是自由交易的集合。自由的反义词是暴力和暴力胁迫。也就是说，市场中可以有各种各样的行为，但唯独不能有暴力行为。未经他人许可，实施意在危害他人人身安全的暴力，不能算作市场行为。

抢劫他人和服务他人都要付出代价。需要准备工具、投入人力、耗费资源、承担风险，也就是说都要受到经济规律制约。天下没有免费的午餐，天下也没有免费的抢劫。但抢劫行为并不受市场规律制约。市场规律是：只有你的产品或者服务好，顾客满意，你才能盈利。显然，对于抢劫，“顾客”不但不会满意，反而会极其不满意，但“顾客”的态度并不妨碍劫匪的收入。

暴力介入以后，经济规律依然在发挥作用，但市场规律就不复存在了。经济规律是人类所有行为都必然遵循的规律，而市场规律只是人类非暴力行为的规律。所谓市场秩序，核心原则就一条：你干什么都行，就是不许动手。所有其他市场规则，都在此基础上衍生而成。

市场规律有很多，比如企业竞争提高消费者的满意度，利润是指引企业家为消费者服务的信号，企业和消费者之间是合作双赢而不是零和竞争的关系，消费者付费购买是在奖励优秀的企业，等等。很容易就会意识到，一旦加入暴力，这些市场规律就都无效了。劫匪在街上展开竞争，大打出手，子弹横飞，血肉模糊，只会增加普通人的惊吓度而不是满意度；抢劫收入最高的劫匪肯定不是最能造福公众的人；劫匪和被劫者之间，不但不是合作，而且正是零和竞争；被劫者付出钱，丝毫也不意味着他想要奖励劫匪……

但经济规律却依然在发挥作用。劫匪同样受到成本产出的约束。所以他要选择收益尽可能大、成本尽可能小的目标去抢劫——供需规律；劫匪不可能通过投入匪力、持续抢劫就在一个人或一个地区那里抢到无穷多的钱——边际收益递减；劫匪内部也有分工，有军师有打手有会计——比较优势……

市场规律发挥作用时，人们会看到资源优化配置、消费者的需要得到越来越好的满足、财富逐渐丰富和积累。你不能指望着暴力进入市场以后也会发生同样的事。实际上，暴力一定会破坏市场的这些功能。所以，尽管抢劫和其他人类行为一样同样符合经济规律，但我们绝不承认劫匪是在进行市场投资，更不能承认抢劫所得是他的投资收益。

经济规律是谁也不能违背和超越的。所以从长期来看，劫匪的收益一定少于企业家。劫匪横行的社会，相比企业家辈出的社会，一定穷得多。即使是那种称霸一国、为所欲为、奴役千百万人的大独裁者，也无法摆脱经济规律。他可以拥有空前的权力，但同时必然伴以社会空前的落后和贫困。人们无须担心经济规律不发挥作用。需要担心的，是市场规律不发挥作用。要被刻意建立和维持的，是市场规律正常发挥作用的社会环境，这个社会环境的核心要点就是——控制暴力。

有暴力，无自由。这句话包含了两层意思：

一、必须从市场中赶走暴力，否则市场规律就难以发挥作用，市场秩序会被破坏，自由会减少。不可能在社会范围内完全消除暴力，因为非法暴力只能靠合法暴力来压制。社会需要合法暴力，保留在名为政府的那个组织手中，但人们可以做到从市场中赶走暴力。

二、暴力以外的其他困难、障碍、负担乃至痛苦，都和自由无关。那只是你投身市场竞争必须面对的成本。要警惕的是为了减少这些成本，而重新把暴力引入市场的主张。这方面，最可担忧的就是父爱主义的政府对市场非暴力自由交易的强行干预。

认识不到第一点的人，由于混淆了经济规律和市场规律，于是高估了市场的力量。他们看到经济规律不可违背，便以为市场规律也同样不可违背，于是错误地相信，即使有人使用暴力，市场规律也会发挥作用。他们错了。经济规律不可压制不可违背，但市场规律却完全可能无用武之地。市场，是需要维护的特殊秩序，而不是万有引力那种怎么也改变不了的秩序。无须立法禁止有人违反万有引力，但确实需要立法禁止有人把他人推下楼。如果暴力堂而皇之地作为一种正当竞争手段进入市场，市场实际上已经不复存在。

支持政府干预市场的人，错误则在于认识不到第二点。他们同样混淆了经济规律和市场规律，因此低估了市场的力量。他们把暴力和其他困难等同看待，认为市场不但不能对付暴力，也无法对付其他问题，比如，外部性、信息不对称、人性的贪婪、短视、动物精神、理性不足、路径依赖、供需急剧变化、技术落后、文化差异，等等。他们经常把非暴力自由竞争和暴力竞争混为一谈。比如把商人和消费者的自由交换称为商人从消费者那里“掠夺”财富，把企业和员工之间的自由契约称为一方“剥削”另一方，把赢得消费者欢心的成功企业称为“残忍的市场霸主”，而把那些被消费者抛弃的失败者描述为“烈士”。他们的解决办法——政府干预，就是让合法暴力越界进入市场。这无异于饮鸩止渴，不但不能解决那些问题，反而会引发更多更严重的问题，并从根本上破坏市场秩序。

市场秩序被破坏，市场规律的作用被抑制，社会创造财富的能力必然被削弱。人们就会变得比较穷，甚至非常穷。然后，普遍的贫穷带来落后，败坏道德。社会就是这样逐渐堕落的。

混淆者的另外一种错误就是当市场有缺陷、市场规律不适用的时候，误以为经济规律也就此失效。外行经常指责经济学家“只考虑经济因素”“过分简化”。其实，经济学家所说的无非是，无论你怎样掩饰或者变幻，经济规律都挥之不去。你最好不要采取鸵鸟政策。但外行却认为经济规律只在市场中适用。他们一旦发现某些市场秩序的缺陷，比如有行政垄断，就认为找到了推翻经济规律的深刻论据。然后就大谈“超经济”“全面”“综合”的解决方案。

经济学的现状可能要为这种混淆承担主要责任。目前的经济学，区分为一大堆名目繁杂的子学科。这些子学科，都对经济规律和市场规律不加区分，甚至把具体的管理学、商业技术也混入其中。以至于人们要么以为经济学只是研究金钱的学问，把经济学理解为点金术；要么以为经济学可以取代政治学、政治哲学等所有社会科学——在无政府主义者看来，政治学毫无意义，无异于一种骗局。

被现实观察局限，缺乏抽象思辨能力，可能是这种混淆的另一个重要原因。经济规律无处不在，但人们的日常体验却并非面面俱到。长期的和平会让人渐渐误以为暴力也不那么可怕，放它们进入市场，市场或许会因此更加高效。这是无政府主义者的天真。

另外，正常的市场秩序虽然可以创造大量财富和促进道德，却也永远不可能让人们毫无压力。面对竞争压力的人们，会幻想某种仁慈的力量帮助他逃避压力——政府是被寄托希望的首选。他们无异于和魔鬼交易灵魂的浮士德。这些人忘记了，政府或许可以帮助他们逃避市场规律带来的压力，但代价一定是更大的其他压力和注定的失败。政府同样逃避不了经济规律。这是干预主义者的天真。

辨析经济规律和市场规律的异同，是准确理解市场经济的一个关键。只有有了这个准确理解，人们才能知道应该对市场做什么，同时又不必做什么。

科斯对，还是周其仁对？

——简析中国的产权改革问题

1959年，科斯提出了一个命题："清楚的产权界定是市场交易的前提"（中译见《生产的制度结构》，第73页）。看上去，这个命题理所当然，无可置疑。交易的双方当然要首先明确对各自物品的产权，然后才能谈得上交易。东西都说不清是谁的，如何交易呢，如何签订合约呢？

差不多50年后，2008年，周其仁应邀参加芝加哥大学"中国改革30年讨论会"。科斯特意嘱咐周其仁写一篇关于邓小平的文章。周其仁写了，但在文中，却对科斯的上述命题提出了质疑。当然，周其仁的观点其实是对科斯理论的发展。不过，毕竟在这个问题上，他们两人观点不一致，那么，到底是科斯对，还是周其仁对？

在文章中，周其仁讲述了中国改革开放初期包产到户的推行过程。这项至关重要的改革改变了人民公社土地集体所有集体经营的制度，把土地承包给农民，农民承诺上缴一定产量，以此换取承包权。这项改革当然是对人民公社制度的一种"破坏"，虽然如此，承包到户的土地，并没有改变"集体所有制”的性质——它们还是公有的，只不过按照约定的条件交给农户使用而已。

公有的土地，却由农户进行经营，并获取剩余产品。农户缴纳一定产量，换取承包权。这种制度显然不符合科斯那条“清楚的产权界定是市场交易的前提”。土地到底是谁的？土地上的产出是谁的？承包权是所有权吗？没有所有权的各方，如何缔结合约呢？合约的价格，又是如何形成的？这一连串的问题都难以得出清晰的答案。有意思的是，现实中，这种模糊状态并没有妨碍土地承包制的推行。而且，土地承包制确实在很短时间内解决了长期未能解决的吃饭问题，并让人民公社制度一去不复返。

写到这里，周其仁提出了对科斯命题的疑问：

> 中国的实践却提醒人们：恰恰是承包合约才界定出清楚的农民对土地的权利，因为在订立承包合约之前，作为集体成员的农户究竟对集体土地拥有何种权利，通常是模糊不清的。这是不是说，农户的产权反而是经由合约才得到界定的？

并提出了自己的结论：

> 合约缔结与产权界定根本就是不能分开的同一回事。合约可以经由再合约（re-contracted）得到调整，而经由合约不断界定的产权也就可以不断进一步明确其经济含义，并逐步提升产权的“强度”。

也就是说，在周其仁看来，原有的人民公社的集体土地制度下，土地产权是不清晰的。这种不清晰确实导致了合约的难以达成，实践中就是农民无法确保自己的劳动成果归己，于是，大家都不干活，结果当然是大家都贫穷。土地承包制并没有改变土地公有的性质，但通过缔结合约，却让原来不清晰的产权清晰了一些。重要的是，两者是不能分开的一回事，缔结合约就等于在清晰产权，同时，清晰产权的方法也正是缔结合约。当然，土地承包制不是真正的土地私有制，在经济效率上也肯定不如土地私有制，虽然如此，我们不能否认土地承包制的改革意义。周其仁的贡献在于，他从产权理论的角度解释了土地承包制之所以会发挥激励作用的制度原因：

> 随着承包私产和超越承包形成的私产不断由少增多、由弱变强，公有制成员不断扩大对外缔结合约的范围，循序渐进地积累起更多的私产，也进入更丰富多样的市场合约网络。这套经由合约界定出清晰产权的办法，从农业扩展到非农业、进而扩展到城市，奠定了中国市场经济的基础。

我认为，周其仁的理论更有说服力。可以说，周其仁深化了科斯的命题，加深了我们对产权理论的认识。科斯的命题为市场交易规定了某种前提，其实市场交易并不需要这种前提。市场经济自身的发展可以提供这种前提。这些“前提”其实是内生的，并不需要某种力量提前为市场经济做好准备。市场经济这样复杂自发的秩序，其演变发育往往历经很长时间，很多过程难以察觉。观察者往往看不清楚起始的状况，于是就会把以后运转时的一些必备条件当作初始启动的必须，比如产权清晰。

中国改革开放所开启的市场化进程，发展异常迅速，在三十年的时间里完成了老牌市场经济国家上百年甚至几百年的发展历程。这种迅疾的补课当然会带来一些问题，其中许多还很严重，但却有一个好处：让学者有机会对市场经济有更全面更深入的认识。比如对于市场经济的前提，中国的发展实践告诉人们：要慎言市场经济必需某种前提。如果连清晰的产权都没有，人们都照样可以进行交易，缔结合约，并由此逐渐完善和清晰产权，那么，其他那些“不可或缺的”前提条件不是更禁不住推敲吗？换句话说，深入研究中国改革的实践，很可能弥补以往经济学理论的不足，看清以往难以察觉的盲区，让人们对市场经济的力量有更深的认知。

周其仁也预料到了，类似土地承包制这种不彻底的改革，会遇到来自两方面的批评。一方面当然是来自计划经济分子的，这很正常，不足为奇；但另一方面却来自同样支持市场经济的人：

> 另一种批评认为，基于承包合约的产权改革远不如“全盘私有化”来得彻底和过瘾。这种批评则看轻了制度变迁所要付出的代价：只要过时的观念和既得利益缠住了相当多的人群，任何“激进和彻底的改革”都会寸步难行。

事实上，随着改革的推进和深化，后一种批评也许会越来越多。这种批评其实是又一种“政治正确”。持这种意见的人，站在“全盘私有化”的制高点上，抨击实际中的局部、有限改进，但是，他们这种高调的结果却是，不但不能达到他们主张的“全盘私有化”，反而会让改革踟蹰不前，甚至停滞倒退。社会的发展，从来都不是直线和简单的。人与人之间的分歧，也从来都不是正邪之争可以概括的。更多的时候，是复杂的利益分歧和知识的不足。改革往往要借助妥协和过渡之计，但却绝不仅仅是妥协和过渡那么简单。对此，周其仁就说道：“非常实用主义的策略……包含着具有很高普适性的道理。”

那些拒绝深入研究现实问题，只一味追求理论纯粹性的人，经常用“虽然不能解决实际问题，但我们的理论是正确的”来掩饰自己的懒惰和缺乏思维能力，但现在，周其仁的分析告诉他们：你们在现实中是无用的，在理论上也是错误的。你们并不真正知道市场经济是怎么回事。

谈谈“边际”

经济学的概念，大多直接就可以理解，比如成本、价格、效率、企业等等。当然，可以对这些概念做深入的辨析，但毕竟这些概念的直接含义，人们一望即知。但边际的概念却不容易直接理解。这应该是和翻译时选择的用词有关。边际的英文是margin，是直译。但越是直译，反倒越看不明白。边，好理解，但为什么要说边际？边际上的，又是什么意思？

际，有好几个意思。这里用的是“靠边的或分界的地方”的含义。边际，是两个同义字叠加，就是边缘、边界、靠边儿上那部分的意思。一个字太孤单，两个字凑成一个词，念起来顺一些。不必往复杂里去理解。边际就是这个本来的意思。

想象一张烙饼：有中间部分，有边缘部分。

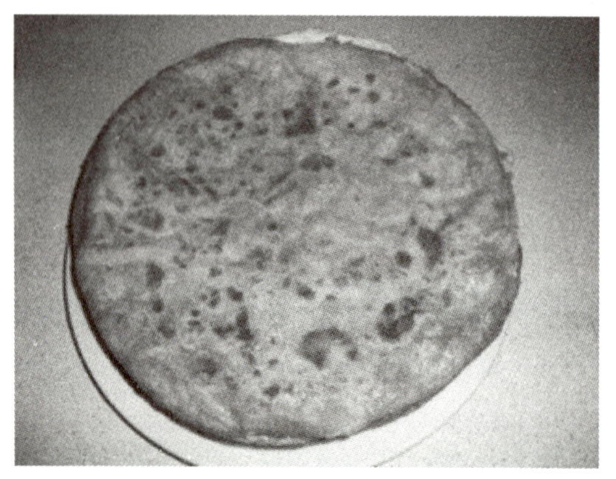

现在让这张烙饼变大（具体方式不用管），哪部分会发生变化呢？当然是中间不变，边儿上发生变化，边缘往外扩。相反，烙饼变小也是中间部分不变，边缘往里缩。对，变化一定在边儿上发生。无法想象烙饼的变大变小表现为中间部分的变化。难道是中间厚度改变？再说，中间厚薄怎么变也改变不了烙饼大小啊。

也就是说，烙饼面积改变时，必然表现为边缘部分的改变。这样一说，边际的概念就清楚了：当数量（烙饼面积）变化时，发生变化的那部分就叫作边际（烙饼的边缘部分）。我们只能把这个叫边际，不能叫中央。

烙饼是有可见形象的，容易想象它的边际和中央，也就容易理解烙饼的边际变化。麻烦的是，其他一些数量变化没有烙饼这样边际和中央的可见形象，理解起来就有些抽象。可能就是因此，人们理解边际这个概念有点费劲。比如，某块耕地的粮食产量、某条流水线一天生产的产品数量。这些都没有什么边际和中央之分，但边际概念的用法和烙饼是一样的，指的是数量发生变化的那部分。更准确地说，是数量发生变化时，变化的那部分。回想一下烙饼，变化一定发生在边际，所以，边际就是指发生变化的地方。

边际成本，就是数量变化时发生变化的那部分的成本。边际收益，就是数量变化时变化部分的收益。边际上的，就是改变时发生的。边际分析，就是看看边际成本和边际收益是多少。

这好像是说明白了，但似乎还有点不明白。好吧，我再来个画龙点睛。理解边际，一定要结合数量变化中的某个时间点。一、无变化，则无边际。二、边际一定不是整体概念，而是局部概念。当你听到有人说边际时，你就要问“什么时候”“什么条件下”，而不是仅仅问“什么”“多少”。

某厂家根据客户订单生产 10000 个杯子。其间，客户来电话，要求增加 1000 个。这就是边际上的增加。这 1000 个杯子的成本，不是固定的，到底是多少，要根据客户来电话的时间而定。如果客户来电话时生产已经完成，杯子都装箱了，再增加 1000 个就比较贵，因为要重启整个生产过程。如果来电话时，生产还没开始，工人还在调试准备机器，那就简单多了，只要增加一些原料即可。

边际成本最典型的例子是图书印刷。

图书印刷的成本，如果不涉及边际，是这样问的：这本书，印 3000 册，成本多少？如果你没有其他说明，就是用这句话去问印刷厂业务员，他无法回答。他必定先要问你许多其他问题才能报价。业务员会问什么问题呢？

图书印刷的成本，包括两部分：固定成本和可变成本。简要说，固定成本主要是制版费，可变成本主要就是纸费。对制版费来说，即使你只印 1 本书，这钱也要一分不少地花出去。印上 100 万本，也还是这么多。纸费当然是印得越多，花得越高。印 1000 本和印 10000 本，差多了。你只问 3000 本的成本，业务员没法回答。他必须明确“什么时候”“在什么条件下”。如果是初印，是制版费加上纸费；如果是加印，比如此前已经印过 5000 册，卖光了，现在要加印 3000 册，那就只有纸费，不必再收一次制版费了。很容易明白，如果你只印 1 本书，成本必定很高。这 1 本书要承担制版费和这本书的纸费。但是，如果已经决定印 5000 本，后来临时想要增加 100 本，增加的成本只是 100 本书的纸钱。可能这100本的成本还不如那1本多。

100本书的成本，居然还没有1本书多？对，就是这样。此一时也，彼一时也。同一种东西，不同情况、不同时间，边际成本不同。比较这种成本大小，就是一种“边际分析”。别被名词术语唬住。没什么难的。

所以，我们在现实中看到，图书印刷，都要有一个最低起印数。比如起码是3000册。再少的话，单本书的成本会过高，很难销售。不过，数码技术的发展大大减少了制版费等固定成本。使用数码技术，即使只印很少几本，单本书的成本也不大——技术发展增加了人们的选择余地。

边际概念的提出是经济学的重要发展，从根本上改变了人们对市场的理解，也揭示出了人们选择和行动的重要动机。由此出现了蔚为壮观的理论成就。接下来，通过具体的市场现象更深入地谈谈边际。

边际成本和边际收益在商业上应用广泛。商人要根据实际情况不断进行计算。市场形势千变万化，边际成本和收益也相应变动不休。这就是价格必须灵活多变的原因。定价，绝不是投资成本加上利润再除以商品数量那么简单。

除了图书印刷以外，固定成本高、边际成本低的行业还有很多。比如演唱会。请歌星、租场地、搭舞台，这些都是固定费用。即使一个观众也没有，这些钱也少不了。但是，当这些钱花出去以后，增加观众数量——边际变化，只要场地能容纳，成本几乎没变化——边际成本几乎为零。不过，一旦超过场地容纳量，再增加观众数量，就会导致边际成本大幅上升。演唱会现场已经挤得满满的，又来一百多位。怎么办？只能卖挂票了。

航空业也是如此。安排一个航班，燃油、机场、飞行员、乘务员等等，需要一大笔钱。无论乘客多少，这笔钱都是那么多。当这笔钱花出去以后，也就是航班确定以后，增加一位乘客的成本可能就只是一份航空餐的费用——或许更少。所以，当飞机有空座位时，航空公司会允许员工免费搭乘，那些座位空着也是空着。自己员工去坐，公司成本不增加，却可以减少差旅支出，何乐而不为。

类似行业的共同特点是销售价格灵活多变。多卖出一个，增加的成本——边际成本——很少甚至为零。所以，只要不影响以后的市场，商家可以接受零以上的任何价格。当然，虽然任何价格都可以接受，但还是赚得越多越好。所以，在这些行业中，商家会煞费苦心地筛选和分隔顾客，利用各种办法尽可能地让顾客多花钱。头等舱、包厢、贵宾席、金卡、打折票等招数，都是用来干这个的。对，打折票其实是让乘客多花钱。那些乘客嫌全价贵，原本是不会买的。如果不打折出售，那个座位就浪费了，收入将是零。打折总比零收入要好。

而那些边际成本很高的行业，价格变化则不会那么灵活。钻石、汽车、汉堡包，销售价格也会有变化，但对不同顾客，价格差不多。另外一些商品，比如手机、电器等，老产品快退市时往往会大幅降价。这又是边际成本变化的结果。同一品种，制造成本没区别，但刚上市广受欢迎时和快退市无人问津时，边际成本大不相同。刚上市时的边际成本要高得多，低价卖，不合算。快退市时的边际成本则很低，给点钱就可以卖。

可见，边际成本的变化不一定像图书印刷那样源于固定成本和可变成本的分立。无数种情况都可以改变商品的边际成本。总之，边际成本不是由过去的生产所决定的，而是由整个生产—销售过程中的种种事情所决定的。因此，边际概念给我们的最大启示是：要在变化中，在具体情境中理解成本、收益和价格，而不要从过去的、静止的角度去理解。价格完全由供需关系决定，而且是某时某地的供需关系。也就是说，价格是由当下和未来决定的，而不是由过去决定的。没有什么“本质”“内在”“真正”的供需关系。商品也因此没有什么“本质”“内在”“真正”的价格。

由于人必定是在某个具体情境中做出选择和决策。所以，对人来说，有意义的成本和收益恰恰是边际上的。整体上的成本和收益对他的决策并无直接影响。这是分析人的行为时不可忘记的准则。

为了缓解交通拥堵，上海实行汽车牌照拍卖制度。这个制度当然比北京的“免费加摇号”好得多，但是问题在于，牌照拍卖制度会减少路上的车流量吗？理解了边际概念就知道，不会。

对于车主来说，他购买牌照所花的费用，已经一次性支出。那是买车的固定成本。他买了车，即使一次不开，这个成本也省不下来。反过来说，即使每天 24 小时都在路上跑，这个成本也不会再增加一分钱。他开车出行的边际成本完全不包括牌照费。所以，当他决定出门是否开车，是否为增加车流量出一份力时，牌照费没有任何作用。有人会争辩说：拍卖牌照减少了汽车总量，也就减少了路上的车流量。或许如此，但这个关系并不是那么肯定。更多的车但单车出行量小,或更少的车但单车出行量大,哪个更有利于缓解交通拥堵呢？毕竟这个政策的目标是缓解城市交通拥堵，而不是打击汽车工业。

北京的公共交通实行政府补贴下的低价政策。政府补贴来自税收。公共交通的所有成本最终都由纳税人来承担。那么，作为纳税人的乘客，有没有愿望尽量减少不必要的出行，以降低公交耗费的成本呢？当然没有。对于纳税人来说，他已经缴纳了各项税款，要不回来了。这种情况下，他多坐或少坐一次公交，增加或减少的成本——也就是边际成本——是那个补贴以后的低价，比如，地铁一次 2 元。只要他这次乘坐地铁的收益超过 2 元，他就会去坐。他不会考虑公共交通的整体成本。他也没办法考虑。

补贴政策确实减少的是人们乘坐时的边际成本，结果大大增加了人们对公交的需求。北京地铁的拥挤就是这么来的。是边际成本而不是整体成本，决定了人们的出行选择。政府用税款支付的各种公共服务，都有类似的边际方面的麻烦。供给受到整个成本的制约，需求却只需面对被人为降低的边际成本。

结果必然是需求大于供给，现实中就表现为拥挤、排队、等待、等级制、行贿受贿等混乱现象。

同样的边际效应，为什么在私人市场中就不会造成混乱？这是因为，市场用产权、利润等工具迫使人们必须关注包括边际在内的整体成本收益，而不是仅仅关注边际成本。这个演唱会的收益归你，所以，虽然观众入场的边际成本为零，你也不会让很多人免费入场，因为那些固定成本的账单在等着你支付。在自助餐厅，你交钱入场以后，再多吃一口的边际成本为零，于是你就会多吃，也不在乎浪费。所以自助餐一定许吃不许拿。但事后结账的餐馆则欢迎你多多打包带走，如果能把他们的后厨一扫而光，最好。

政府官员任期有限，且卸任官员无须承担财政责任。这一任官员只承担政策的边际成本，后任官员则要承担整体成本。于是，官员往往会利用边际成本低来博取民望，打开大门让人免费入场。人人夸他慷慨善良，他因此连升三级。可是后任官员却要面对一大堆账单。高速公路就是一个边际成本很低的行业。建设高速公路的投资很大，但一旦建成，放一辆车进入高速路的成本可以忽略不计。政客们果然在这里打主意，强迫高速路节日免费开放。大家当然都很喜欢免费——谁不喜欢呢？得到人民赞扬，又不用花钱，只要发布一个命令即可。这种好事，政客怎么会放过呢？

对那些边际成本高的行业，比如餐饮、服装，政府一般不会像对待高速路那样命令免费。想想看，如果政府规定十一长假所有餐馆酒店都必须免费会发生什么？政府也知道，让餐馆酒店免费，会在当下也就是在自己的任期内大幅增加他们的成本，根本行不通。但高速路嘛，问题不大。看上去高速路业主也没什么损失，不就是少挣几天钱吗？又不需要什么额外投入——因为边际成本低。大过节的，你们就免费为人民服务一把吧。问题在于，政府能利用高速路的低边际成本，却不能降低高速路的整个成本。建设投资、银行贷款及利息、人员设备费用，依然一分不少地在那里放着。高速路业主必须想办法解决。找不到办法就会亏损。亏损了，以后就不会再建高速路。但以后的事情，现在的官员为什么要考虑呢？让后任官员去着急上火吧。

高速路仅仅是一个例子。政府的惯用手法就是，利用边际成本可能会很低这一点造成一种幻觉——政府可以仁慈慷慨地给民众提供很多低价甚至免费的商品和服务。相比之下，锱铢必较、斤斤计较的市场当然就可恶得多。这就是那些有害的政策会大受欢迎的原因。有时候你会很难理解，人们为什么兴致勃勃地欢迎那些必将危害他们自己利益的政策，比如庞大的政府福利体系，不但注定难以为继，而且会造成巨大的财政和社会危机。但人们就是热烈欢迎这种自残式的政策。

从边际的角度就可以理解了。人们的行为，只受到当下边际成本和收益的制约。整体的成本收益，不在他们的视野之内。只有严格的产权和盈亏约束，才能迫使人们从长远的、整体的角度做出判断。而这，就是市场。

政府干预市场，滥发福利，搅乱价格体系，不能创造出一丝一毫的新财富，能做到的，只是让一部分人在短时间内得到不负责任的机会。而市场则始终迫使人们对自己的行为负责。这种状况，可能会让人们不喜欢严苛的市场，而更喜欢貌似仁慈的政府——谁愿意天天承担严格的责任呢？

问题在于，一个人人不负责任尽情胡来的社会，一个人人严格承担责任谨慎行事的社会，你更愿意在哪个社会中生活呢？

定价的学问

供需规律本身并不复杂。价格上涨，需求减少，供给增加；价格下降，需求增加，供给减少。但在实际的商业经营中，给商品定个合适的价格，却并不那么容易。经济学在这方面能提供帮助吗？能。不过经济学提供的不是直接的答案，而是一种思维方式。运用这种经济学的思维方式，再结合当时当地的具体情况，你就能制定出合理的价格。

美国有一个很牛的程序员Joel Spolsky。他写了一本书，中文译本名为《软件随想录》。书中谈到了怎样给软件定价。其中对经济学知识把握之精准，令人叹为观止。与其费力原创，不如抄袭高人。接下来，我就把 Joel Spolsky 书中的这部分内容改头换面，说上一番。

即使毫无市场经验的人，做买卖时也知道售价要比成本高，否则卖一个赔一个。但仅仅知道这个是不够的。经济学提示你：要注意沉没成本和边际成本的差异。沉没成本是指那些无论你做什么都无法改变的成本，主要是指前期投资。边际成本则是随着你未来的生产或销售而相应增加的成本。财务上称之为固定成本和可变成本。说起来有点抽象，结合现实想想就理解了。

在软件行业，沉没成本和边际成本的差异尤为明显。你组织一个团队，开发一种软件，为此，聘用工程师，租用写字楼，缴纳各种税收社保，花了1000万。这钱花出去以后，就如同石沉大海，无论你后来做什么，这钱也已经花出去了，无法减少。在财务账上，你当然要记录这笔投资，但你给软件定价时，最好忘了这笔钱，既然已经无法收回，再想也没什么用了，于事无补，徒增烦恼。这1000万就是沉没成本。软件的边际成本则是指压制光盘、租用下载服务器带宽、雇用推销员、组织售后服务等开支。这些钱将随着你的销售展开而逐渐花出去。你可以根据销售情况控制这笔钱的投入。这个成本才是你定价时确保要超过的。如果你出售软件的所得，还不够刻光盘的费用，那定价显然是太低了。

理想的情况当然是：出售软件所得，不但超过了边际成本，也能把你当初投资的钱挣回来。如果还能大赚，就更好了。不过，即使暂时不能收回沉没成本，只要超过边际成本，在销售时能有利润，这事儿就值得继续做下去。你可以期望着以后最终能收回投资。如果销售所得连边际成本也不够，那最好趁早收摊，转而找找别的营生比较好。至于沉没成本，就当是花钱交学费买个教训好了。也就是说，当下定价时，只需考虑边际成本。下次决定是否要投资时，才有必要考虑上次沉没成本是否收回来了。那个干一次赔一次，只是让他自己挣了不少CEO薪酬的家伙，再来你这里口吐莲花地融资，就别搭理他了。

不同行业，沉没成本和边际成本的差异程度不一样。软件、演出、影视、电子书等是边际成本低的行业。服装、餐饮、大多数制造业，边际成本往往很高。所以，演出如果不火爆，经办者可能干脆赠票，还能得个现场热闹。电子书的价格可以定得很低，还有钱赚。汽车不好卖，4S店绝不会干脆免费赠送，顶多打个折出售，折扣还不会太低。路边卖煎饼的，则连打折出售都没有。没人买，他不会动手摊煎饼。他的边际成本几乎就等于全部成本。

好，说清楚了沉没成本和边际成本，接下来，就忘掉你的沉没成本，假设你的产品边际成本每件 100 元。你应该定价多少呢？

之所以说经济学只能提供思维方式而不是具体答案，就是因为，只有你才知道当地市场的情况，主要是指消费者的偏好和接受能力，也就是售价和销量之间的比例关系。如果连这个也不知道，你就先别忙着投资做买卖了，先去街上泡些日子，看看市场行情再说。

现在我们假设一下这种比例关系。假设你定价 200 元可以售出 1 万个。接下来，回忆供需规律：价格上涨，需求减少；价格下降……可知，如果价格降为 150 元，应该可以售出更多，假设是 2 万个。180 元呢？假设可以售出 1 万 8 千个；价钱涨到 300 元呢？销量只剩下 5000 了。如果涨到 400 元，只有 2000 人买了。

不妨画个图看看。横轴是价格，纵轴是销量。

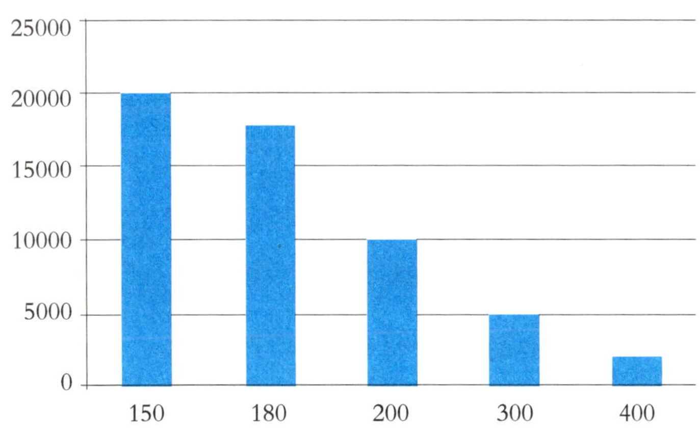

把几个柱体的顶端连起来，会很清晰地看到一条向下倾斜的线。这就是所谓“需求曲线向下”的意思。需求曲线向下倾斜，这是整个经济学的基础之一。如果这事儿变了，整个经济学有彻底混乱的可能。如果你听到哪个经济学家说需求曲线其实也可能向上，你就不必浪费时间接着听他说什么了。

虽然看到了需求曲线，但还是不知道价格到底应该在曲线上的哪个点。别急，继续算。

如果你有 Excel 的话，可以很方便地做出如下表格：

价　格	销　量	每件利润	总利润
150	20000	50	1000000
180	18000	80	1440000
200	10000	100	1000000
300	5000	200	1000000
400	2000	300	600000

Excel 还可以瞬间帮你把表格变成更直观的图：

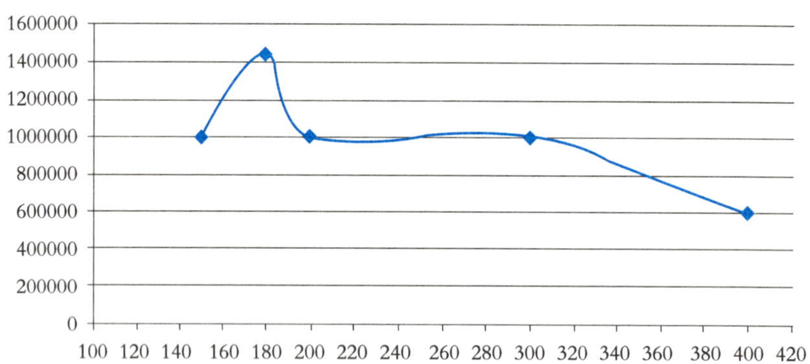

这个表格中，横轴是价格，纵轴是利润总数。我猜，你想要的，既不是价格最高，也不是销量最大，而是利润总数最多，也就是挣钱最多，对吧？既然如此，图中曲线的那个最高点对应的价格，就是你挣钱最多的价格，也就是最合适的价格。这个价格是 180 元。通过表格你同样可以看出这个数儿。这个价格下，利润总数是 144 万元。比它高或低的价格，利润总数都没它多。

好了，我们现在找到了正确的价格，180 元。写价签去吧。

总结一下，到此为止，我们用到了经济学中的沉没成本、边际成本、需求曲线、利润最大化等知识。但事情并没有到此为止，经济学还可以继续发挥作用，帮助你挣到更多的钱。

你的产品的边际成本是100元。只要售价高于100元，你都是有钱可挣的。现在你定价180元，挣钱不少，遗憾的是，那些只愿意花150元购买的人，就不买了，掉头走了。其实你150元卖给他们也没问题，甚至101元都可以。另一方面，那些本来愿意花200、300、400元买你产品的人，现在可省钱了，只花180元就行了。他们省了钱，等于你少挣钱。如果他们本来打算花400元来买，就应该他们花这么多钱。何必让他们省钱呢?

这里用到的经济学概念是“消费者剩余”。这件产品，低于100元你不卖，高于300元他不买。100元到300元之间的200元，就是“消费者剩余”。可以把这200元看作企业生产出产品投入市场所创造出来的财富。财富就是这样通过生产和交易被创造出来的。不过，虽然这笔财富是企业创造出来的，可不见得都归企业，要在企业和消费者之间瓜分。瓜分比例，就看各人讨价还价的本事了。

如果消费者知道你的价格底细，只肯出价到101元，这时你只能赚到1元。不过，蚂蚱肉也是肉。实在没别人来买，你也只好满足于赚这1元。总比货砸在手里卖不出去要好。反过来，如果你知道他急需这产品，非买不可，就可以要价到300元，然后摆出一副“爱买不买，过了这村儿可就没这店儿了。你不买有的是人哭着喊着来买”的架势。你就可以赚到200元了。所以，商务谈判中，非常忌讳对方知道自己的底价。好多商务间谍，就靠着打探到一方的底价，卖给另一方来挣钱。当然，无论最终成交价是101元还是300元，这个交易都给你们双方创造出了收益，至少比没有这个交易要好。这是“消费者剩余”概念的要点。只有当你们被暴力挟持，被迫用低于100元或高于300元的价格成交时，才是一方蒙受了损失。没有暴力介入，这种情况不会发生。这就是自由交易和剥削的不同所在。

明白了消费者剩余的概念，你就知道了，最好的定价方式不是一个固定价对所有人，而是看人下菜碟，对不同消费者，定出不同的价格，也就是价格歧视。只愿意花 150 元买的，就给他定价 150 元；愿意花 400 元买的，就让他掏出 400 元来。

问题接着就来了。人心隔肚皮，你我两不知。你怎么知道别人愿意花多少钱？直接去问，是不行的。如果装穷就可以少花钱，人们装穷的手段会突飞猛进。即使是富人，也不见得就愿意多掏钱。消费愿望和富裕程度之间并不是线性关系。开着上百万的车，却为了几块钱停车费当街和人吵个脸红脖子粗的，大有人在。你得想出巧妙的办法探知人们此时此地的真实想法。这不容易，但并非做不到。这就是“市场分割”。根据消费者不同的消费能力，把他们分成不同的组，对应不同的价格。现在我们来算算，这样你可以赚多少钱。

统一定价 180 元的时候，销量是 1 万 8 千个，营业额 324 万元，利润 144 万。现在假设你找到了某种办法，成功分割了消费者，把他们分成了 150 元组、180 元组、200 元组、300 元组、400 元组，然后分别对他们定出相应的价格。

回头看看上边那个表，定价 150 元时，销量 2 万个；定价 180 元时，销量下降到 1 万 8 千个，少卖出去了 2000 个。现在通过市场分割，这 2000 个也以 150 元的价格卖出去了，虽然每件的利润从 80 元降到了 50 元，但你实际上多赚了 10 万元。再看看高价这部分发生了什么。原来 180 元一个的销量 1 万 8 千中，其实分别有 1 万人愿意花 200 元，有 5000 人愿意花 300 元，有 2000 人愿意花 400 元。现在他们心想事成，心满意足，高高兴兴地把钱花出去了。当然，更高兴的是你。

画张表看看现在的收入吧。

价　格	销　量	每件利润	利润
150	2000	50	100000
180	1000	80	80000
200	10000	100	1000000
300	5000	200	1000000
400	2000	300	600000

销量从1万8千上升到2万，这是因为那2000个只肯花150元的人回来了。但总利润呢？ OMG！从144万猛增到278万，几乎翻了一番。你是高兴呢，还是很高兴呢，还是高兴得跳起来呢？

这就是市场分割、价格歧视的威力所在。所以，只要有可能，商人总是会想方设法对市场进行分割，尽可能地让消费者多掏钱，让自己多挣钱。有舆论抨击这种价格歧视。抨击也没用，这种现象不会因此消失，只能说明抨击者对经济学知之甚少。

但上面那个问题还没解决啊。怎么知道消费者到底愿意花多少钱呢？你把他们分割开，他们就那么听话吗？不会都往150元那组跑吗？难道中间隔着带电铁丝网吗？

自由交易中可不能强迫别人。铁丝网电棍什么的，用不上，只能以利诱之。巧妙的办法是对产品进行一些区分，使之适合不同的消费者，这样，就达到了把消费者分组的目的。这方面的典型例子是微软Windows的不同版本。以Windows 7为例，市场中常见的版本共有四种：家庭基础版、家庭高级版、专业版、旗舰版。价格分别是人民币399元、699元、1399元、2460元。不同版本的区别在于，微软从最贵的旗舰版中分别拿掉一些功能，就成了不同的低级版本。拿掉一些功能，目的不在于减少成本——也减少不了。研发成本是沉没成本，已经都花出去了。边际成本也没区别。黑纸盒并不比绿色、蓝色纸盒更贵。减少功能的目的就在于进行市场分割，把消费者分组，实施价格歧视。

旗舰版和专业版主要供财力雄厚的企业用户购买。所以其中保留了网络办公、协同工作等公司需要的功能。家庭版则将这些功能去除了。企业用户也可以买家庭版，但会很不方便。而没有这些功能，对个人家庭用户无所谓。这样，就区分出了愿意多花钱的企业用户和不愿意多花钱的个人用户。即使明知有更便宜的家庭版，企业用户也不会去买。他们只能乖乖地掏钱，为少数几个功能多花上十多倍的钱。这是很巧妙的市场分割办法。

一些汽车厂会有豪华和普通两个品牌，比如雷克萨斯和丰田、英菲尼迪和日产。不同品牌其实共享许多设计和生产设备，品质配置有差异，但没有那么大。之所以区分为不同品牌，就是因为对汽车业来说，品牌格外重要，消费者很看重，于是不同品牌成为分割市场的好办法。那些想要豪华感的消费者，就请打开荷包掏银子吧。类似的市场分割办法还有民航的经济舱和商务舱，图书的精装和平装，香烟的硬盒和软盒，某些商品的限量版和普通版等。它们的生产成本略有差别甚至没有差别，但价格差别往往很大。商家之所以弄出这些名目，就是为了分割市场，价格歧视，增加利润。

至于你所在的行业应该怎样分割市场，那就要看具体情况了。各个行业都不一样。有的行业，简直就没法分割市场，比如专业设备，用户都是专家，不好对付；有的行业则可以区分得细密繁杂。同一次航班的不同乘客，票价几乎都不相同。电话公司的套餐品种，多到令人眼花缭乱。要注意的是，分割市场、价格歧视是个多少有些风险的经营方式。前面说过，一直都有不懂经济学的媒体抨击这种经营是“黑心资本家掠夺欺骗消费者”。这种抨击以后肯定还会有。如果你的企业遭遇到这种抨击，很可能会招致一些消费者的不满，商誉受损。而且，消费者也会想出种种办法突破你的分割，以尽可能少花钱。分割市场时，你要把方案设计得既周密不易突破，又不能太影响消费者的自尊心和体验，分割成本还不能太高。这个尺度并不容易把握。所以，你会看到，并不是所有的商家都分割市场。很多商品还是统一价格对所有消费者。

如果能在所在的行业中成功地找到分割市场、区分消费者、价格歧视的办法，你已经算是定价高手了。但这还不是最高境界。山外有山，人外有人，更高的定价境界，请接着往下看。

你肯定看到过很多控诉财富不平等的说法。10% 的人占有了财富总量的 90% 什么的。看上去，这个世界简直太不平等了！不，是太不公平了！大家都是人，一个人的收入却连另一个人收入的零头的零头都不到……

一些经济学家却对这种控诉不以为然。他们指出：这种计算财富分布的方式有很大的片面性，或者说欺骗性。统计某个瞬间人们的收入差距，即使差距很大，也不能表明人们实际的收入差距就是很大。这是因为，不同人收入的时间分布是不一样的。有的职业，主要在年轻时获取收入，比如职业运动员、重体力劳动者。一旦年龄增大，他们的收入就会下降。运动员一退役，收入往往大幅下降。重体力劳动者到了中年以后，如果不能升职，收入也将比不过那些强壮的年轻人。而有的职业则是收入随年龄增长稳步增加，到退休前达到峰值，比如医生、会计。大家都更信任老医生、老会计。另外，有的职业，收入比较稳定，比如公务员。有的职业，则收入波动很大。赶上好年景日进斗金，如果运气不好，甚至整年都没有收入，比如炒股者。

如此不同的个人收入分布曲线，切出某个瞬间进行比较，结论基本只能是歪曲的。两个年轻人毕业于同一所大学同一班级。甲去大公司供职，乙创业自己开公司。毕业第五年时比较他们的收入，甲的收入远远高于乙。作为创业者，乙这时根本没有收入，还在投资期。可是，毕业十年以后再看，甲的收入只是略有提高，但乙却已经身家亿万，跻身富豪行列。五年和十年的两个统计，哪个更符合事实呢？回答是，这种瞬间的财富统计，哪个都不符合事实。二十年后再来看，甲虽然仍只是工薪级别的收入，但数额一直稳步增长，而乙却已因为经营失败而破产了。到底谁收入高呢？所以，有意义的收入差异统计至少应该是长期的，统计人们整个生命周期的总收入，同时考虑风险等因素。但这种统计很复杂，很少人去做。大家都热衷于做简单的、容易产生轰动效果的“时间切片”收入统计。

有经济学家进行过长期收入统计，发现，从长时段来看，人们的收入差距其实不大，至少没有很多人想象的那么大。类似“10%的人占有了90%财富”的说法就是个耸人听闻的噱头。因此而愤愤不平觉得自己受了委屈的人，其实是被人忽悠了。介绍经济学这方面的研究，是为了说明一个道理：无论是过日子，还是经营公司，真正要在意的，是个人或者企业生命周期的总收入，而不仅仅是某年或某笔生意的收入。

这个道理应用在定价上就是，定价时，除了要注意利润最大化、分割市场以外，更高级的定价术是志在谋求长期收入最大化，并为此采取更加灵活的定价策略。

前面说了，如果你的产品的定价低于边际成本，是肯定不划算的。但这是对单次经营来说的。如果加入长期和整体的考虑，就不见得如此了。因此，市场中实际存在的定价办法是非常灵活多样的。其中很多都低于成本，甚至还有价格为零乃至倒贴的。

广播电视就是价格为零的例子。以前，无论是现场戏剧还是电影，都是收费才能进场观看。广播电视摸索出了观众免费观看，通过广告盈利的商业模式。这种模式很成功。电台电视台虽然不要观众的钱，但收入可是滚滚而来。到了互联网时代，免费策略更是被发挥得淋漓尽致。谷歌的大部分产品，搜索、邮件、云空间等，都是免费的，但谷歌的实际收入也是惊人的，而且，肯定比他们试图有价销售这些产品的收入高。一些新推出的互联网服务，不但免费，甚至还要倒贴。看上去这种经营方式简直不可理喻，和往河里扔钱差不多，但过早下结论是不慎重的。如果他们通过这种投入获得了市场占有率，成功地黏住了消费者，也说不定利润就在未来等着他们。谁知道呢。

也就是说，完全可能有那种经营方式，以前期的、局部的低价免费甚至倒贴，换取长期的、整体的高收入。相比利润最大化定价法、分割市场法，这是更高级更复杂的定价术了。当然，更高级更复杂，也就意味着风险更大、不确定性更高。在摸索新商业模式的道路上，满是倒下的先驱公司。他们烧尽了投资者的钱，却没有换来日后的收入。低价免费，成了大派送。说起来都是心酸和眼泪，别再提了……

说到这里，关于定价的学问，已经足够高深了。但有心的读者会意识到，不管这个学问之塔多么高，它都是建立在并不稳固的基础上。因为基础并不稳固，所以，如何利用这门学问，终究要看个人的能力。这只是学问，而不是锦囊妙计。市场中是没有包赚不赔的锦囊妙计的。这个不稳固的基础就是本文开始部分提到的那个假设：

假设你定价 200 元可以售出 1 万个。如果价格降为 150 元，应该可以售出更多，假设是 2 万个。180 元呢？假设是 1 万 8 千个。价钱涨到 300 元呢？销量只剩下 5000 个了。如果涨到 400 元，只有 2000 人买了。

无论是利润最大化定价法、分割市场法，还是低价免费占领市场法，都依赖于经营者对消费者需求和支付能力的准确预测。如果你对此一无所知，或者预测出现大错，以为定价 200 元可以卖出去 100 万个，于是大量生产，堆满了仓库，任何定价法也帮不了你赚钱。

商业是一种非常世俗、非常依靠经验的学问。一个人独处，脱离社会，或许能精通围棋或者数学，但绝不可能精通商业。一个优秀的商人，可能文化水平不高，可能不懂礼貌、缺乏修养、待人粗暴，但他一定深深了解社会和他人，对他人的想法能做出准确的判断。所谓商业天赋，就是能对消费者需求做出超出常人水平的准确判断的能力。如果你打算在商界奋斗，取得成功，除正式的书本知识以外，更重要的是，你要积累各方面的社会经验。人情练达皆学问，处处留心皆学问，这些俗语说的都是这个意思。

优秀的商人，因为富有社会经验，了解他人，所以会对价格和销量之间的比例关系有大体准确的把握。这来自于他多年的经验，来自于无数次的谈话、观察、谈判、猜测、计算、焦虑、紧张、得意……由此而形成的判断，也许不是非常精确，但可以确保不太离谱。即使有错也来得及修正。在这个基础上，所有关于定价的学问才能发挥作用。商业成功是经验、知识和运气结合的产物。并非缺一不可，但如果三者皆备，想不赚钱也难。

很多看上去并不起眼的商家，但因为在行业中打拼多年，其实已经掌握了大量外人所不知的经验和感觉。他们正是因此而不会做出严重的误判，从而长期生存下来。对于商业来说，经验非常重要，而很多重要经验只能来自时间。所以，在这一行里，长者一般是受尊敬的。他们的意见往往会被重视。当然，积累了同样的经验以后，拥有商业天赋的人，可以取得更大甚至辉煌的成功。不过，商业天赋不像其他天赋，如美貌、身材、弹跳力、口才那样天生和明显，它是在长期工作中逐渐磨炼和显露出来的。不要轻视平凡普通的工作，须知其中蕴含着丰富的社会知识。就看你的发现、感知和概括能力了。很多人都可以做到不辞辛苦埋头肯干手脚不停，但只有少数人会边干边琢磨，边干边分析，不仅手脚不停，大脑也从不懈怠。这就是合格者和优秀者的差距所在。

经济学家在商业天赋和经验方面往往不如企业家。这是经济学家不如企业家能赚钱的主要原因。不过，经济学的作用也不在于提供能代替天赋和经验的锦囊妙计。经济学的作用在于观察和总结，并加以传播，或许能激发更多人的潜在天赋和能力。

这也是我写作本文的目的。祝读者诸君早日发大财。

广告费由谁承担?

现在做企业，广告费往往是一笔不小的支出。数百万、上千万不算新鲜。一掷千金花个上亿做广告，也大有人在。那些知名度很高的明星为企业代言广告，拍个短短几天，就可收入数百万乃至更多。实际上，对许多明星来说，演艺片酬的收入，远远比不上广告代言。

背着抱着一样沉，羊毛出在羊身上。这些巨额广告支出，不管怎么曲折变换，最终肯定都是要由消费者承担。这是毫无疑问的。想想吧，某明星，只是在镜头前举着饮料瓶子扭扭屁股，龇牙笑笑，就拿走数百万广告费。而购买这种饮料的可怜的消费者呢？他们不得不每买一瓶饮料，就交给那个明星一些钱。

看上去，这完全是一个劫贫济富的邪恶过程。

如果企业不花这么多钱请明星做广告，自然也就节约了成本。不用付给明星几百万,每瓶饮料的售价就可以低一点。这难道不才是应有的市场秩序吗?何必大家都把大笔钱花在广告上，让那些浅薄的明星暴富呢？把钱花在产品本身上，增加研发经费，多多创新，提高产品质量，不是更好吗？

确实有经济学家认真地论证过广告的浪费和不必要。他们认为，广告是市场竞争造成的一种浪费。如果设法让所有企业都减少广告费用，会减少消费者的负担和资源浪费。当然，他们所说的这个“设法”，指的就是政府对市场的干预，比如立法规定广告支出的额度。后来经济学家知道了，这种论证是错误的。在市场中，广告的作用是不可或缺、不可替代的。虽然从财务上看，所有的广告费用最终都由消费者承担，但其实好的广告减少而不是增加了消费者的支出。这种说法肯定和许多人的“常识”冲突，下面我来解释一下。

广告的作用是推销，扩大销售量。请明星做广告的目的也在于此。被很多人追捧的明星，如果他声称自己喜欢什么产品，就会有很多人跟着买。这种现象的原因可能很复杂，但这种现象确实存在。

假设某企业向市场推出一种产品，年销售量 100 万个，每个售价 10 元。一年总收入是 1000 万元。为了扩大市场，该企业请来一个著名明星，在电视黄金时间大打广告。总共花了广告费 1000 万元。广告很成功，年销量暴涨到 1000 万元。如果售价还是 10 元，年收入就会增加到 1 亿元。咦？怎么售价还是 10 元？那 1000 万元广告费一定是由消费者承担的，可结果是，每个消费者并没有多花钱。还是 10 元买一个。难道广告开支消失了？

现实中更可能的情况是，如果广告能让销量暴涨，企业不但不会为了曾经支付广告费而涨价，反而会主动降价，或许会从原来的每个 10 元降为 8 元。即使降到 8 元一个，企业的年收入也涨到了 8000 万元，扣除 1000 万元广告费，还能有 7000 万元。而没做广告以前，年收入只有 1000 万元。

到底发生了什么？为什么企业花了 1000 万元广告费以后，消费者不但无须多花钱，反而可以少花钱，单价从每个 10 元降到了 8 元？

秘密在于规模效应。

规模效应几乎存在于所有行业中，不过有的行业更强一些，有的行业稍弱一些。你到服装厂订做 1 件衣服，和你下大订单，订上 1 万件，衣服的单价一定不一样。大订单更便宜，便宜得多。在流水线大生产的情况下，更是如此。流水线一开，数量越多，单件成本越低。互联网上流行的团购，就是利用了规模效应。聚上一帮顾客来消费，就可以从商家那里拿到低价格了。

除了技术革新可以降低成本以外，扩大规模也是降低成本的办法。并非只有工程师的研发才能降低成本，企业家的高明经营也可以降低成本。但规模不是想扩大就扩大得了的。这就需要广告和代言明星发挥作用了。请明星、做广告，如果成功了，就可以扩大规模，实现规模效应。在广告上的支出，确实会增加成本，但规模效应一旦出现，也会降低成本。只要增加的成本小于降低的成本，花广告费就是合算的。成功的广告，将减少而不是增加消费者的支出。好的广告，是造福消费者的。

从另一个角度理解，可以把广告看作团购发起人。这个发起人如果足够有魅力，招揽来了足够多的顾客，就可以从商家那里得到很低的价格。每个参与团购的人都可以占到便宜。不过，占便宜之后，参加者要返还给发起人一些钱，毕竟不能让人家白干。单个消费者返还的钱并不多，但只要招揽到的人足够多，加起来的钱也不少。明星挣的那几百万广告费就是这么来的。有魅力的明星就是那种招揽能力强的团购发起人。人家轻轻松松挣上几百万，是有理由的。你不要嫉妒。而且，不管挣多少钱，明星都是在为消费者服务，为消费者谋福利。

当然，不是所有的广告都是成功的。失败的、没能扩大销售的广告也比比皆是。不是有那种明星，代言什么，什么滞销，号称广告杀手吗——就不点名了啊。成功的广告可以帮助降低产品成本和价格，失败的广告也不能增加消费者的支出。广告失败，销售量没有增加，企业家只好自己承担广告费，打掉牙往肚子里咽。指望着从消费者那里把广告费收回来，不是痴人说梦吗？

瞧瞧，企业家绞尽脑汁，寻找合适的明星和广告公司，做出广告，成了，消费者分享规模效应，得到更便宜的商品；不成，企业家自吞苦果，承担所有广告支出，消费者丝毫不受损失。

还有什么比做一个市场经济中的消费者更惬意的事情吗？

高额离职金的合理性

2010年，Dick Meyer业绩不佳，从AMD的CEO职位上离开，得到离职金1200万美元。2010年，Mark Hurd因性丑闻辞去惠普公司CEO，转而担任甲骨文公司总裁，惠普公司付给他离职金4000万美元。2009年，因经营不善，Wendelin Wiedeking不再担任保时捷的CEO，离开时得到1亿欧元，创下欧洲企业CEO离职金的新高。Hank McKinnell任辉瑞公司CEO五年，公司股票市值下跌1400亿美元，但这并没有妨碍他离开时获得了总价值近2亿美元的补偿金。

说到离职补偿金，收获最多的还是大名鼎鼎的杰克·韦尔奇（Jack Welch Jr.）。2001年，韦尔奇结束了在通用的职业生涯，补偿金高达4亿1700万美元。当然，韦尔奇和前面几位有所不同，他的业绩很好，甚至可说出色，他是退休离开。不过，大多数企业高管都是因经营不善离开的，离开时同样拿走巨额离职金。有媒体收集这些信息，组成了一个所谓“21人俱乐部”。据统计，这些不成功的前任企业高管一共获得了超过40亿美元的卸任补偿金。真是肥得流油。

高管经营失败，让公司业绩下滑，给股东带来巨额损失，卷铺盖走人，临走时却拿走巨款，这实在让人难以接受。难道市场不应该惩罚这些无能的家伙吗？怎么反而慷慨奖励呢？市场是不是失灵了？在金融危机的背景下，高管的巨额离职金格外引人注目。公司的业务一团糟，许多员工失业，生活陷入困境。作为决策者的高管反而收获颇丰。这不但不公平，恐怕也是无效率吧。他们的巨额离职金，可都要股东掏腰包啊。股东凭什么承担这笔开支呢？

这种情绪让许多人愤愤不平，并因此指责资本主义的企业制度。不过，冷静客观的分析却可以告诉人们高管巨额离职金的经济合理性。这种分析也许不能平息人们的怒火，但那些真正愿意学习的人可以借此加深对人性和市场的理解。

首先，巨额离职金都是当初聘用高管时合同中的约定。如果当初不承诺支付这些钱，就不可能雇到管理高手。优秀的企业管理者在任何地方都极为稀缺。一旦发现，众多公司就会以优厚条件去争抢，而巨额离职金正是优厚条件之一。违反合同可不是好的企业管理之道，不但有损名声，还会因为旷日持久的诉讼而蒙受更大的经济损失。对于百亿级的巨型企业来说，花大量时间和前任 CEO 对簿公堂，即使官司打赢，诉讼耗费的时间对企业造成的损失也只会更大。根本没必要意气用事。按约定支付巨额离职金反而是损失最小的解决方案。另外，在合同里设置巨额离职金，也可能是为了防止企业被别人收购。外来投资者收购企业以后一般都要更换管理层。巨额离职金加大了收购者的成本，有利于现有投资者。

但巨额离职金的根本原因还不在于法律。即使没有法律的约束，只要能让原有的高管尽快离开，股东就愿意支付离职金。这才是巨额离职金存在的根本原因。

失业不能证明一个人无能。失业只不过表明某人不适合某个企业而已，换个地方他可能表现很出色。这个道理同样适用于高管。离职不等于该高管经营管理能力低下。事实上，许多离职的CEO都是转身就去到其他企业继续担任高管，并且表现优异。他的经营管理能力并不差。原来那家企业让他离开，不是因为他不优秀，也不是因为继任者更优秀。股东们想要的，只是“那个人必须离开！能否找到更好的人代替，不重要”。

为什么要赶走一个优秀的人，而让一个并不见得更优秀的人来代替，并因此支付一大笔钱呢？

在充满风险和不确定性的市场中经营一个大企业，并不容易。管理者要做出正确的决策。但决策是否正确，并无标准答案放在某处等着揭晓。人们只能根据公司的市场表现来评估决策的正确与否。但市场表现也很复杂。有时候，决策开始实施初期，公司表现很糟，但一段时间以后逐渐好起来。另一些决策的结果却是一直糟下去，直到公司彻底破产。坚持有可能出错，半途而废也有可能错过机会。勇敢果断有时候是成功的原因，有时候却也会造成致命失败。因此，当公司市场表现不佳时，人们并不能说CEO的决策就一定是错误的，是必须改变的。CEO坚持自己的选择，也有足够的理由。

这时，就会发生一种不同利益之间的错位：沉没成本的作用对公司和CEO并不相同。CEO的选择可能会不利于公司利益最大化，而是有利于他个人利益最大化。

对于企业来说，当某项决策实施一段时间以后，虽然情况并不明朗，但企业的市场表现不佳。这时，是否应该停止该决策，改用新的策略呢？坚持或者改道都有风险。关键在于必须确保理性客观的决策方式。对企业来说，现有决策所耗用的成本是沉没成本，做决定时应该将之视为零，应该在这个基础上理性客观地评估坚持或者改道的风险。但现任CEO很难做到这一点。决策是他做出的。这个决策是否成功，事关他经理人的市场声誉。改道，等于宣告他决策的失败，宣告他个人的失败。既然情况不明朗，对错还很难说，他就更愿意用公司的钱赌一把，成功了，他的市场声誉将大大提高；失败了，账单由公司承担。

也就是说，现任 CEO 会更倾向于坚持自我，即使风险更大。这种决定的基础不符合沉没成本的经济规律，会导致公司面对过大的风险。这显然对企业不利。即使董事会强迫 CEO 改道，也很难让他彻底放弃证明自我的愿望。而这种愿望会在无数具体情境中影响他的经营管理行为。唯一的办法就是换人。新人也许并不比旧人更优秀,但他有一个独特的优势——不受原有决策的影响。他会正确地将之作为沉没成本来看待。在这方面，他的个人利益和公司利益一致。而这，正是股东想要和需要的。

相比换人给公司带来的巨大收益和公司未来发展得到了更大的空间，尤其是对那些巨型公司来说，数千万甚至上亿的离职金并不算多。重要的是让那个人尽快离开，排除来自他个人利益的干扰，让公司的决策保持理性和客观。如果为了省钱而影响企业决策，怎么算都是因小失大，都是不划算的。实际上，许多企业更换 CEO 以后，即使新来的 CEO 什么都没来得及做，企业的股票价格还是会上涨。经常是，股票价格上涨造成的公司市值增加，不但足以弥补原 CEO 的巨额离职金，还绰绰有余。这显然不是因为新的 CEO 更优秀，而是因为投资者意识到，该公司现在更有机会摆脱原有决策的限制。他们在未来业绩改善的机会更大了。

不知内情的人只看到巨额离职金，但懂行的人就会看到其中的以小博大和经济合理性。经营企业，不是花钱越少越好。愚蠢地缩减必须花的钱，实际上是在浪费更多的钱。

你工作，别人才会有工作

该退休的人不退休，接着干活儿，继续占据工作位置，会让别人尤其是年轻人少一个工作位置，让某人找不到工作。在许多人看来这是不言自明的道理。但如果你肯动动脑筋思考一下，就会发现，事实是正好相反的。一个人继续工作，不但不会减少，反而能增加别人的就业机会。

（暂空一行，给你留出时间大喊“胡说八道，一派胡言，莫名其妙，颠倒黑白”。）

喊完了吗？那好，我来说说理由。

交换是人类社会中的基本现实之一。所谓交换，也就是生意、买卖、贸易。市场中，人们天天忙的就是生产用于交换的东西，然后设法找人进行交换。既然是交换，那就至少要有两个人，且他们分别持有至少一样东西，进行互换。如果只是一个人有东西，另一个人两手空空且什么也不会干，那是不可能有什么交换的。

铁匠努力工作，做出许多镰刀。他自己当然用不了这许多镰刀。镰刀又不能吃。铁匠需要找到农夫，用镰刀换些麦子回家磨面蒸包子吃。但他在村里找来找去，没找到农夫，只找到一大帮闲在那里晒太阳的懒汉。懒汉们一边晒太阳捉虱子一边说：我们都是好心人，不和你抢活儿干。如果我们都干活儿，你就没活儿可干了，就只好饿死了。现在你有活儿可干，多亏了我们闲着。为了表示感谢，你应该给我们送饭来吃。铁匠呸了一口，转身去远处的另一个村子。那里的人很勤劳，没有一个闲着的，都在努力耕田，产出的小麦堆满仓。他们正需要铁匠的镰刀。大家互相交换。农夫得到了新镰刀，铁匠拿着小麦回家磨面蒸包子去了。因为可以从农夫那里换来小麦，对铁匠来说，生产镰刀就等于生产小麦，就是在挣饭吃。铁匠天天都要吃饭，他可不能偷懒不干活。

农夫耕作，生产出铁匠需要的麦子，让铁匠的镰刀有了市场销路。懒汉什么也不生产，拿不出任何东西和铁匠交换。农夫和懒汉，到底是谁，让铁匠一直有活儿可干，可以养家糊口呢？懒汉好，懒汉妙，懒汉都是好心人。他们不和别人抢工作，他们把工作的机会留给别人。社会需要更多的懒汉，而不是更多的努力工作者，是吗？

在市场交换中，人们生产，是为了满足别人的需要，但他们不会把产品白白送给别人。别人要拿出产品来交换。这种交换的愿望，被称为需求。需求不是你想要，需求是你想买。想买就得有钱，想要有钱，就得干活儿。你干活儿越多，挣钱越多，需求也就越多，和别人进行交换的机会越多。别人为了满足你的需求，为了和你进行交换，才有活儿可干。持续增长的需求，源于持续不断的工作和创造财富。你工作，创造出财富，才有可能参与交换。你的工作为别人创造出市场需求。同样，别人工作，你的产品才有需求，才有市场销路，你才能继续工作。一言以蔽之，工作的人越多，需求越旺盛。闲着的懒汉越多，需求越低迷。

铁匠生产出的镰刀，其市场交换需求是农夫辛苦耕种出来的麦子，不是懒汉们的无所事事。对农夫的麦子的需求，来自于铁匠的镰刀，而不是懒汉手背朝下伸出的讨饭碗。农夫越是辛苦工作，铁匠越有活儿可干。反过来也一样，如果铁匠铺生意大发展，雇上几百个伙计打铁，麦子的市场需求就更大了。

你努力工作，挣了大钱，自然就会买车买房，到处去旅游。这些需求就为别人提供了工作机会。你不上班在家吃低保，能有什么市场需求？那些市场需求最旺盛的地方，一定也是生产最发达的地方。美国市场是世界最大的市场，不是因为美国人更会乞讨，而是因为美国人更多工作。同样的产品，在中国沿海发达地区销售多，还是在内地贫困地区销售多？

生活在一群什么也不干的懒汉中，你才会真正无事可做。懒汉们可能需要很多，但可用于市场交换的需求很少。他们不干活，不和别人抢活儿干，不但不能让别人有工作机会，反而减少了别人在市场中挣钱的可能。你怎么可能从一个一无所有的人那里挣钱呢？

当然，你可以自给自足，不和别人交换，过鲁滨孙式的生活。不过，那种生活实在悲惨。光砍柴生火一项，就够你忙活大半天的。能用上支铅笔写字，就算是顶级高科技了。只要你参与市场交换，享受分工带来的好处，你就需要自己和别人都努力工作。你不需要懒汉。谁也不需要懒汉，只有那些错误的经济学才歌颂懒汉，胡说什么不工作的人为别人保留了工作机会。

不过，你确实看到了，甲不退休离开，乙就不能入职接替他的工作。明明是甲工作阻碍了乙就业。这怎么解释呢？这是因为混淆了某公司的就业数量和整体就业数量的区别。

某公司的就业数量可能是固定的。一个萝卜一个坑。不拔去一个老萝卜，就不能种下一个新萝卜。但公共政策为什么要关心某公司的就业数量？公共政策应该关心的是整体就业数量。对于某个具体公司来说，技术变迁、经济周期、经营策略、消费者偏好变化，都可能影响他们的就业数量。但这种变化和社会整体就业数量变化是两码事。某公司的工作位置大幅减少，甚至公司破产消失，完全可能和社会整体就业的大幅增长同时出现。那些认为自动化设备会减少就业机会的人，犯的是同样的错误，混淆了具体公司就业数量和整体数量。想要维持某公司的就业数量不减少，就必须保持原有的经济、技术、竞争格局不变。所以，那些人反对技术进步、反对自动化，甚至反对一切变革和发展。

整体就业数量的增加不依赖任何特定的技术、经济、竞争格局。决定整体就业数量的，只是生产的发展程度。生产越发展，就业越充分。而影响具体行业具体公司就业数量的，则是一些局部、偶然的因素。实际上，公共政策根本就不必关心就业数量。只要让人们自由创造财富，自由兴办企业，就业就不是个问题。人们工作越多，创造出来的就业机会也就越多。只有在政府用各种管制限制人们的生产经营活动之后，就业才成为需要解决的问题。

工作机会是创造出来的，不是保留出来的。你工作，别人才会有工作。不要以为你放弃工作，别人才能得到工作。同样，别人努力工作，你工作挣钱的机会一定是增加而不是减少了。取消对市场蛮横无知、自作聪明的管制，放手让人们去寻求自己的发展之路、致富之路，就业就永远不是问题。劳动力资源和其他资源一样，多多益善。

信息不对称

——被夸大的危害

很多人认为，商家和消费者之间存在的“信息不对称”会对市场秩序造成重大影响。拥有更多信息的商家似乎总有办法欺诈懵懂外行的消费者，牟取额外的利润。从南京到北京，买的不如卖的精。

消费者怎么办呢？看来只有两个办法：要么忍气吞声任人宰割，眼睁睁地看着商家占便宜自己吃亏，谁让你是外行呢；要么放弃消费，不买了。哦，对了，一定会有人说，还有第三种办法：政府出手，强迫商家公布信息，并由政府提供担保。不是信息不对称吗？政府下令，增加消费者这边的信息，不就对称了吗？市场经济很好，但信息不对称不好。收了税的政府不能不作为。

这三种办法，孰优孰劣，或许会有激烈的争论。但如果你换个角度去看，会发现这些争论颇为滑稽。明摆着的事实是：信息不对称之下，全世界每天都发生无数次商家和消费者之间的交易。所谓信息不对称阻碍交易，根本就不存在。根本就不存在的问题，为什么要去讨论如何解决呢？

信息不对称为什么没能阻碍交易呢？通常的解释是因为市场竞争。这个解释很对。我接下来要做的，是再进一步，说说市场竞争到底是如何克服信息不对称的。

知识就是力量。这其中的知识当然包括信息。拥有更多的信息，很多时候确实是一种优势，可以获得收益。你去买电器，看中一件。但那其实是返修货。你是外行，看不出来。商家却心知肚明。他有信息优势，可以糊弄你，利用你的无知，把返修货卖出正品的价钱。店里进来一位顾客，看上去颇为阔绰，花钱大手大脚。他要买件 T 恤，实价一百元。但给他开价五百也没问题。店家便看人下菜碟，借机高价售出。商家和消费者之间，确实存在信息不对称。商家毕竟干了很多年了，是这行的专家。你不过偶尔来一次，怎么会更加精通。

不过，现实中的情况往往并非如此。

商家明确标出“返修货”“处理品”并主动降价的情况并不少见。虽然大多数顾客看不出来区别，但商家也不是能骗一个就骗一个，而是会主动降价。至于看人下菜碟，对不同顾客报不同价，做过生意的人都知道，那说起来容易做起来难。实际上，不仅如此，更多根本不必告诉消费者的信息，商家也会主动提供。比如，商家通过某种渠道低价进了一批好货。这种信息，如果他不说谁也不会知道。但他会主动贴出大广告降价，请大家不要错过机会，赶紧来买。商家为什么会如此主动公布信息呢？他们为什么不尽量利用信息优势多赚钱呢？答案就是：信息不对称是双向的。骗和瞒，不是那么容易的。固然，关于商品，商家比消费者有信息优势。这里存在信息不对称。但同时，关于消费者的购买意愿和知识状况，消费者比商家有信息优势。这里，同样存在信息优势，不过这是有利于消费者的不对称。

北京市市政府不允许人们随便购买汽车。我现在没有买汽车的资格。但我有时也会去 4S 店转转，看看新车，进去坐坐，摸摸这儿动动那儿的。现在 4S 店的服务水平都很不错。看到我进来，店员都会热情招呼，递上名片，并陪着我看车，嘘寒问暖：“您打算买哪款车？”“这是我们今年推出的新款。”“买这款有折扣。”这些店员不知道，他们是在瞎子点灯——白费蜡。我没有号牌，根本不可能买车，就是随便转转而已。不过，这个信息，我知道，他们不知道。信息不对称。

你去买空调。商家并不知道，你是对价格行情一无所知，还是已经在市场中转了俩小时了，对行情非常了解。他也不知道，你是第一次用空调的菜鸟，还是曾经在空调厂工作过十年的工程师。他还不知道，你这次是预算很宽裕，打算买一个最好的空调，还是手头很紧张，打算买一个能用的就行。进店的顾客可能很有钱，多花几百元，他根本不在乎。但他也可能刚从隔壁的店里出来，对价钱很清楚。你找他要高价，等于明着说你拿他当冤大头，他会转头就走，生意根本做不成。不但没能多赚钱，还会一分钱也赚不到。你问水果小贩，这橘子是酸的还是甜的？小贩最怕这种问题。因为他不知道你到底想要哪一种。他很愿意你问：这橘子甜（酸）吗？这等于是把你的偏好告诉他了。面对信息不对称，小贩也很苦闷啊。你到底想要买什么？

因为对消费者的购买意愿、经济实力、掌握信息等情况不了解，因为存在这种信息不对称，所以商家并不敢充分发挥自己的信息优势，拿顾客当傻子。这不是高尚，而是明智。消费者大可不必担心，市场没有那么险恶。

交易中，如果不清楚对方的情况，最优策略是实话实说。道理很简单。实话实说，顶多是价钱谈不拢，交易不成。如果撒谎欺诈，因为情况不明，并不能提高成功交易的可能性，反而有被人揭穿、商誉受损的危险。得不偿失。可见，商家在商品上对消费者的信息优势，会被消费者在自身情况上的信息优势所抵消。对付信息不对称的最好办法，是反向的信息不对称。

那么，市场竞争在这里的作用是什么呢？

不同的商家争夺顾客。他们的竞争，实际上是在比着看谁把“实话实说”

的最优策略贯彻得更坚决。你主动披露产品成分，我就连原料来源也公之于众。你把厨房隔墙改成透明玻璃的，我就聘请权威机构来检验，并把检验证书贴在墙上。观察现实我们会发现，在“实话实说”，争取消费者信任上，市场发展出非常多的方法：商标、品牌、连锁经营、第三方检验、担保、售后服务、无原因退换货……所有这些市场现象都是竞争的产物。正是由于存在这种种方法，臆想中的“信息不对称会阻碍市场交易，导致市场失灵”从来都没有在大范围内变成现实。在市场发展史上，这个问题从来都不重要。当然，人性不完美，所以市场也不完美。如果商家有机会发现消费者的个人信息，双向信息不对称之间的抵消作用将会大大削弱。这时，确实可能发生欺诈。比如，商贩对外国人要高价。买电脑时让电子市场的人知道你是菜鸟，很不明智。不过，解决这些问题不难。

不是所有的交易都值得斤斤计较。到外省外国去旅游，被当地人要点高价，只要不太过分，一般人都懒得追究。何必破坏了旅游的好心情呢？如果是很在乎的交易，优先选择大品牌、连锁店。他们长期实行“实话实说”策略，唯恐你不相信，还付出很多抵押——过去的投资都是抵押，一旦欺诈砸了牌子，过去的投资付之东流，等于是抵押被没收了。到陌生的地方出差，担心食品安全，就吃麦当劳肯德基好了。

另外的解决办法是，消费者主动学习增加信息，或者从外界购买信息服务。媒体上经常有消费知识的介绍。而商家以外掌握商品信息的人，只要你付费，他们也很愿意帮助你避免被骗。比如，你要买二手车，自己不懂，怎么办呢？我的第一辆车就是二手车。先确定要买的品牌车型，然后，我到汽车维修市场找到该品牌的维修店，约一个技工，和他说好 100 元一天——实际只用了半天，他和我一起去二手车市场挑车。他帮我买下的那辆二手车很好开，我正常使用了好几年。遇到懂车的，也说车况不错，买得值。我要自己学会鉴别二手车的知识，可能要好几年。购买，只要 100 元，不是很合算吗?

总结一下。

所谓信息不对称确实存在。但信息不对称是双向的。关于商品，商家知道得更多，但关于消费者自身的情况，当然是消费者知道得更多。双向的信息不对称，互相抵消。对双方来说，大多数情况下，最优策略都是实话实说。少数不能抵消的情况，消费者用简单方法即可解决信息不足的问题。这种需求本身促成了一个知识交易市场。无须兴师动众地引入政府这个强制力量。由于存在竞争，商家还不能满足于一般的“实话实说”。他们还要用尽各种办法向消费者表明，自已比竞争对手更加“实话实说”，于是市场中发展出许多信息披露和质量担保方法。

正如哈耶克所说，大部分知识是以分散的且无法集中的状态存在于社会成员的头脑之中。“这个空调是新产品，可以高价出售”“我最近有一笔外快，要把那个旧空调扔了，换个最好的”，这两条分散的信息，很可能永远无法以有形的方式集中起来，却会因为一次交易而结合在一起，创造出双方的满意，让财富增加。市场交易，不需要以信息均等为前提，相反，恰恰要靠交易把分散的信息捏合在一起，创造出财富，为人们造福。知识就是力量，知识就是财富。恰恰要靠市场来实现。不能参与交易的知识，孤单地存在于某人的头脑中，可以说毫无用处。

应该做的，是解释市场成功的原因，而不是臆想市场失灵，然后提出莫名其妙且危害市场秩序的解决方案。

价格竞争无输家

市场经济的基础之一是依靠价格调节供需。但很多人就是不习惯价格的这种作用。一说用价格调节需求，在他们的脑海中，立刻就会浮现出一幅残酷的景象：富人留下，穷人滚蛋。更详细一些的描述就是：一排瘦骨嶙峋的穷人在眼巴巴地排队，突然，来了一个大腹便便的家伙，挥舞着肮脏的钞票，蛮横地冲到最前面，用那脏钱把所有挡路的穷人都扒拉开，然后扔下钱，拿了票，大摇大摆地走了。

指出涨价可以提高效率，可以改善秩序，是无法消解这种情绪的。甚至正好相反，你越说效率，越说秩序，他们就越是只看到残酷和无情，只看到富人欺凌穷人。或许，深入分析供需规律具体的作用过程，分析其中人们的心理状态，分析人们面对价格时进行取舍的真实决定过程，有可能消除这种强烈的情绪。

本文就试图在这方面做一些尝试。

需求曲线向下倾斜，意思是价格上涨，需求减少，至少是不会增加。这是经济学的核心原理之一，非常重要。但大多数人只是在二维坐标图中认识和理解这个原理。问题是：这个坐标图中的变化过程在现实中是什么样子呢？换句话说，价格上升时，人们到底是怎样减少需求的呢？在这个过程中，他们心里是怎么想的呢？我们来分析一下这个过程。

某商品，原来价格是100元，你买得起，时常买。后来价格涨到200元，你买不起了，不再买了。观察者看到的是：在和其他人用钱竞争这个商品时，你财力不够，退出了竞争。胜利者是别人，是那个愿意出价200元的人。我的问题是：在这个过程中，你自己是怎么想的呢？

你不大可能知道自己输给了谁。市场很大，很复杂，参与交易的人很多。你嫌贵不买某件商品，但你并不能知道是谁战胜了你，不知道最后是谁得到了那件商品。你连对手是谁都不知道，让你放弃的直接原因当然就不会是因为对手太强大。换句话说，你退出竞争，输给了其他人，这只是逻辑分析揭示出来的过程，而不是真实发生的过程。不如对手有钱，选择放弃，这并不是发生在你头脑中的决策过程。那么，你头脑中的真实决策过程是什么呢？

是你在比较自己的不同欲望，然后选出最优先的那一项。

价钱是100元的时候，你愿意买，涨价到200元了，你就不愿意买了。这是因为需要多花的那100元你本来另有他用。你要比较的是，把这100元拿过来买这涨价后的200元的商品好呢，还是放弃，省出200元用于其他好呢？你并不是在和别人比较，你是在和自己比较，比较自己的不同欲望。钱是有限的，欲望却无穷。你要做出取舍。这才是存在于你头脑中的真实决策过程。

你有各种不同的欲望，强烈程度不同；要想满足这些欲望，需要不同成本。到饭馆好好吃一顿，可能需要几百元；买一辆新车，可能需要几十万元。根据欲望的（1）强烈程度和（2）所需成本，你会对自己的不同欲望做个排序。越重要的，越容易满足的，越会排到前面，被优先满足。如果收入发生了变化，你会重新进行排序。如果价格发生了变化，各种欲望满足的成本发生了变化，你也会重新进行排列，把有的欲望提前，有的推后。那件商品，原价 100 元，在你的欲望排列表中，比较靠前，被满足了。后来涨价到 200 元，成本增加了，就被往后排了。其他的欲望跑到前面来了。于是，你就放弃了这个商品的消费，转而去满足其他欲望了。这时，发生了什么？发生的是，你对涨价商品的需求消失了。在这个过程中，你始终都是在和自己比较，比较自己的不同欲望，而不是在和别人比较。一言以蔽之，你自己看着办。

你的任何欲望，和别人的任何欲望，都无法进行横向比较。说你买 iPhone 的欲望，强于我买笔记本电脑的欲望，这句话完全是毫无意义和无法理解的。有意义的说法是，你买 iPhone 的欲望，强于你外出旅游的欲望，所以，你买了 iPhone，放弃了旅游。也就是说，价格无论上升或者下降，消费者面对价格的取舍都是自愿的——尽管不是随心所欲的，是他内心各种欲望之间的权衡和妥协，而不是对别人意志的服从。做出选择，是他自己说服自己的过程，而不是被迫服从他人意志的过程。

限制或者废止价格竞争，取而代之的就是比较身份或者运气，而这些都无一例外地不再是人们面对自己时的自愿选择，而变成了人与人之间的比较。并且，所有非价格的比较标准都是人为制定的。制定者的意志主宰着其他人，其他人必须服从他。

出门坐飞机时，我买的都是经济舱。不是因为买不起头等舱，而是因为我觉得那太不值了。在我的欲望排序表中，舒适宽敞地坐飞机，比较靠后。让自己不舒服一些，坚持几个小时，就可以省下数千元。受点辛苦也不觉得辛苦了。这是我的自愿选择，没什么可抱怨的。想到可以用省下来的钱干点别的，比如买个新手机，我简直都有些高兴了。可是，假如头等舱机票的价格和经济舱一样，但却因为官职或者户籍或者其他什么乱七八糟的理由，别人强行禁止我购买头等舱机票，我就会愤愤不已，并对经济舱的不舒适倍加憎恶。价格以外的竞争手段意味着消费者对他人意志的服从，而不再是自己说服自己。这一定会增加人们的不满和怨恨。

自由市场制度采用价格进行竞争，价高者得，绝非偶然。价格竞争是唯一符合自由自愿原则的竞争方式。当你因为价钱贵而放弃时，得胜者同样是你，是你的其他欲望。可是，如果你明明能承受这个价格，却被强制放弃，让给他人，这时的你才是彻头彻尾的失败者。你为此而感到沮丧和挫折，非常正常。

面对资源有限、欲望无穷的局面，人们各自调整自己的欲望排序，将最迫切的、最易满足的欲望优先满足。从效率的角度看，这将导致效率最大化；从自由的角度看，这也是自由最大化、强制最小化的解决办法。任何情况下的价格管制，都是在取消消费者的自愿选择，代之以强行实施的人与人之间的比较。不管这种比较标准是什么，这种做法要么是低效率的，要么是不道德的，更多的时候，是两者兼有。

利率的威力

有人发了这么一条微博：当太阳变成红巨星后，冥王星将变成绿洲，可支持地球上的生命。还有人写了一篇科幻小说《在冥王星上我们坐下来观看》。小说畅想了一番地球被太阳变成的红巨星吞噬以后，人们逃往冥王星时的爱恨情仇。小说当然是虚构的，但这个问题却让我想了一会儿。太阳变成红巨星时，人类真的可以逃往冥王星吗？各方面条件具备吗？如果不具备，我们现在是否应该为冥王星这个未来避难地做些什么？

先说说红巨星是怎么回事。

恒星的寿命长短取决于其质量大小。质量越大的恒星，消耗燃料的速度越快，死得就越快。质量中等或小号的恒星，虽然燃料总量比较少，但消耗速度比较慢，反而活得比较长。太阳是一个普通的中等偏小的恒星——这对人类至关重要。因为不那么大，所以太阳寿命比较长，附近行星上的无机物才有时间演变成有机物，再演变成生命，最终演化出人类及其文明。

天下没有不散的筵席，太阳的寿命再长也有终结的时候。红巨星就是太阳走向死亡的第一步。

太阳发出来的光和热来自其内部的核聚变。氢聚合成氦，在这个过程中释放出能量，也就是光和热。这个光和热对人类很重要，须臾不可离。但对太阳自身来说，核聚变有另外的作用，那就是维持太阳的形状。恒星是个气体球，气体受到中央引力的作用，应该向下“塌”。塌不下去，就是因为核聚变放出的热提供了向外的支撑力。两个力不相上下，太阳就维持着圆鼓鼓的球形。将来氢燃料用完了，氢到氦的核聚变也就停止了。没了核聚变提供的支撑力，太阳这个气体球就会收缩，也就是坍塌。塌了、收缩了其实也有好处。一收缩，温度压强转而提升，升到比现在的太阳温度还高很多，就可以点燃更高级别的核聚变，比如把氦聚变成碳。太阳内核的氢也会被点燃，聚变成氦。这样就又可以维持一段日子。虽然太阳可以继续维持一段日子，但这时，地球可就大难临头了。

氢燃料用完，发生坍塌，点燃更高级别核聚变。这是太阳自己的事情。但麻烦在于，内核坍塌的同时，太阳的外层气体却被内核更高的温度推出去了，推向宇宙，看起来就是太阳膨胀了。内核坍塌，外层膨胀。外层膨胀部分的温度比内核的高温低很多，但别高兴得太早。这时太阳的内核温度是上亿度，外层温度即使低很多，以人的标准来说也高得吓人。最要命的是，这个膨胀会胀很大，先是覆盖离太阳最近的水星轨道。水星一下子就被汽化了。接着是金星，然后呢？然后膨胀的太阳就奔着地球来了。也就是说，太阳这个宇宙中熊熊燃烧的火球，变成了一个温度较低但体积大很多的火球。高温的时候，火球发白光，这就是我们今天看到的太阳。温度低了，就发红光了。一个体积大到吞噬了附近行星的红火球，这就是红巨星。

还有更吊诡的事情哪。膨胀后的红巨星，把地球吞噬了，但其膨胀后的高温气体其实密度极低，比现在地球上任何实验室能弄出来的真空都更稀薄。想象一下这个场景：虽然还不至于像水星那样悲惨地被汽化，但一个被彻底烤焦的地球，在太阳膨胀出来的“红巨星”超级稀薄气体中，绝望地围绕太阳内核继续转动。

太可怜了！

红巨星以后，太阳还会发生更多变化，一直到彻底终结，很热闹也很复杂。篇幅所限，就不说了。这里要说的重点是，红巨星吞噬地球以后，地球上的生物就全活到头了。这是不折不扣的世界末日。

这可怎么办啊？

所以就有人想到了冥王星嘛。冥王星和太阳的距离，相比地球，可远得多。地球距离太阳 1.5 亿公里。冥王星距离太阳 59 亿公里。太阳变成红巨星时，可能会膨胀到火星轨道那么大，也就是半径达到 2.285 亿公里——现在的太阳自身的半径只有将近 70 万公里。地球被吞噬无疑，但冥王星尽可高枕无忧，还远着哪。不但高枕无忧，冥王星还因祸得福。红巨星比原来的太阳大得多，能向更远的行星放出光和热。以前一直得不到太阳太多光和热的冥王星这下也沐浴在阳光下了。阴冷黑暗的冥王星或许就此变得温暖明亮，说不定正好适合人类居住。所以，那条微博才说：

“当太阳变成红巨星后，冥王星将变成绿洲，可支持地球上的生命。”

现在的冥王星显然不适合人类居住。将来要想成为绿洲，即使红巨星提供了温暖的阳光，也势必要做大量基础设施建设。就算暂时不开始建设，现在也要先做很多调查研究工作。忙了用，闲了备。凡事预则立，不预则废嘛。那么，我们现在到底应该为冥王星这个未来的生命绿洲做些什么呢？

且慢。在各界技术专家摩拳擦掌投身科研工作以前，先让经济学家来算算账好吗？

你手里有 1 万元钱。你可以今天把它花了，也可以不花把它存入银行以后再花。存入银行，如果年利率是 5%，一年以后，你将得到 10500 元。也就是说，今天的 1 万元等于一年后的 10500 元。一笔钱加上时间就会增值。反过来算，未来的钱，如果拿到今天来提前花，就要减去一部分，要贬值。假设贷款利率是 10%，一年后的 1 万 1 千元，银行今天只给你 1 万元，但一年以后到期时，你却要一分不少地付给银行 1 万 1 千元。

一笔钱加上时间就会增值，增值部分是利息，增值比例是利率。对债务人来说，利息很讨厌，最好能没有，可惜做不到。有史以来，一直有人想消灭利息，但从来没人做到过，以后也没戏。有的宗教不容许利息的存在。按照教法建立的银行就被禁止收取利息。但稍一细看就会发现，他们只不过是规避利息这个名目而已，这种银行改用其他各种名目收取实际上就是利息的钱。说是障眼法有点尖刻，但实际也就是那么回事。

既然利息永远存在，也就是说，现在的钱永远比未来的钱要少。至于到底少多少，取决于利率高低和时间长短。算账，就是算算现在投入的钱和未来产出的钱分别是多少。

今天投资一笔钱研究怎样建设冥王星，这是投入；未来红巨星来了以后，人们就可以逃往冥王星避难，这是收入。如果今天的投入加上利息小于未来的收入，这笔投资就是合算的。否则就是不合算的，是赔本买卖。有人会说，生命无价，事关生死就不能算账了。其实不然。生命固然重要，但可选择的拯救方式却有多种，投入产出各不相同。算账很有必要。要找出投入产出比最高的那种方式，这样才能拯救最多的生命。越是生命无价，就越要算账。

接下来我们就算算建设冥王星这笔账。

本金经过一段时间以后加上利息的总收入，可以用一个简单公式计算：

本金 ×（1+ 年利率）^ 年限 = 未来收入

假设本金 1 万元，年利率 6%，一共 7 年，把这几个数代入公式：

10000×（1+6%）^7=15036.3

以 6% 的年利率出借 1 万元，7 年以后可以收回 1.5 万多一点。也就是说，在 6% 的利率下，你为了 7 年以后的 1.5 万，今天值得投进去 1 万。但如果投入超过 1 万才能在 7 年后得到 1.5 万，就不合算了，不如不投。最好把这 1 万元拿去干别的，那样收入更高。

那么，计算建设冥王星的投入产出时，公式里的几个数字分别是多少呢？利率我们假定为 1%，现实中一般更高，但在一些低利率国家，1% 的年利率也有。而且这样方便计算。接下来看年限。太阳的整体寿命大约是 100 亿年。至今为止，太阳已经度过了 50 亿年。在这 50 亿年中，太阳系中的一颗行星，也就是地球上演化出了人类及其文明。再过 50 亿年太阳将变成红巨星。到那时，人类就该逃往冥王星了。也就是说，年限是 50 亿年。

那么，未来的收入是多少呢？这个有点棘手。因为不知道 50 亿年以后的世界是什么样子。不过既然是今天计算，不妨参考一下今天的数字。瑞士信贷银行 2014 年发布的报告显示，全球总财富约为 263 万亿美元。如果人们通过逃往冥王星重新得到一个媲美地球的新生活环境，我们可以大致估算这个新生活环境的总财富也是这个数量级。可以多算一些，就算 500 万亿美元吧。这是成功逃往冥王星的收益，也就是收入。好，下面我们把这几个数字代入公式，算算今天应该投入多少研究资金才合算。

今天应该投入的研究资金 ×（1+1%）^50 亿 =500 万亿美元。变换一下：

今天应该投入的研究资金 =500 万亿美元 /1.01^50 亿

我打开计算机中的 Excel，写出这个简单的公式，然后把这几个数字输进去，一按回车键，Excel 的显示是：

#NUM!

我是文科生，对自己的数学能力一向没什么信心。看到Excel报错就有些慌张。什么地方算错了？仔细检查了一遍公式和输入。没错啊。翻开Excel帮助文件，#NUM!这个报错的意思是：数字太长，无法显示。

我想到了这个数字会很长，这样才能和50亿年啊、500万亿美元啊这样的天文级数字搭配，但没想到居然长到Excel都无法显示。我试着逐渐缩小50亿这个数字。20亿、1亿、2千万、500万……一直试到7.1万年，Excel终于有了显示：

7.6108E−297

就算文科生也看懂了。这个数字是小数点后面有297个零那么小的一个数。我有点儿无感，一时找不到任何现实中的例子来说明这个数有多小。而且，这只是7万1千年，如果50亿年呢？

我给一个数学专业的朋友打电话，让他估计一下按50亿年计算会得到一个多么小的数字。电话另一头，那人慢悠悠地说（可能同时在竭力克制对我展开讽刺挖苦，大家知道，他们理科生一向不大看得起文科生的）：我估计啊，那个数字小数点后面的零比全宇宙的大小星星总数还要多。你让Excel干这活儿，你这是要疯啊……

我原来以为能得出个几美分的小数字。50亿年以后的500万亿美元，按1%这个很低的利率计算，放到今天只折合几美分，那也足够惊人了。但我真傻，真的。实际上，即使是区区7.1万年以后的500万亿美元，放到今天，也已经减小到小数点后面297个零那么小的一个数。至于漫长的50亿年……还是别算了。

明白了吧，为了50亿年以后能挣到500万亿美元的收入，今天投入哪怕一点点资源，都是亏本买卖。这还是按照1%的年利率计算的。如果年利率是5%？零太多，我不敢想了……

不妨反过来算一下，如果今天投入 1 美分，也就是 0.01 美元，年利率 1%，50 亿年以后能得到多少钱呢？ Excel，过来，再算一下。

#NUM!

老办法，一点点减少年限，看看多少年 Excel 能有显示。巧了，也是 7.1 万年。今天投入 1 美分，年利率 1%，7.1 万年后，可以得到 6.5696E+304。文科生又看明白了，这是一个有 304 个零的巨大数字。提醒，这只是 7.1 万年以后，如果是 50 亿年，还是那句话，宇宙中所有的天体，每个上面写个零，都写不下。

算账就比不算强。算了账，才明白，对于红巨星到来时人们逃命所需的生命绿洲冥王星，今天大家应该做的就是——什么也不做。为了 50 亿年以后的需求，不管那个需求多大多重要，今天投入哪怕一点点资源都是浪费。今天的资源有的是比那更重要的用处。资源很宝贵，别浪费。

世界之大，无奇不有。说不定真有人会拿冥王星题材去忽悠人。想想看，红巨星世界末日到来时，冥王星将是人类文明的唯一希望，难道不应该现在未雨绸缪一番吗？实际上，几年前我曾经在某杂志上看到过，的确有人严肃地建议研究太阳变成红巨星时人们该如何应对。他们的建议是研制出巨大的氢弹，放入太阳中引爆，提前引发高级核聚变，让太阳继续普照地球若干亿年。

类似想法，当个科幻文学，启发一下大人孩子的思路，或者找个乐子，倒也没什么坏处。但如果真有人为红巨星忧心忡忡，主张今天就投入资源做点什么，你最好给他介绍个心理医生。因为简单的计算就已经表明，为了 50 亿年以后的事情，今天做什么都是极大极大的浪费。如果那人正在忽悠政府或者私人给他投资，你就可以确定了，他是个骗子。

旁边那位说了，你一个搞经济学科普的，啰里啰唆写这篇文章，不就是为了臭显摆你懂天文学吗？可在这个信息大丰富的时代，红巨星什么的，谁都能轻松检索到。用得着你多嘴卖弄吗？此言差矣。虽然天文学确实很有意思，但本文明明是一篇经济学文章。天文学什么的，深了去了，我哪懂啊。

好了，到了文章结尾，该揭示主题了。

本文意在介绍两个经济学知识，第一个是复利——也就是利滚利——在长时段内的巨大威力。生活中的利率一般数字很低，只有百分之几而已，但如果假以时日，经过一段长时间，百分之几的复利却会催生出巨大的结果。这个结果之大，往往超出一般人的常识或印象。本文用红巨星、冥王星为背景，展示了一个复利长时间惊人膨胀的例子。

第二个知识就是利率、利息的作用。人无远虑，必有近忧。无论是个人生活、企业经营，还是国家战略，目光长远，很有必要。能比别人看得更长远，预先为未来打下基础，做好准备，往往能占得先机。但这种长远考虑是不是越长越好呢？恐怕也不是。那么，考虑多长远才算合适呢？

利率的作用就是告诉人们应该考虑多长远。结合利率、时间的计算表明，50亿年以后的事情，不管多重要，今天也根本不必考虑。实际上别说50亿年，几百上千年以后的事情，从实际经营的角度去看也根本没必要考虑。别相信有些人的危言耸听。别为了他们所说的“未来”而糊里糊涂地放弃现在。现实中，我们不会看到有国家或公司制定千年万年的发展战略，也不会有什么人为十代以后的子孙预留财产。人们不做这种“长远”考虑，主观上可能非经深思熟虑，只是习惯使然。但经济学计算能说明这种“不考虑”的合理性。

凡事皆有度，价格的作用正在于指出合适的“度”在哪里。利率是时间之价，在利率这个价格的指引下，人们才能正确处理今天和未来、短期和长远之间的关系。既不会为了今天过分地牺牲未来，也不会为了未来过分地牺牲今天。人类的可持续发展，正来自于对这种“度”的准确把握。

政府借债的经济逻辑

地方政府的债务问题成为舆论关注的焦点。人们对各地政府积累的巨额债务深感不安，有人甚至认为会因此酿成金融危机。作为一个主张自由市场经济的人，我当然希望政府平衡预算，量入为出，不要大肆举债。财政赤字的危害很大，会导致通胀和政府对市场的严重干预。但政府借债也并非一无是处。政府借债，有助于解决或者缓解一个棘手的政治问题：官员的短期行为。

官员的任期有限，所以，政府的一个痼疾就是短期行为。官员只要确保任期内得到民众拥护即可。他们会乐于实施那种长期有害但短期有益的政策，比如向民众许诺丰厚的福利，投资兴建根本不可能有效益的公共工程，阻止长期有益但当期会增加民众负担的改革。成为“前人栽树、后人乘凉”中的前人，是官员要竭力避免的噩梦。只要恶劣政策的结果在任期之后爆发，对于官员来说那就不是恶政。相反，人们还往往会说：“你看，他在任，就没事；他一离开，一团糟。他要接着干多好啊！”

那么，政府借债如何能够解决、缓解短期行为呢？

政府发行债券，所能用来偿债的无非是日后的税收。而日后税收的多少，取决于当地的社会环境是否有利于经济发展。政府的短期行为之所以不利，是因为它必然在长期损害社会环境，不利于经济发展，而这当然会减少政府日后的税收，降低政府未来的偿债能力。普通民众没有兴趣也没有能力去分析政府的政策是否属于短期行为，但经营政府债券的人却很有兴趣关注政府的每一个政策，并据以分析政府日后偿债能力的变化趋势。

政府推出一项政策，短期内看不出有什么危害，甚至看上去很不错，比如增加了就业，但几年以后却会严重影响经济发展。这种政策可以骗过普通公众，甚至赢得喝彩和选票，但却很难逃过债券分析师的眼睛——他们被训练出各种技能，就是为了识别这种政策。分析师们知道，由于该政策，当地的经济发展会受到严重影响，恶果会在几年以后爆发。到那时，政府的税收很可能会减少，到期的债券被违约的可能性就很大。分析师们会调低那些债券的等级，并抛售那些债券。债券价格会因此马上下降，并不是几年以后恶果暴露出来才降。这和股票市场类似。企业做出错误决策，会在当时就拉低股价，不必等到错误决策的后果暴露出来以后，股价才降低。

调低等级，抛售债券，对经营债券者来说，是为了避免损失或借机牟利，但这些行为同时也在向全社会发出清晰的信号：政府实施了不良政策。这种信号比评论家写的批评文章要有力得多、可信得多，影响大得多，对政府的制约力也强得多。其他人通过债券市场的变化看到该政府实施了不良政策，就会相应调整自己的投资计划。这就会立刻影响政府税收。也就是说，不利的后果不是在官员卸任以后才出现，而是在当时就出现。官员忌惮于此，就会减少短期行为。短期行为就这样受到市场力量的遏制。因此，一个运转良好的债券市场，实际上起到了政府政策长期效果监督者的作用。那些以此谋生获利的分析师们，很有动力利用尽可能多的知识和能力，深入细致地分析政府政策的各种后果，并通过债券等级、价格的变化告知全社会。这种商业化“监督”远比代议制的政治监督可靠得多、及时得多。

那么，上述机制，对举债不少的中国地方政府是否适用呢？很遗憾，不太适用。

中国的《预算法》明确禁止地方政府发债：“除法律和国务院另有规定外，地方政府不得发行地方政府债券。”（第二十八条）所谓的政府债券及其一整套经营机制，在中国并不存在。那么，现实中，中国地方政府的巨额债务是怎么来的呢？是地方政府用变通的办法借来的。法律可以禁止地方政府借债，但无法确保地方政府的钱一直够花。钱不够花时，除了借债，也没有什么别的好办法了。地方政府又不能印钞。

一般的做法是，地方政府成立一些国有公司，负责当地的公共工程建设，然后，以这些国有公司的名义对外借债。借来的钱，主要用于当地的公共工程建设——这也正是地方政府花钱的主要去向。具体实施的时候，放债的银行或者信托公司还会做一番巧妙设计，让债务从法律上看和地方政府无关。但人们都知道，这些债务是由地方财政兜底的，信用程度很高、风险很低。银行、信托公司很乐于放这种债。也因此，地方政府才积累了巨额债务。银监会准确地将那些替地方政府借债的国有公司界定为“融资平台”。《预算法》禁止地方政府借债的规定，其实成了一纸空文。地方政府很需要这些融资平台。

人们应该面对一个现实，政府借债是不可避免的，尤其是中国这样的发展中国家。大量的基础设施都由政府投资兴建。短期内完全转为私营民办，几乎不可能。只要政府债务占整个产出的比例不太高，就不是一个严重的问题。重要的是，要为政府借债设立相应的制约机制。这些制约机制主要是两点：第一就是上述的运转良好的债券市场。市场对所有人开放。债券的利息和价格随时浮动。评级机构独立经营，不受政府干预。必要的话，可以引入国外有信誉的评级机构。这等于是让市场每天评估政府的政策。另外，既然要利用市场的监督职能，就要允许政府发行长期债券。现在的中国地方政府发债一般都是短期，3 年、5 年、7 年。而美国地方政府发行的债券有 30 年甚至更长的。1996~2012 年期间，美国市政债券的平均期限是 15~22 年。债券期限越长，市场对政府政策的监督也就越长远。

第二点就是政府应该可以破产。没有破产的市场就像没有地狱的宗教。所有的劝说、批评、警告，在促使人们遵守财政纪律上，都不如一次实实在在的破产。政府财政破产，并不是世界末日，也不是重返无政府状态。美国好几个县都有过破产的经历。经过规范的财务整理，破产的政府可以重新恢复正常状态。当然，相关的投资者蒙受损失是免不了的。破产的可能，提示投资者注意政府债券的风险，而不要无限信任。没有投资者的无限信任，也就不会有政府债务的无限膨胀。

可是，这些条件在中国目前都不具备。于是，一方面，虽有禁令，但地方政府实际上大举借债，这些债务的最终承担者当然是公民和企业。另一方面，借债对政府短期行为的制约作用却无从发挥。我们只得到了政府债之负，却未得到政府债之利。中央政府应该也认识到了禁止地方政府借债已经不可能，已经在着手改革。

当然，改革不会一蹴而就，分步走，可以接受。重要的是，改革的方向是明确的。与其徒劳地自欺欺人地阻止地方政府发债，不如规范其发债行为，既解决了地方建设的资金来源，又从市场中引入了制约政府的力量。

职场中的性别成本

在职场中，男性的收入往往高于女性。而且，不仅货币收入，在入职机会、升迁机会、非货币收入等方面，男性也明显优于女性。这个事实不能否认。要讨论的问题是，造成这个事实的原因是什么？是因为雇主歧视女性吗？

看到男女待遇不同，就说老板歧视女性，这很方便，但方便不等于正确。找不到正确的原因，就无法解决问题。如果推出错误的解决办法，还会让事情进一步恶化。说男女应该同工同酬，这句话说了等于没说，因为明显的事实是：男女就是不一样，不同工，男女在工作上的差别很大。

首先，男女的体力明显不同。女性体力较弱，那些需要耗费大量体力的工作自然就排斥女性。在现代化机械和自动化出现以前，正是这种原因让大多数女性只能留在家中做家务。她们的体力不足以胜任农业、采矿、战争、工场工业这些主要的劳动。其次，在对女性贞操非常重视的时代，独自外出、混迹在男人堆里的工作，比如航海、长途贸易，也不适合女性，尤其不适合年轻未婚女性。

不能外出工作，只能在家中操持家务，女性的收入自然会比男性低很多。大多数历史时期就是这样。不过，这种男女职业分化的理由很强、很自然，女性一般并不会对此有明显不满。机械化和自动化实现以后，机器代替人去做那些艰苦的劳动。女性的就业机会增加了。办公室、管理、工厂里的轻体力活儿，女性可以胜任。也正是在这时，男女同工同酬、反对性别歧视的呼声开始日益高涨。当体力差异不重要以后，还有什么理由继续保持男女的收入差异呢？

这个理由是有的，那就是只有女性才能承担的生育职能。表面上看，女性生养孩子对其职业生涯的影响只是需要占用几年时间，但实际上，这个因素足以解释现代职场中的男女收入差异。

第一，因为意识到自己将要做母亲，所以女性在择业时就会倾向于选择那种相对稳定、比较有规律的工作，以便于日后照顾家庭。比如教师、护士之类；男性则可以选择需要长期出差、随时加班的工作。显然，后者的收入更高。

第二，因为意识到自己必将在生育期离开工作岗位一段时间，女性会倾向于选择那种知识更新不快、淘汰率不高的工作。电脑程序员“三天不学习就会落后”，营销经理需要时时维持客户的关系，否则就会被人遗忘。这种工作虽然收入较高，但都不适合准备花几年时间生养孩子的女性。

第三，即使是在同样或者类似的职业中，女性也因为生育和家庭的牵扯，倾向于避免更辛苦、时间更长的工作。在同一家律师事务所，女律师往往满足于坐办公室，从事朝九晚五的文职工作，而不是做那种提起行李就走，飞往另一个国家或城市去和客户会谈，然后连夜研究制定诉讼策略的一线律师——更不用说担任去监狱会见死刑犯的辩护律师了。

第四，因为女性要在生育期离开工作岗位，这样，在那些需要连续资历和经验的职位上，女性的升迁就比男性慢得多，甚至因此完全没有升迁机会。

能否升迁当然直接影响收入。办公室和企业管理方面有很多这种工作。如果职业生涯有好几年的中断，你几乎没有机会赶上那些一直在职的同事。

第五，因为要照顾家庭、抚养儿女，很多女性选择兼职或者时间灵活的工作。可惜，相比全职工作，这些兼职工作往往收入较低。

以上种种由生育和家庭带来的因素，造成了职场中女性的收入比男性低。但美国人发现的三个事实却可以证明另一点——没见到中国这方面的统计资料，希望有人去做这方面的基础工作。

一、已经超过生育期的，但从未结婚生育的全职女性，其收入其实要比同类男性高。并且，在 20 世纪 70 年代初美国政府颁布改善女性地位的法律以前，这种现象就已经存在。也就是说，劳动力市场其实并不存在性别歧视。

二、统计男女收入时，是按照年算，还是按照月算，还是按照小时算，结果大不相同。按年算，男女收入的差距很大，但如果按小时算，男女收入之间的差异则非常小。也就是说，男女收入差距的最大来源是工作时间的长短不同。女性在不工作的时间去干吗了？还用问吗？去生儿育女，照顾家庭了。北美的年轻男医生年收入比年轻女医生多 41%，但要知道，年轻男医生的工作时间每年要多上 500 个小时。

三、年轻男女之间的收入差距要明显小于中年男女之间的收入差距。这当然也是因为前述的那些因素——职业生涯是否有中断、是否长期从事更辛苦的工作、工作时间是否更长、是否能跟得上职业发展所需的知识更新，等等。

也就是说，企业和雇主不重视的，并不是女性，而是不能承担繁重工作、工作时间不能长、期间要有几年时间离职的人。如果某个男性，恰好也具备这些特征，那他也别想得到高收入。企业保持这种歧视显然是出于效率考虑，而不是性别歧视。事实上，女性之间的收入差别并不比男女之间的差别小，甚至更大。造成差别的原因不是性别，而是工作状态。

有人会说，虽然如此，女性的这种不能全力工作的状态，毕竟不是其自身的责任，而是生育造成的。企业难道不应该对女员工的生育进行优待和照顾吗？繁衍后代难道不是很有社会意义吗？这些人因此支持政府出台相关的法规政策，强制企业对女员工进行优待，即使她们的工作状态明显不如男性，也必须保持收入的平等和一致。

类似的规定，首先侵犯了企业的财产权和经营自主权。同时，也不可能达到政策制定者想要的目标——当然，会有少数受益者。但这不是足够的理由，因为再糟糕的政策也总会有受益者。正确的政策应该能做到整体收益大于成本。强制企业平等对待女性，不是这种正确的政策。

首先，企业会因此不再雇用女性员工。如果你必须用同样的工资雇用一个工作状态差很多的人，那你的理性选择当然就是尽量不雇用。不雇用的理由和借口很多。

其次，假使某个雇主一腔社会情怀，愿意为别人孩子的出生成长承担部分成本，愿意花同样的钱雇用工作更差的员工，他很快会发现，他的企业在市场竞争中将处于不利地位。那些没有这种社会情怀，认钱不认人的冷酷雇主，将比他的成本更低，在市场中打败他。即使不会立刻在市场中被打败，“好心”雇主的企业的发展速度也会被放慢，比他“冷酷无情”时要慢。本来他的企业会更大，可以雇用更多的人，制造更多的产品，但就因为他“好心”，那些本来可以找到工作的人，就只好被牺牲了。企业家要么服从经济规律，硬起心肠来压低成本、提高效率，要么伴随着他的企业的衰退从市场中消失。“不换脑筋就换人”，这是市场不可改变的铁律。

总之，政府强迫企业家在本不同工的时候实行同酬，结果只能是提高女性的就业难度，让她们更难找到工作。那些愿意降低收入但有工作可做的女性，机会将大大缩小甚至完全没有。女性生育的成本最好还是由其本人和家庭来承担。试图让企业来承担，唯一的结果只能是从整体上恶化女性在市场中的地位。

总有人不信邪，不愿意面对这种不可改变的铁律。他们一厢情愿地认为，只要企业家不那么冷酷无情，经济规律就可以改变。但这种经济规律的不可改变，来源并不是企业家，而是你我这些消费者！你家镜子里的那个家伙，才是所有这些冷酷无情、薄情寡义的始作俑者。两家企业商品差不多，你不会仅仅因为其中一家雇用了更多女性，就愿意额外支付更多的钱。即使你故意较劲，愿意暂时多花钱，也坚持不了几天。只要你不支付这种钱，企业家就只好继续尽量压低成本。消费者的无情和刻薄，通过市场交易传递给企业家。企业家的经营行为，不过是服从消费者的指挥、满足消费者的要求而已。"冷酷和罪孽"都是你造成的，就别往别人那里看了。

那么，难道女性就只有容忍比男性低的收入吗？

这种说法是很片面的。首先，生育是女性的自愿选择。为了生育和照顾家庭，选择那些较轻松的工作岗位，这也是女性的自愿选择。事实上，女性的事业心普遍没有男性强。大部分女性就是不喜欢那种紧张繁忙的工作人生。

其次，为了家庭牺牲事业，听起来很悲惨，但造物主早已有了相应的安排。可爱的儿童，幸福的家庭，构筑出来的难道不是值得羡慕的人生吗？培养自己的孩子，亲手抚育他们成长，不也是一种极有意义的工作吗？家庭制度方面也早已形成相应的格局。即使男性是家庭中收入最高的人，但众所周知的是，他们往往不是花钱最多的人。与其说这是女性的牺牲，不如说这是一种源远流长的家庭分工。世界上很少有哪个社会能真正做到家庭责任的男女均分。

女性当然可以不满足于这种分工，而坚持去职场中大干一番。这样做其实没有什么外来的障碍，前面说了，打定主意放弃婚姻家庭的女性，很可能得到比男性更高的收入。但是，这真的是你想要的生活吗？你真想像男人那样拼命赚钱吗？别急着回答。

不管你的答案是什么，人都必须为自己的选择承担责任、付出成本，这是无可改变的事实。把自己付出的成本称为受到了歧视，这不是理智和诚实的态度。

图书在版编目（CIP）数据

经济学思维 / 李子旸著. —北京：中国友谊出版公司，2016.9（2017.3重印）
ISBN 978-7-5057-3872-0

Ⅰ.①经… Ⅱ.①李… Ⅲ.①中国经济–经济发展–研究 Ⅳ.①F124

中国版本图书馆CIP数据核字（2016）第236124号

书名 经济学思维
作者 李子旸 著
出版 中国友谊出版公司
发行 中国友谊出版公司
经销 新华书店
印刷 三河市文通印刷包装有限公司
规格 700×980毫米 16开
18.5印张 240千字
版次 2016年10月第1版
印次 2017年3月第4次印刷
书号 ISBN 978-7-5057-3872-0
定价 45.00元
地址 北京市朝阳区西坝河南里17号楼
邮编 100028
电话 （010）64668676

如发现图书质量问题，可联系调换。质量投诉电话：010-82069336